1년 안에 부자 되는 법

새로운 시대에 자수성가하는 길
1년 안에 부자 되는 법

1판 1쇄 2021년 12월 17일
1판 2쇄 2022년 10월 27일

지은이 제이 새밋
옮긴이 권진희
펴낸이 유경민 노종한
책임편집 이현정
기획편집 유노북스 이현정 함초원 조혜진 **유노라이프** 박지혜 구혜진 **유노책주** 김세민 이지윤
기획마케팅 1팀 우현권 이상운 **2팀** 정세림 유현재 정혜윤 김승혜
디자인 남다희 홍진기
기획관리 차은영
펴낸곳 유노콘텐츠그룹 주식회사
법인등록번호 110111-8138128
주소 서울시 마포구 월드컵로20길 5, 4층
전화 02-323-7763 **팩스** 02-323-7764 **이메일** info@uknowbooks.com

ISBN 979-11-90826-90-7 (03320)

새로운 시대에 자수성가하는 길

1년 안에 부자 되는 법

제이 새밋 지음 · 권진희 옮김

Twelve Truths for Creating Opportunity, Maximizing Wealth,
and Controlling Your Destiny in an Uncertain World

유노
북스

누구나 백만장자가 될 수 있다는 말을 믿지 않는다고 했던

사람들에게 이 말을 하고 싶다.

당신이 틀렸다.

당신도 인생 역전 스토리의
주인공이 될 수 있다

당신이 이 책의 스토리를 안다면, 짐작컨대 당신 몸속 세포 하나하나는 회의감으로 가득할 것이다. 하지만 그렇게 느끼지 않아도 된다. 당신은 바보가 아니다. 물론 때로는 당신도 믿고 싶을 테지만, 세상에 핑크빛 미래를 약속하며 말도 안 되는 이야기를 해 대는 사이비들이 쓴 책들로 가득하다는 걸 당신은 알고 있다. 인터넷에 떠돌아다니는 하루아침에 부자가 된 사람들의 이야기를 하자면 입이 아플 지경이다. 모두 하나같이 당신의 통장 잔고를 털 준비가 된 '겟 리치 퀵' 전문가들은 이곳저곳에서 쏟아져 나오고 있다.

그럼 누구나 백만장자가 될 수 있다고 장담하는 이 책이 다른 책들과 다른 점은 무엇일까? 믿기 어려울 정도로 좋은 것이 있다면 부자가 되는 것, 그것도 백만장자가 되는 것일 테다. 나는 이런 주장이 100만 번이 나온다 해도 그중 99만 9,999번은 믿지 않을 것이다. 단 예외가 있다. 제이 새밋이 하는 주장이라면 믿을 수 있다. 제이 새밋과 10분만 이야기를 나눠 보면 그가 박학다식하다는 걸 알 수 있다. 그저 박식한 것이 아니라, 중요하고 유용한 정보를 알고 있다. 1시간만 대화해 보면 감탄할 것이다. 제이 새밋을 더 알면 알수록 그를 스승으로 삼아 노하우를 전수받고 싶을 것이다.

몇 년 전 제이 새밋이 나를 찾아와서 한 가지 실험을 할 계획이라고 말했을 때 내가 바로 흥미를 가진 것도 이런 이유에서다. 인맥도 없고 가난한 배경에서 자란 정체불명의 한 친구를 데려다, 그 청년에게 돈을 주거나 인맥을 만들어 주는 일 없이 1년 안에 100만 달러를 벌도록 도와줄 계획이라는 말을 들었을 때 나는 소름이 돋았다. 제이 새밋이 가진 지식의 위력을 잘 아는 나는 그에게 그 여정을 카메라에 담을 것을 제안했다. 하지만 나는 그 당시 다른 프로젝트로 바빠 함께 촬영한 건 한 번뿐이었다. 지금 이 책을 읽고 나니 그 여정을 함께하지 못한 것이 정말 아까울 뿐이다. 그때 카메라에 담을 수 있었을 이야기는 이 책에 고스란히 담겨 있다. 이 기막힌 이야기 뒤에 숨은 제이 새밋을 몰랐다면 믿지 않았을 가난뱅이 청년의 인생 역전 스토리가 펼쳐진다.

명심하길 바란다. 당신이 손에 든 이 책은 사용 설명서다. 당신이 제이로부터 받는 일대일 멘토링과도 같다. 제이는 이 책에 그가 직접 테스트하고 효과를 입증한 성공 공식을 담았다. 벌써부터 몇몇 독자는 이미 포기하고 이 책을 읽는 시도조차 안 할 것이다. "어쩌다 한번 실험이 성공한 거지 내 경우에는 절대 안 될 거야"라고 말하는 사람도 있을 것이다. 부탁컨대 제발 이런 생각은 하지 말길 바란다. 나도, 제이도, 어느 누구도 당신의 성공을 보장하지는 못한다.

당신이 성공할 확률을 극적으로 높일 요소는 바로 미래에 대한 희망적인 계획이다. 당신이 어떤 두려움에도 불구하고 '할 수 있다'는 믿음과 전진할 의지가 있다면, 제대로 찾아온 것이라고 장담한다. 그동안 찾던 청사진이 당신 앞에 있다. 단, 이 청사진으로 중요한 무언가를 이룰 계획이라면 큰 대가를 치러야 한다는 것을 기억해라. 사람들 말대로, 쉬웠다면 누구나 다 했을 것이다.

본격적으로 시작할 의지가 있는 당신에게 이런 말을 하고 싶다. 많은 사람이 계획을 실행하기에 아직 필요한 모든 것이 갖춰지지 않았다고 걱정한다. 하지만 내 경험에서 알 수 있듯이, 당신이 지금 누구인지는 상관없다. 돈이 얼마나 없었으면 차에 기름을 넣으려고 소파 틈새를 뒤지며 동전을 찾던 나는 10억 달러 기업을 설립했다. 중요한 건 어떻게 되고 싶은지와 그걸 이루기 위해서 당신이 얼마의 대가를 기꺼이 치를 수 있는지다. 옳은 정보와 굳건한 의지를 장착한 보통의 인간이라면 단연코 특별한 주인공이 될 수 있다.

내 말을 믿지 못하겠다면 이 책만 읽으면 된다. 사람들은 종종 성공을 위한 실마리를 찾아야 한다고 하지만 나는 성공은 공식이라고 생각한다. 성공은 그만의 물리 법칙을 갖고 있다. 당신은 이 책에서 비즈니스를 성공하기 위해 정확히 무엇을 해야 하는지 알 수 있을 것이다. 지독하게 힘들겠지만, 그만큼 재미있어서 책을 다 읽고 나면 가능성을 볼 수 있을 것이다. 또한 당신의 꿈을 이루기 위해 해야 할 일이 무엇인지를 정확히 알게 될 것이다. 이 스릴 넘치는 피그말리온 여정을 따라가다 보면 이해가 될 것이다. 그리고 이 책을 읽으면 아메리칸 드림보다 훨씬 나은 무엇이 펼쳐지고 있다는 사실도 알 수 있다.

당신이 이 혁신적인 책을 만나러 가기 전에 마지막으로 한마디 하겠다. 당신을 믿는다. 이전에 어느 누구도 당신을 믿지 않았다면 내가 그 첫 번째 사람이 되겠다. 내가 당신을 몰라도 상관없다. 그저 당신이 인간이라는 것만 알면 충분하다. 인간은 새로운 기술을 습득하도록 만들어졌다. 새로운 기술은 사용을 해야 한다. 당신이 이 책을 진심으로 대하고, 여기에서 소개하는 방법들을 사용한다면 분명 배우는 점이 있을 것이다. 당신은 발전하고 특별한 주인공이 될 것이다. 당신이 해야 할 일은 그저 확실하고 분명하게 중단하지 않고 계속 나아가는 것뿐이다.

나의 친구들, 길을 떠나라. 그리고 전설이 되길 바란다.

톰 빌리유
임팩트 이론(Impact Theory) CEO · 퀘스트 뉴트리션(Quest Nutrition) 공동 창업자

새로운 시대에
자수성가로 부자 되는 길

백만장자가 된다는 것. 모두 한 번쯤은 꿔 본 꿈이다.

'복권에 당첨된다면, 가치가 어마어마한 골동품을 다락방에서 발견한다면, 혹은 나이지리아 왕자가 당신에게 수백만 달러를 입금한다면….'

정말 그렇게 된다면 더는 빚도, 근심도 없는 삶일 것이다. 그저 람보르기니, 요트, 매그넘 샴페인에 둘러싸인 삶. 대부분의 사람들이 유명한 부자들의 생활을 하릴없이 꿈만 꾸고 있을 때, 많은 사람이 실제로 그런 삶을 살고 있다.

나는 지난 30년에 걸쳐 얻은 중요한 교훈과 지식을 취합해서 새로운 시대에 누구에게나 적용할 수 있는 성공의 방법을 추려 봤다. 어느 비즈니스 스쿨에서도 가르치지 않는 이 15가지 방법은 디지털 시대에 부를 창출하기 위한 토대다. 이 책은 현 포스트 팬데믹, 기술적으로 상호 연결된 세계화 시대에 비즈니스를 시작하거나 회사를 키우거나 당신과 가족을 위해 더 나은 삶을 꾸리기 위한 필수적인 지침서 역할을 할 것이다.

2021년을 기준으로 전 세계에는 5,610만여 명의 백만장자가 무려 191조 6,000억 달러에 달하는 부를 축적하고 있다. 더 놀라운 건 17시간마다 새로운 억만장자가 탄생하고 있다는 사실이다. 잠시만 생각해 보자. 당신은 그저 꿈만 꾸는 삶을 매일 생겨나는 새 억만장자가 실제로 즐기고 있다는 말이다.

그럼 이제 당신 자신에게 물어보자. 어제와 오늘 뭘 하며 어떻게 보냈는가? 재정적 자유라는 당신의 꿈에 조금이라도 가까워졌는가? 아니면 당신의 소중한 하루를 좋아하지도 않는 일과 맞바꿨는가? 당신이 원하는 생활 방식을 누리기에는 턱없이 부족한 것은 당연하고, 겨우 퇴사만 피할 정도의 월급을 주는 직장에서 말이다. 그 직업은 당신이 그토록 바라는 자유롭고 독립적인 삶을 절대 가져다줄 수 없을 것이다. 자신에게 솔직해지자. 당신은 죽을 때까지 공과금만 내다가 인생을 마감하고 싶은가? 그렇게가 아니라 진정한 인생을 살고 싶다면 어떻게 이 악순환을 끊어 낼 수 있을까?

인류 역사에서 지금만큼 재정적으로 풍요롭고, 더 많은 시간을 가족과 친구와 함께 즐기는 데 쓸 수 있는 시대는 없었다. 이런 거대하고 새로운 부의 축적이 가능한 이유는 간단하다. 휴대폰과 인터넷 덕분이다. 우리는 그 어느 때보다 상호 연결된 세상에 살고 있으며, 76억 명의 잠재 고객은 클릭 하나로 모두 연결돼 있다. 당신은 10억 분의 1초 만에 백만장자가 될 수 있다. 적절한 타이밍에, 적절한 제품이나 서비스로 당신의 가족을 자자손손 먹여 살릴 만큼의 부를 창출할 수 있다.

 진짜 질문은 이제부터다.
 '모든 사람에게 똑같이 하루 24시간이 주어지는데, 백만장자와 억만 장자들이 당신과 다른 것은 무엇인가?'
 '대부분의 사람들이 놓치는 기회를 그들은 어떻게 찾는가?'
 '어떻게 하면 그들과 같은 방식으로 세상을 볼 수 있을까?'

 전 세계 억만장자들의 대부분은 부유한 집안의 출신도 아니고 직권 이 높아서 된 것도 아니다. 이들 대부분은 톱 아이비리그 대학을 나오 지 않았고, 집에 앉아서 퍼블리셔스 클리어링하우스 밴이 도착하기를 기다린 사람도 없었다. (Publishers Clearing House는 미국에서 가장 큰 승자 독식형 도 박 운영 회사다.-역주)
 사실 오늘날 부자들은 당신이나 나와 별반 차이가 없는 사람들이다. 어릴 때 필라델피아의 타운하우스에 살면서 같이 놀던 친구들 수십 명 이 나중에 커서 억만장자가 될 거라는 말을 들었다면 나는 말도 안 되 는 소리를 한다고 했을 것이다. 내가 빌 게이츠, 제프 베이조스, 폴 앨 런, 리처드 브랜슨, 데이비드 게펜, 리드 호프만, 일론 머스크, 브룩 피 어스, 에릭 슈미트 등 수십 명과 처음 같이 일했을 때 그들은 아직 성공 한 부자도 아니었고, 세계적으로 유명하지도 않았다. 다만 그들은 미래에 끄떡없을 커리어와 비즈니스로 가는 비밀의 문을 찾았다.

그 비밀은 우리가 사는 세상이 예전에 학교에서 배웠던 세상과 근본적으로 다르다는 사실에 있다. 현재 모든 비즈니스는 테크 스타트업을 중심으로 돌아가고 있다. 그리고 지속 가능성이 수익을 창출한다. 이 책에서 소개되는 15가지 공식은 어떻게 커리어를 쌓고 비즈니스를 일으키는지에 대해 독자들이 갖고 있는 잘못된 생각들을 하나씩 풀어 볼 것이다. 재산의 99%를 50세 이후에 번 워런 버핏이 수십 년에 걸쳐 꾸준한 저축과 투자로 부를 쌓았다면, 소셜 미디어 스타인 카일리 제너는 22세에 자수성가 억만장자가 됐다. 카일리가 디지털 기술에 능숙한 세대인 반면, 워런 버핏은 아직까지도 스마트폰 사용을 거부한다. 당신은 어떤 세상에서 살기를 원하는가?

이 책에서 소개하는 방법들은 운수나 별자리 같은 허무맹랑한 것이 아니다. 로또가 당첨되기를 바라면서 40년 동안 죽어라 일만 하라는 하나 마나 한 이야기는 더더욱 아니다. 이 15가지 공식의 핵심은 고도로 상호 연결된 세상을 긍정적인 태도로 잘 활용하는 데 있다. 태도란, 스스로 발전하고 통제할 수 있는 법을 배우려는 마음가짐이다. 당신은 이미 백만장자가 될 역량이 있다. 단지 그 길로 가는 입증된 과정을 보지 못했을 뿐이다. 학교라는 곳은 당신이 사회의 규칙을 따르고 다른 사람의 회사에서 일자리를 얻는 법을 가르치기 위해 만들어졌다. 당신의 천성적인 호기심은 규정이라는 틀에 갇혀 있었다. 이 책은 당신이 고용인의 마인드셋에서 벗어나도록 돕고, 21세기 기업가로 성공하기 위해 필요한 방법을 소개한다.

당신은 살면서 정작 자신의 꿈을 이루지 못했던 사람들에게 안정적인 직업을 가지라는 말을 들어 왔다. 그 충고는 과연 받아들일 만했는가? 그 길 말고 다른 길이 있다. 단순한 사실은 자수성가한 사람들은 세상을 보는 법부터 남다르다는 것이다. 내가 앞서 언급한 억만장자들은 모두 살면서 한번쯤은 미쳤거나, 어리석은 사람으로 취급받은 적이 있다. 대부분의 사람이 세상의 문제점부터 볼 때, 미래에 끄떡없을 그들은 사람들에게 충족되지 않은 니즈를 본다. 모두가 실패를 두려워할 때, 그들은 실패를 인정한 뒤 거기에서 배운 것을 활용한다. 스스로 성공을 위해 노력하는 그들은 다른 사람들이 무슨 생각을 하든 걱정하지 않는다. 또한 모두가 다른 이에게 도움을 청하길 꺼릴 때, 미래에 끄떡없을 그들은 성공으로 가는 여정에서 속도를 높여 줄 멘토를 찾았다.

이 책은 많은 사람이 부자가 되는 방법에 갖고 있던 오해를 풀어 주면서, 부를 성취하고 자기 삶의 주인이 되는 과정을 단계별로 보여 줄 것이다. 이 책은 저위험 고수익 투자 계획을 알려 주지도, 벼락 부자가 되는 법을 알려 주지도 않는다. 당신을 상대로 장사를 하려는 것도 아니다.

당신이 성공했으면 하는 이유는 세상에 더 많은 기업가가 필요하다는 나의 아주 이기적인 생각 때문이다. 기업가는 자유롭고 안정된 사회의 중추 역할을 한다. 중산층의 번영 없이는 민주주의가 살아남을 수 없다. 기업가는 일자리를 창출하며 사회적 문제를 해결하고 그들이 감수하는 위험에 대한 보상을 받는다. 나는 매년 더 나아지는 세상에서 살고 싶다.

새로운 시대에 새로운 방식으로 부자가 된 사람들이 만들어 내는 혁신 덕분에 우리는 좀 더 생산적이고, 재미있고, 보상받는 삶을 영위할 수 있다. 에어비앤비(airbnb), 웨이즈(waze), 우버(Uber)는 스스로를 믿는 사람들의 미숙한 아이디어에서 출발했다. 그리고 감사하게도 나는 세계적으로 성공한 억만장자 혁신가들과 함께 일할 수 있었다. 이 책을 통해 지난 30년간 내가 배운 것을 공유하면서 여러분에게 선행을 베풀고자 한다. 그럼 다음 세대가 이룰 어마어마한 혁신들의 혜택을 더 빠르게 누릴 수 있지 않을까?

가장 빨리, 가장 거대한 부를 쌓을 수 있는 시대가 왔다

성공을 지속하기 위해서, 그리고 은행 계좌 잔고의 일곱 자리 수를 달성하기 위해서는 단 두 가지만 기억하면 된다. 돈도 아니고 인맥도 아니다. 일류 대학의 졸업장이나 높은 아이큐 지수도 필요 없다. 대도시에 살지 않아도 되고 선진국에 살 필요도 없다. 자수성가로 성공한 사람들이라면 모두 가진 딱 두 가지가 있는데, 그중 하나는 이 책이 알려 줄 것이고, 나머지 하나는 이 책의 프로세스를 따라 하며 당신이 제공해야 하는 것이다. 1년 안에 부자가 되는 데 필수 요소는 '통찰력'과

'끈기'다. 책을 읽어 보면 알겠지만 나머지는 일정한 돈을 지불하면 쉽게 구할 수 있다.

통찰력이란, 기회를 찾아내는 힘이자 변화하는 사회에서 생겨나는 가치를 빨리 포착하는 법을 배우는 힘이다. 우리는 끝없는 혁신의 시대를 살고 있다. 새로운 기기나 앱, 서비스가 새로운 공백을 만들어 내면 그 공백을 메우는 통찰력 있는 기업가들이 재빠르게 부를 축적할 수 있는 시대 말이다. 지금만큼 짧은 시간에 몇 세대 동안 지속될 부를 축적할 수 있는 시대는 역사상 없었다.

가상 화폐로 억만장자가 되어 〈포브스〉에 이름을 올린 내 친구 브룩 피어스는 비트코인을 발명하지 않았다. 대신 그는 이 혁신을 활용해서 불과 몇 년 만에 수억 달러를 만들어 낼 통찰력이 있었다. 직원은 물론이고 자금이나 투자자 없이 말이다.

현재는 소셜 미디어 인플루언서인 톰 빌리유는 다이어트를 하는 가족을 위해 건강에도 좋고 맛도 좋은 프로틴 바를 찾아봤지만 마음에 드는 제품이 없었다. 결국 친구들과 함께 자기 집 주방에서 직접 프로틴 바를 만들었다. 이렇게 생겨난 퀘스트 뉴트리션은 몇 년 후 10억 달러에 매입된 기업이 됐다.

이렇듯 통찰력은 성공을 향한 길을 비추는 빛과 같다. 그리고 통찰력을 발휘하는 기술을 이 책이 알려 준다. 책을 읽으면서 알게 되겠지만, 성공의 기회는 모두 당신 주변에 있다. 당신이 해야 할 일은 그저 무엇을 찾아야 하는지, 당신이 만들어 낼 가치를 어떻게 포착할지 배우는 것이다. 이 책은 당신의 길을 밝히는 횃불이다.

끈기는 내면 깊숙한 곳에서 나오는 것이다. 이 여정을 마지막까지 함께하고 싶다면 개인의 희생이 반드시 뒤따라야 한다. 세상에는 공짜란 없다. 하늘에서 성공이라는 열매가 툭 떨어지진 않는다. 그러므로 어떻게 당신의 목표를 찾으면서 끈기를 키울 수 있는지 배울 것이다.

미래에 끄떡없을 부자는 하루아침에 만들어지는 것이 아니다. 이 쉽지 않은 여정은 대개 1년 이상이 걸릴 것이다. 하지만 이 책에 전념하는 순간 당신의 여정은 시작된다. 노자가 "천 리 길도 한 걸음부터"라고 말했듯이, 오직 당신만이 그 첫걸음을 뗄 수 있다. 그리고 이 책을 읽고 있는 당신은 이미 번영으로 향하는 길에 들어섰다.

이 여정에서 당신은 혼자가 아니다. 당신보다 먼저 부자의 길을 간 백만장자들의 이야기와 방법으로 도움을 받을 것이다. 이 책에서 공유한 그들의 시도와 역경을 통해 당신은 위기에 대처하는 기술과 장애물을 극복하는 전략을 습득할 수 있다. 어떻게 인생의 우선순위를 정하고 방향을 전환하는지도 배울 것이다. 그리고 현재 흘리는 땀을 평생 불로소득으로 전환하는 법을 배울 것이다. 대부분의 사람들이 꺼리겠지만, 만약 당신이 1년만 집중해서 일을 한다면 남은 인생은 남들이 부러워할 방법으로 살 수 있다.

누구나 1년 안에 부자가 될 수 있다는 걸 입증하기 위해 나는 내 지식과 명성을 시험해 보기로 했다. 그리하여 이 책을 집필하는 동안 나는 한 젊은 청년을 멘토링하면서 그 여정을 기록했다. 이 책은 카우치 서핑을 하는 생활 보호 대상 구직자에서 생애 첫 100만 달러를 벌며 자수성가 기업가로 성공한 한 밀레니얼 세대 청년의 12개월 여정을 따라간다. 이 책은 그의 발자취를 단계별로 기록하여 당신도 부자가 될 수 있도록 조언을 받을 수 있다. 또한 미래에 끄떡없을 부자가 되기 위해 다른 수많은 백만장자가 사용했던 현실적인 방법들도 소개한다. 현재 아마존(Amazon) 웹 사이트에는 사고를 전환하는 법과 부자가 되는 법으로 현혹하는 성공에 대한 책만 20만 권이 넘는다. 그중 이 책은 단연코 실질적인 효과를 입증하는 책이다. 이 책이 당신의 인생을 바꿀 것이다.

당신의 환경은 당신의 부를 결정하지 않는다

책을 쓰면서 얻을 수 있는 큰 기쁨 중 하나는 독자들의 목소리를 듣는 것이다. 나는 사람들의 인생을 변화시키는 데 도움을 주려는 목적으로 2015년에 첫 책《파괴적 혁신(Distrupt You!)》을 출간했다. 나는 모든 사람이 성공에 접근할 수 있는 방식의 하나인 비즈니스 세계를 조목조목 분석하려고 노력했다. 첫 책은 기존에 나왔던 대부분의 책의 메시지를 뒤집으며, 세상을 바꾸기 위해서는 먼저 자기 자신을 바꾸는 법을 배워야 한다고 말한다.

이 책은 전 세계의 독자들을 연결했으며 현재 10개국 언어로 독자들을 만나고 있다. 나는 수천만 명의 독자에게 이메일을 받으며 그들의 반응에 감동을 받고 감사했다. 수십 개국의 독자들은 책에서 배운 교훈을 자신의 삶과 비즈니스에 어떻게 적용했는지 이야기해 줬다. 가족에게 제대로 된 지원을 못해 주던 남편이자 아빠에서 이슬라마바드에서 가장 성공한 치과 의사가 된 한 파키스탄 의사, 오래된 기업의 조직을 바꾸는 데 용기를 얻은 사내 기업가들, 본업을 그만두고 부업을 선택한 싱글 맘들도 있었다. 20대 초반인 한 독자는 내 강연을 듣기 위해 수백 마일을 달려와 고마운 마음을 전했다. 그는 내 책에서 배운 것을 적용한 지 2년 만에 부모님과 조부모님께 집을 마련해 드렸다고 했다.

세상 모두를 위해 1년간 도전한 '자수성가 프로젝트'

이런 이야기를 들으면 참으로 기분이 좋은 만큼 머릿속을 떠나지 않는 한 청년의 이야기가 있었다. 그는 책을 잘 읽긴 했지만 그런 기적이 자신한테는 일어나지 않을 거라고 믿었다.

스물 몇 살 때, 그는 이미 자신의 목표를 포기한 적이 있었다. 장래성 없는 직장에 질색을 했고 신용 카드 빚에 허덕였다. 하루 벌어 하루 먹고사는 생활을 하는 상황에서 미래를 긍정적으로 상상하는 건 불가능했다. 덫에 걸린 것 같았고 패배한 인생 같았다. 성공하는 건 불가능하다고 생각했다. 나는 그에게 최대한 적절한 답을 해 주기 위해 그가 보낸 이메일을 읽고 또 읽었다.

누구나 성공할 수 있다는 것을 입증하는 데 실패한다면 그를 실망시키는 셈이었다. 나는 밀레니얼 세대를 포함한 다른 누군가들에게 어떻게 재정적으로 성공을 이룰 수 있다고 설득할지 고민했다. 짐작컨대 그는 도움을 요청하기 위해 내게 이메일을 썼을 것이다. 그가 받은 고통이 신경이 쓰여 나는 새벽까지 잠을 못 이루었다.

'사회 경험이 거의 없고 사업에 몸담고 있는 가족도 없는 사람들을 선별한 후 멘토링을 해서 그들을 자수성가 백만장자로 만들어 줄 수 있을까? 그렇다면 얼마나 걸릴까? 1년 만에 할 수 있을까? 그들은 미래에 끄떡없을 기술들을 배울 수 있을까?'

한 청년의 이메일을 계기로 나는 나 자신에게 도전장을 내밀었고, 미래에 끄떡없을 백만장자를 만들어 낼 수 있는지 프로젝트를 해 보기로 결정했다. 그리고 한 사람을 정해서 1년 동안 그의 끈기로 생애 최초

100만 달러를 벌 수 있도록 멘토링했다. 매주 회의를 하며 프로젝트 내용을 상세하게 기록했고 앞으로의 과정을 구상했다.

　내 목표는 한 사람을 멘토링하는 데 만족하는 것이 아니라, 누구나 미래에 끄떡없을 삶을 살 수 있게 하는 프로그램을 만드는 것이었다. 우리가 했던 프로젝트 실험에서 얻은 지식과 결과가 당신이 들고 있는 이 책 안에 모두 담겨 있다.

목차

제1장

돈을 만들어 내면 된다
: 진화한 부의 개념에 걸맞은 마인드 갖추기

제2장

불편한 문제를 해결해 주면 된다

: 하버드 MBA에서 가르치는 비즈니스 아이템 찾는 법

제3장

두려워하면 된다

: 자기 자신, 돈, 관계를 컨트롤하는 심리 기술

제4장

실패하면 된다

: 리스크는 최소화하고 성공은 최대화하는 습관

제5장

자신이 잘하는 것을 하면 된다

: 자신을 완전하게 이해하고 잠재력을 꺼내는 시간

제6장

한 번쯤 자신을 시험해 보면 된다
: 결국 해내는 사람들이 끈기와 열정을 유지하는 힘

제7장

여럿이 함께 벌면 된다

: 인생을 한 단계 더 끌어올리는 인맥 관리의 기술

제8장

시간과 돈이 모이는 곳을 알면 된다

: 디지털 사업에서 살아남는 경쟁력 기르기

제9장

큰 사업을 따라다니면 된다
: 대기업 신제품의 하위 카테고리를 차지하는 방법

제10장

디지털 지구로 가면 된다

: 가상 현실이 창출할 비즈니스의 기회를 선점하는 법

제11장

비즈니스의 목적을 알면 된다

: 현명하게 계약하는 법부터 자금 관리와 재투자까지

제12장

시간, 공간, 사람의 한계를 허물면 된다
: 새로운 시대에 필요한 새로운 일 방식

제13장

가치가 최상급일 때 팔면 된다

: 가장 안전하고 여유롭게 자금을 회수하는 전략

제14장

더 나은 세상으로 향하면 된다

: 앞으로 반드시 실천해야 할 기업가의 ESG

제15장

착하게 살아도 된다

: 부자가 말하는 소셜 임팩트

제1장

돈을 만들어 내면 된다

진화한 부의 개념에 걸맞은
마인드 갖추기

FUTURE
PROOFING YOU

Twelve Truths for Creating Opportunity, Maximizing Wealth,
and Controlling Your Destiny in an Uncertain World

승자로, 패자로 태어난 것이 아니다.
당신의 인생은 스스로 결정하는 것이다.

루 홀츠(미국의 전설적인 풋볼 코치)

무엇이 당신을
계속 빈자로 만드는가?

한 미국인 관광객이 미얀마의 벌목장에 방문했다. 거기에서 관광객은 작업자들이 하루 일과를 마친 후 낡아 빠진 밧줄 하나로 코끼리를 티크 나무에 묶어 놓는 것을 목격했다. 그는 얇고 엉성한 밧줄 하나로 몸무게가 4톤이 나가는 대형 수코끼리를 묶어 놓는다는 게 도무지 이해가 안 됐다. 마침 같은 날 오후에 그 코끼리가 1톤짜리 통나무 열댓 개를 끄는 것을 봤기에 그 정도 몸집의 코끼리라면 쉽게 밧줄을 끊고 탈출할 거라고 생각했다.

관광객은 조련사에게 어째서 코끼리들이 탈출하지 않는지 물었다.

그 조련사는 이곳 코끼리들은 태어날 때부터 지금 묶는 밧줄과 같은 굵기의 밧줄로 묶었는데, 아기 코끼리의 힘으로는 밧줄을 끊을 수 없었기 때문에 그 밧줄은 끊을 수 없다고 믿으면서 자란다고 설명했다. 시간이 지나 코끼리는 어른이 돼서도 밧줄을 끊을 노력을 하지 않고 이를 숙명처럼 받아들인다는 것이다.

당신의 미래를 옭아매고 있는 것은 무엇인가?

이 책을 읽고 있는 빈털터리 당신에게 위로가 될 세 가지 사실을 알려 주겠다.

첫째, 당신만 빈털터리가 아니다.

둘째, 그건 당신의 잘못이 아니다.

셋째, 1년 후 당신은 부자가 될 수 있다.

주식 시장은 역대 최고 수준인데, 불행히도 대부분의 사람은 빚에 허덕인다. 미국인들은 1조 달러 이상의 신용 카드 빚과 1조 5,000억 달러의 학자금 대출을 안고 있다. 뱅크레이트가 2020년에 발표한 여론 조사 보고서에 따르면, 미국인 중 대다수가 예상치 못한 긴급 상황에 대비할 1,000달러조차 수중에 없는 것으로 나타났다.

우리는 모두 코로나19 팬데믹을 겪으면서 인생은 값비싼 서프라이즈로 가득하다는 교훈을 얻은 바 있다. 자동차의 자동 변속기를 교체해야 하거나, 갑작스럽게 지출해야 할 상황이 생기거나, 하루아침에 해고될 수 있다. 재정 상황이 조금이라도 어려워지면 곧 실직자로 길거리에 나

앉게 될 수도 있다.

미국 최빈곤층의 절반이 가진 부는 국가가 가진 부의 1%뿐으로, 미국의 소득 불평등이 이렇게 큰 격차를 보인 적은 없었다. 최근 정책학 연구소의 총조사 연구에 따르면, 미국인 1억 4,000만 명이 연방 정부가 정한 소득 기준의 200% 이하인 저소득 빈곤층인 것으로 나타났다. 미국 인구의 거의 절반은 매달 청구서 납부금을 내고 빚을 갚느라 인생을 허덕이며 살고 있다.

당신이 모르는 사이, 정년은 점점 늦어지고 있다. 미국 가구 수의 3분의 1은 노후 대비를 전혀 못 한 상태이고, 그래도 대비를 한 56%의 가구도 1만 달러가 채 안 되는 돈을 겨우 모아 놓은 상황이다. 이게 전부가 아니다. 최악은 젊은 세대의 수명은 점점 길어져서 2034년이면 미국 사회 보장 신탁금이 고갈될 것이라는 사실이다. 재정 독립과 재정 안정은 딴 세상 이야기인 대부분의 사람에게 인생의 황금기라 불리는 노후는 더 이상 황금기가 아니다.

아이큐 지수와 자산의 규모는 상관관계가 없다

사람들이 부자가 되지 못하는 이유는 두 가지다.

첫째, 부자가 되기에 충분히 똑똑하지 못하다고 생각하기 때문이다.

둘째, 어떻게 부를 창출하는지 배워 본 적이 없기 때문이다.

먼저 지능과 돈의 상관관계에 대한 오해부터 짚고 넘어가자. 오하이오주립대학교의 교수이자 경제학자인 제이 자고르스키는 "아이큐 지수와 총자산은 상관관계가 없다"라고 말했다. 그는 1979년부터 지금까지 1만 명을 대상으로 지속적인 연구를 해 왔다. 그 결과 아이큐가 1포인트 증가하면 수입이 매년 202달러에서 616달러가 증가하여 아이큐가 높은 사람들이 더 많은 돈을 벌기는 한다. 하지만 돈을 관리하고 부를 축적하는 부문에서는 뛰어나지 않다는 사실을 확인했다. 오히려 아이큐가 높을수록 더 많은 문제점이 발생했다. 자고르스키가 아이큐 지수와 청구서 납부, 파산 신청, 신용 카드 빚 연체 같은 어려운 상황들을 비교했을 때, 아이큐가 높은 사람들도 불안정한 재정 상황에 처할 가능성이 높았다.

학교에 다닐 때 공부를 잘하지 못한 게 부자가 되지 못한 이유일까 봐 걱정인가? 학창 시절 때의 성적도 상관없다. 그동안 받은 융통성 없는 교육 과정과 획일적인 평가는 당신의 창의력과 성장 동력을 제대로 측정하기에 역부족이다. 앞으로 다른 장에서 살펴보겠지만, 성공을 위한 필수적 요소는 바로 노력, 비판적 사고, 협업, 호기심이다. 안타깝게도 너무 많은 사람이 학창 시절에 한 실패가 인생의 실패로 이어질 것이라고 막연히 믿는다. 밧줄에 묶인 미얀마의 그 코끼리들처럼 말이다.

〈죠스〉, 〈인디아나 존스〉, 〈E.T.〉, 〈쥬라기 공원〉, 〈라이언 일병 구하기〉를 만든 천재 영화 감독 스티븐 스필버그는 학교 성적이 안 좋아서 던캘리포니아대학교 영화과 입학을 두 번이나 거절당했다. 여담이지만, 자신의 영화로 90억 달러가 넘는 돈을 벌어들인 억만장자 스필버그는 수십 년이 지난 후, 서던캘리포니아대학교 영화예술학과에 50만 달러를 기부하는 쿨한 면모를 보여 줬다. 노벨상 수상자이자 저명한 물리학자인 알버트 아인슈타인은 취리히공과대학교 입학시험에 떨어졌었다. 최근 생겨난 백만장자 700명을 대상으로 연구한 결과, 그들의 평균 GPA 성적은 4점 만점에 2.9점이었다. C학점 학생들이 백만장자가 되는 경우가 많았다는 말이다. 그러나 학교 성적은 잊어라. 백미러를 보면서 성공의 길로 갈 수는 없지 않은가.

자신의 성공 능력을 믿는 것은 미래에 끄떡없는 부자가 될 수 있는 열쇠다. 성공을 예견하는 데에 다른 무엇보다도 중요한 요소는 자아 인식이다. 스위스 바젤대학교와 캘리포니아대학교 연구진은 16세부터 97세까지 1,824명의 데이터를 분석했다. 연구를 이끈 심리학 교수 울리히 오스는 "성공이 자존감에 영향을 주기보다는 자존감이 성공에 영향을 준다는 결과를 확인했다"라고 말했다. 당신이 '할 수 있다'고 생각하든 '할 수 없다'고 생각하든 당신의 생각이 맞는 것이다.

자수성가 억만장자인 래리 엘리슨은 대학 두 군데를 중퇴한 후 오라클(Oracle)을 공동 창업했다. 지금은 세계 일류의 부자가 됐지만, 학창 시절에는 그저 평범한 학생이었던 빌 게이츠는 "안 해 본 공부가 없지만 한 번도 1등을 해 본 적이 없었다. 하지만 지금은 최고 명문대에서 높은 성적을 받던 사람들이 모두 우리 회사의 직원이다"라고 말한 바 있다.

겨우 먹고살 만큼 벌기 위해 아등바등하며 살아온 부모 세대의 대부분은 자식들이 소위 안정된 직장에 들어가 연금과 함께 퇴직하기를 바랐다. 1950년대 미국 가정의 연간 평균 소득은 3,300달러였고, 주택 평균가는 7,354달러였다. 즉 주택 가격이 2년 치 소득보다 약간 높은 수준이었다. 아메리칸 드림은 많은 미국인에게 '꿀 수 있는' 꿈이었다. 제2차 세계 대전 후 미국에서 기업들이 많은 일자리를 창출했고, 일반 노동자들은 14년이 넘게 한 직장에 다녔다. 직장과 미래에 대한 별다른 걱정 없이 재정적 안정감 속에서 살았고, 학자금 대출을 받지 않고도 자녀들을 대학에 보낼 수 있었다. 풍요의 시대를 살던 이 세대는 별 탈 없이 라이프 스타일을 유지했었다. 하지만 모든 게 평온했던 그 시절은 이미 떠난 지 오래다.

로봇 1대가 인간 6명을 대체하는 세상에서 배워야 하는 것

100년 역사의 기업들은 새로운 린 스타트업들로 대체되고 있다. 경제 호황 속에서 라디오쉑(Radio Shack), 페이리스(Payless), 토이저러스(Toys-R-Us), K마트(Kmart), 메이시스(Macy's) 같은 소매점은 2017년 5,000개가 넘는 점포를 폐쇄했고, 그로 인해 근로자 수만 명이 일자리를 잃었다. 오랫동안 〈포춘〉 500대 기업' 목록에 올라 있던 기업들 중 현재는 겨우 10.4%만이 자리를 지키고 있다. 대기업이 문을 닫게 되면 자금 부족으로 기업 연금 제도 또한 영향을 받기 마련이다. 12만 명이 넘는 유나이티드 항공사(United Airlines) 퇴직자들의 경우, 회사가 파산 신청을 했을 때 그들의 연금 기금 또한 붕괴했다. 한때 엄청난 규모를 자랑했던 베들레헴 철강(Bethlehem Steel)과 델파이(Delphi) 또한 상황이 같았다. 그렇다면 고용을 보장한다던 평생직장은 과연 어디에 있는 걸까?

미국 제조업의 일자리 호황기는 1979년으로 거슬러 올라간다. 미국에 공장이 다시 돌아온다 해도 공장들은 인간 노동자가 아닌 로봇 노동자로 운영될 것이다. 〈워싱턴 포스트〉에 따르면, 오늘날 미국 공장은 1984년과 비교하여 3분의 1 수준의 노동자 수로 두 배의 양에 달하는 제품을 생산한다. 연구에 따르면 인간 노동자가 6명이 필요한 업무가 로봇 1대로 대체되고 있다.

세계 최대 제조업체이자 아이폰을 생산하는 폭스콘(Foxconn)은 '소등 공장' 생산 라인을 구축했다. 이 생산 라인에는 인간이 아닌 로봇이 일하기 때문에 공장의 전등불이 꺼져 있다. 2017년 폭스콘은 인간 근로자 120만 명이 하는 일을 모두 자동화로 대체하겠다는 목표를 발표한 바 있다.

학교는 공장의 생산성을 향상하려는 목적으로 근로자를 양성하기 위해 학생들에게 글을 읽고 셈하는 법은 가르쳤지만, 창업하는 법은 제대로 가르치지 않았다. 학교에서 획일화된 교육을 받은 대부분의 사람은 인공 지능과 로봇 공학이 지배하는 탈산업화와 글로벌화가 맞물리는 세계를 맞이할 준비가 안 돼 있다.

미국에서는 인구의 3분의 1만이 대학 학위를 취득한다. 더구나 고등학교에서는 이제 더 이상 상업을 가르치지 않고, 하물며 어떻게 일자리를 찾는지에 대해서도 가르치지 않는다. 어마어마한 학자금 대출로 고통받는 독자가 있다면 미안한 말이지만, 이제 더는 대학 학위가 소득은 물론 직업과 삶에 대한 만족도를 장기적으로 충족하는 요소가 아니라는 것이 연구에서 밝혀졌다.

일류 기업에서 일하는 사람들에게 고용 보장이란 아예 존재하지도 않는다. 마이크로소프트(Microsoft), 구글(Google), 애플(Apple), 아마존 같은 성공한 테크 기업 직원들의 평균 근속 기간은 2년이 채 안 된다. 최고의 교육을 받은 사람들에게도 고용 보장이란 없다.

우리가 흔히 생각하는 '안락함'에 대한 정의는 이제 수정될 필요가 있다. 안락함이 의욕을 앗아 가는 것이 아니라, 안락함에 대한 환상이 의욕을 빼앗아 가는 것으로 말이다. 그래도 긍정적인 것은 당신의 인생 궤도를 변경하고 돈을 벌 수 있는 방법을 배우기에 아직 늦지 않았다는 사실이다.

누군가는 돈을 잃는 방식, 모두의 돈을 증식하는 방식

돈에 대한 오해는 부의 창출을 가로막는다. '자수성가 프로젝트' 프로세스에 본격적으로 돌입하기에 앞서, 많은 사람이 돈에 대해 잘못 알고 있는 점을 바로잡자. 21세기에는 돈을 모으거나 저축해서 부자가 되지 않는다. 자, 다시 한 번 이 문장을 천천히 읽어 보자.

'21세기에는 돈을 모으거나 저축해서 부자가 되지 않는다.'

부자가 되려면 돈을 '창출'해야 한다. 돈, 그리고 돈이 가진 가치는 마치 연금술사가 마술을 부리듯이 갑자기 짠 하고 만들어질 수 있다. 부자들은 자신이 노력하지 않았다면 존재하지 않았을 돈을 창출한다. 이 근본적인 원칙을 이해하기 위해 우리는 학창 시절로 돌아가 초등학교 3학년 산수 시간을 떠올려 볼 필요가 있다. 초등학교에서 접한 산수 문제는 대개 이랬다.

'제프가 1개에 1달러짜리 바나나 2개를 사서 마크에게 개당 2달러에 팔았다. 제프는 얼마를 벌었는가?'

이 문제에서 제프가 2달러의 이윤을 남길 수 있는 유일한 방법은 마크 주머니로부터 돈이 나오는 것이다. 제프는 승리하고, 마크는 패한다. 수학적으로 볼 때 이 등식은 누군가가 돈을 벌기 위해서는 반드시 누군가는 돈을 잃는다고 가르친다. 이것이 바로 제로섬 게임 이론이다. 대표적으로 포커가 제로섬 게임이다. 포커 게임에서는 다른 참가 선수들이 건 돈 이상은 딸 수 없다.

불행하게도 제로섬의 관점을 갖고 성장한 사람은 차안대를 쓴 경주마와 같다. 기회를 보는 시야가 차단된 것이다. 내가 이득을 보려면 상대방이 손실을 입어야 한다. 극단적으로 생각하면 세상의 모든 사람이 당신의 경쟁자인 셈이다. 돈이 딱 모두에게 돌아갈 만큼만 있는데, 당신 몫을 챙기지 않는다면 다른 누군가가 그 몫을 가질 것이다. 당신이 커리어를 시작할 때 이런 관점은 결핍의 마인드셋을 초래한다.

'늘 돈이 부족하다. 직장 동료의 임금이 인상됐으니 내 몫은 없다. 외국인과 이민자들이 우리 국민의 일자리를 뺏고 있다. 로봇에게 일자리를 빼앗긴다. 기술은 악이다. 모두가 적이다.'

일상을 이런 시각으로 살아간다면 당신의 삶은 서로 먹고 먹히는 살벌한 세계로 전락해 불행과 절망에 빠지고 만다. 당연히 스트레스로 시달릴 것이다. 이런 마인드셋이 당신의 삶을 덮친다면 긍정적인 시각을 갖기가 어렵다. 곧 알게 되겠지만, 마인드셋이 전부다. 반면 미래에 끄떡없이 성공과 행복의 삶을 영위할 수 있는 더 나은 관점도 존재한다. 학창 시절 때 배운 제로섬 게임 문제를 이 성장 마인드셋의 예와 비교해 보자.

'제프가 1,000달러로 사업을 시작하여 투자자 마크에게 회사의 10%를 1만 달러에 판다. 그럼 제프의 가치는 얼마인가?'

제프는 1,000달러를 투자해서 회사의 가치를 10만 달러로 만들었다. 마크에게는 10%를 매도했으니 그에게는 아직 90%의 소유권이 있다. 결과적으로 제프의 가치는 9만 달러다. 이번에는 이를 다른 시각으로 보자.

'각자 1,000달러, 1만 달러씩 가진 두 사람이 갑자기 9만 달러를 창출했다. 연방 준비 제도가 돈을 찍어 내지도, 은행에서 대출을 받지도 않

1년 안에 부자 되는 법

았는데 돈이 갑자기 생긴 것이다. 제프는 이 돈을 실제로 쓸 수 있다.'

이 예에서 제로섬 게임 방식의 거래 대신 함께 일하는 협업 방식을 택함으로써 제프와 마크는 둘 다 돈을 벌었다. 제프는 이 방식으로 얼마나 부자가 됐는지 바나나를 몇 개씩 구입하러 마트에 가는 대신 마트를 통째로 살 수 있게 됐다.

예전 부자와 요즘 부자가 돈을 버는 방식의 차이

설립 후 20년 동안 분기별 수익을 거의 내지 못했던 아마존의 제프 베이조스가 어떻게 1,970억 달러를 가진 세계 최고의 부자가 됐는지 이제 이해가 갈 것이다. 참고로 2020년 1월 30일 그는 단 15분 만에 132억 달러를 벌었다. 우버의 창립자인 트래비스 칼라닉은 자신의 회사를 포함해 이전에 창립했던 다른 회사 두 곳에서 어떠한 수익도 내지 못했지만, 그의 가치는 48억 달러에 달한다.

오늘날 억만장자가 곳곳에서 생겨나는 이유는 거액의 돈이 창출되는 것이 이처럼 쉬운 적은 일찍이 없었기 때문이다. 벤처 캐피털과 투자자들이 기업 가치를 10억 달러 이상으로 매긴 스타트업을 유니콘 기업이라 부른다. 2009년에는 유니콘 기업이 겨우 네 곳이었다면 이 수치는 2020년 4월 기준 465곳으로 늘어났다.

믿기 힘들겠지만, 우리는 모두 손에 닿는 모든 것을 금으로 만드는 미다스의 손, 즉 현대판 마법사가 될 자질이 있다. 이게 1년 안에 100만 달러를 버는 것, 미래에 끄떡없는 부자가 되는 것과 무슨 상관이 있느냐고? 관련이 엄청나게 많다.

부를 창출하기 위해 가장 먼저 생각해야 할 것은 돈을 버는 방식이다. 홀 푸드 마켓(Whole Foods Market)의 창업자 존 매키처럼 상품을 어느 가격에 구매한 후 더 높은 가격에 되파는 방식으로 돈을 벌 것인지, 아마존의 창업자 제프 베이조스처럼 투자자들이 가치를 높게 평가할 비즈니스 모델을 적용한 새로운 서비스를 만드는 방식으로 돈을 벌 것인지 결정해야 한다. 이 두 가지 방식 모두 당신을 돈방석에 앉혀 줄 테지만, 둘 중 한 가지 방식만이 당신을 1년 안에 백만장자로 만들어 줄 것이다. 비트코인 같은 암호 화폐, 에어비앤비, 구글 검색 엔진은 모두 원래는 존재하지 않았던 새로운 비즈니스 모델을 이용해 수십억 달러를 만들어 낸 사례다. 에어비앤비는 남는 방을 이용해 잠자고 있던 수십억 달러의 가치를 깨웠다.

실리콘 밸리의 벤처 캐피털 회사들은 모두 이 모델을 기반으로 두고 자신이 투자한 돈에 최소 10배 이상의 수익률을 낼 수 있는 혁신적인 아이디어들을 찾는다. 〈포브스〉가 매년 전 세계 최대 벤처 캐피털리스트을 선정해 발표하는 '미다스 리스트'에는 수십억 달러를 창출해 내는 역대급 벤처 캐피털리스트들의 이름이 올라간다. 세쿼이아캐피털(Sequoia Capital)의 짐 고츠는 '2017 미다스 리스트'에서 1위를 차지했는데, 그는 페이스북에서 약 220억 달러를 들여 인수한 왓츠앱(Whatsapp)의 유일한 투자자였다. 왓츠앱이 55명의 직원을 두고 모바일 앱 개발 사업을 시작한 지 겨우 5년 만이었다. 왓츠앱의 사례가 더 놀라운 이유는 창립자 얀 쿰이 과거 페이스북(Facebook)에 이력서를 넣었다가 거절당했다는 사실 때문이다.

얀 쿰은 왓츠앱을 만든 후 백수에서 세계적인 갑부가 됐다. 대학 중퇴자이자 우크라이나 출신 이민자인 그는 페이스북이 자신을 고용했더라면 마크 주커버그에게 선뜻 줬을 아이디어 하나로 75억 달러를 창출했다. 산업가들이 갑부 대열에 올랐던 20세기와는 달리, 오늘날 백만장자와 억만장자들은 부를 축적하지 않는다. 그들은 부를 창출한다. 그리고 당신도 할 수 있다.

21세기가 선사하는 기회를 누리기 위해서는 먼저 비즈니스가 어떻게 가치를 만들어 내는지 이해해야 한다. 앞서 산수 문제를 예로 들어 설명했듯이, 기업이 돈을 버는 방법에 대해 이전에 가졌던 생각은 잊어라. 이제부터는 현존하는 비즈니스가 파괴적인 혁신으로 재탄생할 수 있는 방법을 모색해야만 한다. 나의 전작 《파괴적 혁신》에서는 연구 개발부터 디자인과 생산, 마케팅, 세일즈, 유통까지 현대 비즈니스 가치사슬의 전반적인 형태를 살펴보았다. 모바일, 소셜 미디어, 블록체인 같은 신기술들은 작은 스타트업에게 그 사슬의 한 부분을 차지하고 있는 거대하지만 민첩하지 못한 기업의 자리를 꿰찰 기회를 제공하다.

인스타그램은 코닥을 갈아치웠다. 넷플릭스는 블록버스터를 파괴하고 할리우드 스튜디오를 위협한다. 에어비앤비는 호텔 산업을 흔들고 우버는 1,700만 택시 기사들을 위협하고 있다. 모든 산업에서 기존의 비즈니스 방식은 사슬의 어느 단계에서든 파괴될 수 있는 상황이며, 그 자리를 대신할 가치가 창출된다. 새로운 스타트업은 이 기회를 놓치지 않고 잡는다. 경쟁자를 눌러서 이기는 방식은 재정적 성공으로 가는 길 중 하나일 뿐이다.

나는 제로섬 마인드셋도 싫어하지만 경쟁은 더 싫다. 승부욕이라면 남 못지않게 강하지만 경쟁해야 하는 건 정말 싫다. 내가 아무리 자신감이 넘치고 의욕이 충만해도 여전히 나보다 더 잘났거나, 경제력이 좋거나, 아니면 그저 단순히 나보다 더 똑똑한 사람이 어딘가에 있을 것이라고 확신한다. 그래서 새로운 비즈니스를 시작할 때면 가능한 한 경쟁은 피하려고 노력한다.

당신이 트랙에 서는 유일한 선수라면 매 경기 때마다 승리할 것이다. 승리의 가능성을 높이기 위해서 나는 늘 경쟁 상대가 없는 곳을 찾는다. 나는 항상 다음에 등장할 새로운 무언가에 집중한다. 1978년에 인터넷에서 비즈니스를 시작해 1980년대에 처음 개인용 컴퓨터 소프트웨어를 만들었고, 1996년에는 이 커머스 시장을 개척했으며, 1998년에 100만 명의 회원이 가입한 소셜 네트워크를 만들었다. 2011년에 톱100 모바일 앱을 출시했으며, 2013년에는 비트코인 사업에 뛰어들었다.

하지만 나는 인터넷도 스마트폰도 발명하지 않았으며, 암호 화폐를 만든 사람도, 심지어 엔지니어도 아니다. 나는 그저 현재의 상황을 파괴할 수 있는 새로운 기회를 찾는 기업가일 뿐이다. 세계 최고의 아이스하키 선수인 웨인 그레츠키는 이렇게 말했다.

"나는 퍽이 있는 곳이 아니라, 퍽이 있을 곳으로 간다."

테드 강연 〈파괴적 혁신을 할 때다!〉에서 나는 관중석에 이런 질문을 던졌다.

"가상 현실 전문가나 사물 인터넷, 혹은 비트코인 전문가가 어디에서 왔는지 궁금해한 적이 있습니까?"

알고 보면 그들은 우리보다 특출한 전문 지식을 갖고 비즈니스를 시작한 것이 아니다. 그들은 단지 자신들이 현명하게 표시한 구역에서 전문 영역을 키우고 자신의 구역을 지키기 위해 열심히 일한 자칭 전문가들이다. 그들은 퍽이 갈 곳으로 달려간 다음 어떻게 움직일지를 판단한다. 나는 이 말을 늘 명심한다.

"최고가 되거나 최초가 돼라."

빈자의 두뇌에서 부자의 두뇌로 바꿔라

최초가 되면 최고가 되는 건 당연한 이치다. 성공하기 위해서는 성장 마인드셋을 수용해야 한다. 캐롤 드웩 스탠퍼드대학 교수는 2006년 출간한 자신의 책 《마인드셋》에서 '성장 마인드'라는 용어를 처음 사용했다. 저자는 성공과 실패에 대한 학생들의 태도를 수십 년간 연구했다. 캐롤 드웩은 어떤 학생은 참담한 실패를 겪고도 거뜬히 재기하는가 하면, 또 어떤 학생은 작은 실패에도 완전히 무너지는 이유를 알고 싶었다. 그들의 차이는 자기에게 닥친 특정한 과제의 외부 요소들보다는 자신의 능력에 대한 선입견의 유무와 관련이 컸다.

고정 마인드셋을 가진 학생들은 자신이 멍청하며 그 일에 대해 자신이 할 수 있는 건 아무것도 없다고 생각한다. '난 똑똑하지 못해서 대수학은 못해'라고 생각하는 이 학생들은 지능은 타고나며 실패는 예정돼 있다고 생각했다. 결과가 늘 실망스러울 텐데 노력하는 것이 무슨 의미가 있겠는가? 이 책의 앞부분에서 봤던 고정 마인드셋을 가진 코끼리를 기억하는가?

반면 성장 마인드셋을 가진 학생들은 세상을 전혀 다른 시각으로 본다. 이들은 열심히 최선을 다하면 발전할 수 있고 똑똑해질 수 있다고 믿는다. 가령 '플래시카드로 연습하면 스페인어 시험에서 좋은 점수를 받을 거야'라고 생각한다. 사람은 자신이 발전할 수 있다고 믿을수록 목표를 향해 더 많이 노력하게 된다.

시간이 흐르면서 성장 마인드셋을 가진 학생들은 더 높은 성적을 내고 더 긍정적인 사고방식을 갖고 인생을 산다. 긍정적인 사고는 지능을 향상시키고 창의성을 계발시키며 좋은 에너지를 발산한다. 심지어 무언가를 판매한다면 거래를 성사시키기도 한다. 성공이 행복을 가져다 주는 게 아니라 행복이 성공을 만들어 내는 것이다. 당신의 행복을 잘 조절한다면 당신은 미래에 끄떡없다.

성장 마인드셋을 갖는다는 것은 그저 당신이 문제를 대처하는 방법을 바꿔 주는 게 아니다. 당신 뇌의 생리를 바꾸는 것이다. 인간의 뇌는 타고나는 것이 아니다. 여러 신경 과학 연구에 따르면, 뇌의 신경망에 있는 신경 세포들 사이의 연결성은 경험과 함께 성장한다는 결과가 나왔다. 뇌의 가소성, 즉 유연함의 정도는 질문을 하고, 건강한 음식을 먹고, 충분한 수면을 취하는 등의 기본적인 행위들로 개선될 수 있다. 어릴 때 부모님이 하던 말씀이 과학적으로 증명된 사실인 것이다. 그렇다면 성인이 된 후에는 어떻게 성장 마인드셋을 함양할 수 있을까?

미래에 끄떡없을 부자가 되기 위해 인정해야 할 첫 번째 진실은 '성장 마인드 없이는 아무것도 이룰 수 없다'는 것이다. 성장 마인드를 계발하고 유지하는 것은 다른 모든 일을 달성하는 데 필요한 기반이다. 《마인드셋》에서 캐럴 드웩은 "성장 마인드의 기본 자질은 '노력하면 충분히 함양할 수 있는 것'이라는 믿음에 기초를 둔다"라고 적었다. 드웩은 "각 개인이 타고난 재능과 소질, 관심, 기질이 다를지라도 노력과 경험을 통해 변화하고 성장할 수 있다"라고 설명한다.

고정 마인드셋을 가진 사람은 자신이 무언가를 이루는 데에 충분히 똑똑하거나 잘나지 못했기 때문에 열심히 노력해야 한다고 생각한다. '난 열심히 하지 않으면 절대 공인 중개사 시험에 합격하지 못할 거야'라는 식이다. 자신의 노력은 부족한 재능을 만회하기 위해 필요한 것이라는 시각으로 매사를 본다. 가령 마이클 조던의 타고난 재능은 절대 넘볼 수 없기 때문에 어떻게 노력해도 절대 마이클 조던처럼 농구를 잘하지 못할 거라고 생각하는 것이다. 그런데 사실 마이클 조던이 최고의 농구 선수가 될 수 있었던 이유는 바로 성장 마인드 때문이다. 조던은 이런 명언을 했다.

"선수 생활 중 9,000개 이상의 슛을 실패했고, 거의 300번 넘게 경기에서 졌다. 26번의 결승 슛을 놓쳤다. 내 인생은 실패에 실패의 연속이었다. 그 덕분에 나는 성공할 수 있었다."

고정 마인드셋은 당신의 미래를 가로막을 뿐 아니라 당신이 삶의 모든 면을 온전히 즐기는 걸 방해한다. '내가 이렇게 하면 동료들이 이상하다고 생각할까? 왕따당하겠지?'라고 생각하며 사회생활의 모든 면에서 자기의 가치를 입증해야 한다는 압박을 느끼면 삶은 끝나지 않는 투쟁이 돼 버린다. 간단히 말해 고정 마인드셋을 갖고 산다는 건 피곤한 일이다. 그래서 많은 사람이 포기한다. 당신의 삶에 가장 많은 영향을 주는 부모, 선생, 친구, 배우자는 당신이 시도하려는 의욕을 꺾는다. 자신들의 꿈을 포기했기 때문이다. 부모와 선생은 그들이 겪었던 것처럼 당신이 상처받지 않길 바란다.

하지만 당신이 마음을 훈련한다면 당신의 인생에서 무조건 안 된다는 목소리를 잠재울 수 있을 것이다. 부정적으로 고정된 모든 생각을 잠재력으로 재구성하는 법, 즉 성장 마인드셋을 자신에게 가르치는 것이다. "열심히 했는데 안됐어"라고 하는 대신 "내가 할 수 있는 다른 전략이 있을까?"라고 자신에게 질문해야 한다. 걸림돌을 기회로 받아들이거나, 마이클 조던이 말한 것처럼 당신의 미래는 바뀔 수 있다는 걸 기억해라.

"뭔가를 이루려고 노력할 때면 장애물을 만나기 마련이다. 나 역시 그랬다. 다른 사람들도 똑같다. 그렇다고 거기에서 물러서면 안 된다. 달리다가 벽을 만났다고 뒤돌아 가거나 포기하지 마라. 어떻게 하면 그것을 넘어갈지, 뚫고 갈지, 둘러서 갈지 고민해라."

우리 집 큰아들은 할리우드 시나리오 작가가 되고 싶어 했다. 그 세계도 진입하기가 엄청나게 어렵다. 해마다 제작사로 들어오는 수천 개의 시나리오 중 스튜디오는 겨우 20개에서 30개만 영화로 제작한다. 계속되는 거절 속에서 고정 마인드셋으로 고통받으며 "무슨 영화 시나리오를 쓰셨어요?"라는 사람들의 질문에 아무 대답을 할 수 없는 상황이 두려워서 결국은 많은 이가 포기한다. 이들에게 시나리오 계약이나 영화 제작이 안 되는 건 인생의 실패나 다름없다. 자신이 못났기 때문에 자신의 시나리오로 영화를 만들겠다는 스튜디오가 없다고 생각한다.

하지만 우리 아들은 성장 마인드셋을 가졌다. 몇 년 동안 사람들이 벤지 새밋이나 파트너 작가인 댄 에르난데스에게 "무슨 영화 시나리오를 쓰셨어요?"라고 물으면 아들은 늘 "현재까지는 없습니다"라고 대답했다. 이 대답은 앞으로 있을 수 있다는 가능성을 암시한다. 아들이 시나리오 작가로 일한 지 10년이 지난 지금은 사람들이 같은 질문을 할 때 〈명탐정 피카츄〉 보셨나요?"라고 말할 수 있다. 참고로 이 영화는 2019년 세계에서 두 번째로 높은 수익을 거둔 영화다.

시나리오 작가든 농구 선수든 성장 마인드셋을 계발하기 위해서는 부단한 연습과 노력이 필요하다.

부자의 마인드가 되는
6가지 기술

1) 실패하기를 멈추고 배우기를 시작하라

일이 생각대로 잘 풀리지 않을 때마다 승리와 패배 둘 중 한쪽으로 생각하는 것을 그만해라. 당신은 실패한 게 아니라 수많은 길 중 해결 방법이 아닌 길을 경험했을 뿐이다. 그럼 이것을 계기로 더 나은 결과를 이끌어 낼 만한 또 다른 기술은 뭐가 있을까?

당신의 부족함을 수용하는 법을 배워라. 완벽하지 않은 것은 커리어를 끝장낼 결함이 아니라 성장과 개선을 이룰 수 있는 영역이다. 끊임없이 최종 목적지만 바라보는 대신 어떻게 장애물을 극복하는지에 초점을 맞춘다면 여정 자체를 즐길 수 있을 것이다.

2) 다른 사람들의 인정을 바라지 마라

당신에게 필요한 건 그들의 비판이다. 다른 사람들의 인정과 허락만 찾는다면 배움보다 칭찬을 앞세우게 된다. 비판에 힘입어 전진하는 대신 칭찬만 원하다가 커리어를 망치는 사람들이 너무 많다. 성공에 이르는 유일한 길은 지속적으로 배우고 발전하는 것이다.

나는 어른이 되고 나서 어느 세계적인 유명 작가로부터 미술 수업을 받은 적이 있었다. 나는 선생님이 내가 수채화를 얼마나 잘 그렸는지 말해 주길 바라지도 않았고, 학교에 갓 입학한 초등학생의 엄마처럼 내 그림을 냉장고에 붙여 놓고 싶지도 않았다. 단지 어떻게 하면 나의 단점을 보완해서 더 나은 그림을 그릴 수 있는지 알고 싶었다. 무엇이 문제이고 왜 그런지 알고 싶었다.

당신은 매일 직장에서 이뤄지는 사람들과의 관계를 배움의 기회로 봐야 한다. 당신의 상사와 고객이 지금 위치에 있는 이유는 당신은 아직 경험하지 못한 것들을 배웠기 때문이다. 당신이 지금 하는 일이 너무나 싫어도 직장을 돈을 벌며 배울 수 있는 곳이라고 여겨라. 학자금 대출 없이 비즈니스 공부를 하는 셈이다.

3) 당신의 발전 과정을 일기로 기록하라

매일 일기를 쓰는 것은 당신의 마인드셋을 바꾸는 데 결정적인 역할을 한다. 매일 저녁 일기를 쓰면 그날 있었던 일을 떠올리며, 무엇이 좋았고 무엇이 나빴는지 분석할 수 있다.

그날, 그 주에는 어떤 목표를 세웠는가?

목표를 달성했는가?

그렇지 못했다면 목표에 가까이 가기 위해 어떤 단계를 밟았는가?

목표를 글로 써 놓는 사람들은 확실히 성공한 인생을 산다. 베스트셀러 《Hundred Percenters(100퍼센트를 해내는 사람들)》의 저자 마크 머피에 따르면, 목표를 생생하게 적어 놓는 행위는 목표 달성률과 연관이 깊다. 목표를 아주 생생하게 묘사하거나 그리는 사람들은 그들의 목표를 달성할 확률이 1.2배에서 1.4배 더 높다.

일기에 목표와 행동들을 묘사할 때는 사용하는 언어에 주의를 기울여라. 만약 어둡고 부정적으로 하루를 되돌아본다면 당신의 행동도 그렇게 될 가능성이 많다. 한편 실망스러운 경험을 통해 얻은 교훈에 초점을 맞추면 같은 실수를 반복하는 횟수를 줄일 수 있다. 단어 선택에 신중을 기해서 쓰는 일기의 또 다른 장점은 성장 마인드셋을 검열할 수 있다는 것이다. 이는 사회에서 만나는 사람들과의 소통 방식에 영향을 준다.

당신은 실패하는 것이 아니라 배운다는 것을 기억해라. 실수하거나 목표를 달성하지 못할 때마다 당신을 스스로 가혹하게 평가하는 대신 인정해라. 많은 사람이 일이 정말 안 풀리는 날에는 자신의 실수나 불운에 대해 계속 생각하는 경향이 있다. 그럴 때 당신의 마음이 자유로워지고 앞으로 전진할 묘책이 있다. 바로 일기장의 공백 페이지를 펼쳐 그 나쁜 경험에 대한 부정적인 생각을 모두 적는 것이다. 종이에 그 내용을 적으며 마음속에서 그 생각을 지운다. 그다음 그 페이지를 찢어 휴지통에 버려라. 이제 나쁜 생각은 잊고 앞으로 전진할 준비가 됐다.

마지막으로, 일기를 쓰면 목적의식이 생길 것이다. 당신은 임무를 수행 중이다. 인생은 무슨 경주처럼 다른 사람들과 경쟁하는 것이 아니다. 결국 우리는 모두 죽음이라는 같은 결승선에 도착하지 않는가. 그러므로 속도가 아닌 개인의 성장을 측정해라. 그럼 우울하거나 장애물을 만날 때면 당신의 오래된 일기장을 들춰 시간이 얼마나 걸렸든 걸어온 당신이 길에 대해 스스로 축하해 줄 수 있다.

4) 겉으로 보이는 이미지가 아닌 당신의 내면을 주목하라

당신의 목표를 이루는 데 다른 사람들의 인정은 필요 없다. 당신이 원하는 사람이 돼라. 다른 사람들이 어떻게 생각하는지는 걱정하지 마라. 당신을 무너뜨리려는 사람들은 항상 당신보다 못하다는 것을 위안으로 삼아라. 성장 마인드셋을 구축하고 무엇이 가능한지 말하는 당신 내면의 목소리에 귀를 기울일수록, 그들이 하는 말은 당신과 상관이 없다는 사실을 깨닫게 될 것이다. 누군가가 '노(no)'라고 말한다고 해서 그 일을 당신이 할 수 없다는 뜻이 아니다. 단지 그 사람과 그 일을 하지 않을 거라는 의미다. 성장 마인드셋은 '나 같은 인재를 놓친 그 사람만 손해야'라고 생각하도록 한다.

성장과 수용의 역할은 '천재'라는 단어를 재정의하는 것이다. 천재성은 신이 태어날 때 준 선물이 아니다. 발명가 토머스 에디슨은 "천재는 1%의 영감과 99%의 땀으로 만들어진다"라는 명언을 남겼다. 〈투나잇 쇼〉의 진행자 자니 카슨은 엘런 드제너러스부터 제리 사인펠트까지 전 세대 코미디언들을 자신의 쇼에 초대하면서 그들의 데뷔를 도왔다. 그는 "재능만으로는 성공할 수 없다. 준비가 안 된 사람에게는 적당한 곳도 적당한 타이밍도 소용없다"라고 말했다. 당신의 일기에 당신이 흘린 땀을 기록할수록, 천재는 태어나는 게 아니라 만들어진다는 사실을 체득할 것이다.

5) 다른 사람의 실수를 통해 배우고 성장하라

성공은 당신과 다른 사람을 비교하는 것이 아니다. 하지만 다른 사람들의 실수로부터 배우면 성공으로 향하는 길에 조금 더 빨리 도달할 수 있다. 오늘날 우리는 클릭 한 번이면 거의 대부분의 인류 지식을 얻을 수 있는 세상에 살고 있다. 이 거대한 자원을 활용해라. 새로운 기업이나 고객, 산업을 파악하는 데 도움이 필요한가? 링크드인(LinkedIn)에서 그 분야에 경험이 있는 사람들을 찾아 연락해라. 나는 자신의 지식을 공유하고 자신이 이룬 것을 인정받기 싫어하는 사람을 아직 본 적이 없다. 또한 나는 아직 내가 아무것도 배울 게 없는 사람을 만나 본 적이 없다.

성공한 사람들이 그들의 여정에서 겪었던 실수를 배우면 배울수록, 당신은 조금 더 위험을 감수하고 새로운 아이디어를 시도할 용기가 생길 것이다. 나는 지금까지 직원 네 명으로 구성된 스타트업도 운영해 봤고, 25만 명 이상의 직원을 둔 회사도 경영해 봤다. 수십 년간, 나는 내가 고용한 모든 직원에게 1년 동안 일하면서 아무 실수도 하지 않으면 해고하겠다고 가르쳤다. 그들이 실패의 두려움, 즉 안락 지대 밖으로 모험을 떠날 때의 두려움에서 자유로워지길 바라기 때문이다. 당신의 팀이 고정 마인드셋을 갖고 있다면 당신의 비즈니스는 절대 성장하지 못할 것이다.

6) 감사하기를 연습하라

매일 저녁 일기를 쓸 때, 아침에 일어나서 거울 속 자신을 볼 때 시간을 내서 감사하기를 연습해라. 동기 부여 연설가 지그 지글러는 "사람들은 동기 부여가 오래가지 않는다고 말한다. 샤워도 마찬가지다. 동기부여를 매일 하라고 하는 이유다"라는 명언을 남겼다.

자기 연민과 부정적인 생각을 하지 않기 위한 해결책은 감사하기다.

당신의 삶에서 감사해야 할 무언가를 찾아라. 전용기는 없어도 당신의 몸을 뉘일 거처가 있음에, 배부를 수 있음에, 그리고 당신의 목표를 이루기 위한 실행을 지속할 수 있는 용기가 있음에 감사해라. 누군가의 도움을 받을 때, 누군가가 엘리베이터 문을 잡아 줄 때, 아니면 그저 당신과 대화를 나누는 상대에게 방식이 어찌됐던 "감사합니다"라고 예의 있게 말하는 것부터 시작해라.

〈이모션〉에 실린 한 연구에 따르면, 새로 알게 된 사람에게 감사를 표현하면 관계를 유지할 가능성이 높아진다. 나의 경우 아내와의 첫 만남에 대한 기억이 완전하게 남아 있지는 않지만, 처음 만난 후 아내에게 고맙다고 적힌 쪽지를 받았을 때 내 인생은 영원히 바뀌었다. 감사하는 태도가 당신의 육체적 건강을 향상시킨다는 건 몇 번이고 증명된 사실이다.

백스트리트 보이즈, 엔 싱크, 브리트니 스피어스, 자넷 잭슨과 계약한 자이브 레코드(Jive Records) 음반사의 소유자인 음반 산업 기획자 랄프 사이먼은 전 세계 여행하는 장소를 불문하고 친구와 동료들에게 직접 손으로 쓴 수십 개의 카드를 보낸다. 우리의 돈독한 우정이 25년이 넘은 지금도 그가 보낸 카드를 읽을 때면 내 입가엔 미소가 번진다. 진심으로 감사하는 마음은 머릿속을 떠다니는 모든 부정적인 감정을 침묵시킨다. 후회와 시기, 두려움, 억울함은 분노와 우울함을 야기한다. 요다가 젊은 루크 스카이워커에게 한 경고를 기억해라.

"두려움은 어둠으로 향하는 길이다. 두려움은 분노를 낳고, 분노는 증오를, 증오는 괴로움을 낳는다."

감사의 마음은 공격성을 낮춰 당신의 건강을 개선한다. 《Applied Psychology: Health and Well-Being(응용 심리학: 건강과 웰빙)》에 소개된 2011년 연구에 따르면, 잠자기 15분 전 당신이 감사하는 것에 대해 써보는 것이 깊고 편안한 수면을 하는 데 도움이 된다고 나타났다. 아침에 일어날 때도 감사의 마음으로 하루를 시작할 기회가 있다. 나는 양치하고 면도를 할 때 거울에 비친 내 얼굴을 보면서 "오늘은 어제보다 나은 하루가 될 수 있어. 내가 그렇게 만들 수 있어"라고 말하며 하루를 시작한다.

성장 마인드셋은 성공한 사람과 실패한 사람을 구분하는 특성이다. 장애물은 그저 당신의 여정에 잠깐 지나가는 사건에 불과하다고 보는 관점과 시각을 가질 수 있다. 긍정과 감사로 인내가 길러진다. 자연히 끈기는 당신을 멈출 수 없게 한다.

> [자수성가 프로젝트: 동기 부여]
> # 자네, 나와 함께 백만장자가 되어 보겠나?

자수성가 프로젝트의 규칙

나의 멘티를 찾아 나서기 전에 자수성가 프로젝트를 위한 가이드라인을 세워야 했다.

1) 누구나 접근하고 반복하기 쉬운 과정이어야 한다

혼자의 힘으로 과정을 소화할 수 있는 사람을 멘토링하는 것이 나의 계획이었다. 나는 코칭만 할 뿐 현장에 나가서 직접 뛰는 사람은 과정의 참여자였다. 공정한 테스트를 하기 위해서는 통찰력도 요구됐다. 멘티 스스로 어떤 비즈니스를 시작할지, 어떻게 틈새시장을 찾아서 어떤 방법으로 고객을 확보할지 결정해야 했다. 들이는 노력도 자신의 몫이다. 이 과정을 자신의 것으로 만들지 못한다면 미래에 끄떡없을 삶은 없을 것이다.

2) 프로젝트 대상자는 돈이 한 푼도 없는 사람이어야 한다

많은 신참 기업가가 실패의 원인을 자금 부족이나 투자금 조달의 어려움에서 찾기 때문에, 멘티는 나한테 10원도 받아서는 안 됐다. 미래의 기업가들에게 아무 자본금 없이도 성공할 수 있다는 걸 보여 주고 싶었다. 예를 들어 멘티는 자신의 기술을 이용해 자본 집약적 산업이 아닌 비즈니스를 창출한 후, 수익을 재투자하는 법을 배워서 첫 해에 거둔 성장을 더 가속화할 수 있다. (지금에 와서야 솔직히 털어놓자면, 점심 미팅 때 피자를 사 준 적은 있었다.)

3) 외부에서 혜택을 받을 수 없어야 한다

직장 생활 경험이 거의 전무한 사람을 찾았다. 모든 독자의 공감을 얻을 수 있는 사회 초년생 말이다. 그리고 노동자 계층 가정에서 자란 사람이어야 했다. 롤 모델로 삼을 수 있거나 대출을 위해 손을 벌릴 수 있는 가족이 있으면 안 된다. 또한 인간관계가 어느 정도 한정된 사람이길 바랐다. 안전망 하나 없는 로스앤젤레스의 뉴페이스, 소위 물 밖의 물고기를 원했다.

4) 나는 실질적인 비즈니스 도움을 주지 않아야 한다

마지막으로 나의 글로벌하고 광범위한 네트워크를 기반 삼아 어떤 비즈니스도 연결해 주려고 모색하지 않기로 했다. 멘티에게 비즈니스의 기회를 제공하지 않았고, 직원을 채용할 때도 도움을 주지 않았다. 이 실험의 확실한 공정성을 위해, 멘티 스스로 인맥과 협력자 네트워크를 구성해야 했다.

나는 이 조건들을 설정함으로써 멘티가 자신의 힘으로 무언가를 해낼 때 자부심과 성취감이 온다는 걸 알 수 있을 거라 믿었다. 멘티가 그

1년 안에 부자 되는 법

감각을 체득한 후 여정에서 만나는 새로운 장애물을 넘는 데 그것을 사용하길 원했다.

앞서 말했듯이, 내가 멘티에게 찾은 자질은 끈기다. 끈기는 누가 가르친다고 해서 배워지는 것이 아니다. 나는 회복력이 강하고, 살면서 많은 장애물을 극복한 사람을 찾아야 했다. 불우한 가정 환경에서 자랐고, 아직 경제적으로 성공하지 못해서 상황을 개선하기 위해 열심히 일해 본 사람 말이다. 중도에 포기하는 사람에게 내 모든 시간과 명예를 쏟고 싶진 않았다. 그렇기 때문에 설령 내가 1년 안에 100만 달러를 벌 수 있다는 목표에 확신이 없다 하더라도 그것이 가능하다고 믿는 사람을 찾아야 했다.

빠른 시간 안에 부를 창출하는 내 방법이 나이에 상관없이 누구에게나 비슷하게 적용될 수 있긴 하지만, 나는 밀레니얼 세대가 멘티가 되길 정말 바랐다. 밀레니얼 세대는 버릇이 없고 열심히 일하기 싫어한다는 문화적 편견이 지배적이다. 내 주위의 사람들 중 다수가 밀레니얼 세대를 '얼굴만 내비쳐도 환영받고 뭘 하든 칭찬받으며 애지중지로 자란 세대'로 단정 짓는다. 건실한 밀레니얼 세대 아들 둘을 둔 아버지로서 나는 그런 선입견을 믿지 않았다. 그래서 이 선입견을 깨뜨려 줄 사람을 찾고 싶었다.

인류 역사상 그렇게 많은 수의 성공한 밀레니얼 세대를 본 적은 일찍이 없었다. 이 책은 이 세대를 도와 줄 것이고, 만약 그렇다면 나는 이들이 선두에 서기를 바랐다. 마음속에는 이미 규칙이 정해졌다. 지금껏 쌓아 온 내 직업적 평판을 단 한 사람에게 걸기로 했다. 이제 멘티를 찾는 일만 남았다.

아직 다듬어지지 않은 원석을 찾다

어느 토요일 아침, 로스앤젤레스의 한 그로스 해킹 행사에서 관중석에 앉아 있던 나는 초조해하면서 무대를 서성이는 한 앳된 강연자를 봤다. 우리에 갇혀 레드불 한 상자를 들이켠 표범처럼 잔뜩 겁먹은 그 청년은 재빨리 앞 무대를 가로지르며 성큼성큼 걸어갔다. 그러고는 속사포처럼 말하며 정신없이 강연을 했다. 이런 그의 움직임 때문에 정작 청중은 그가 준비한 100장이 넘는 파워포인트 슬라이드에 담긴 실질적인 정보에 집중하기가 어려웠다. 마치 윔블던 테니스 경기에서 공을 따라 머리를 움직이느라 지친 관중처럼, 사람들은 그의 강연을 따라가는 것이 지치고 힘들었다. 그는 하고 싶은 이야기가 너무 많았지만 그만큼 빠른 속도로 머릿속에서 그 내용을 꺼내지 못했다.

청중의 집중력을 더 흐트러뜨린 것은 큰 키에 깡마른 그가 입고 있던 금색 라메 재질의 점프 수트, 그리고 깔 맞춤한 금색 하이 톱 스니커즈였다. 신발에는 로마의 신 머큐리의 날개가 달려 있었다. 그의 의상은 조명을 받으면 이 벽 저 벽으로 빛을 튕기는 디스크 볼처럼 눈이 부시게 반짝였다.

그런데 금색으로 치장한 그의 겉모습 이면에는 다른 무언가가 숨겨져 있었다. 그는 에너지와 열정, 아이디어로 넘치는 사람이었다. 온라인 마케팅 하는 법을 저렴하게 독학으로 배우긴 했지만 그것을 어떻게 비즈니스화 하는지를 몰랐다. 나는 마침내 자수성가 프로젝트의 주인공을 찾았다.

빈 클랜시는 런던 노동자 계층의 한 가난한 가정에서 자랐다. 그는 누나와 함께 주거 환경이 열악한 셰퍼드 부시 지역에 있는 공공 임대 주택(미국에서는 '정부 주택 프로그램'으로 불린다.-역주)에서 살았다. 셰퍼드 부시는 그가 태어나기 몇 년 전 런던 경찰관 세 명이 일상적인 차량 검문을 하던 도중 총살당한 사건 이후 악명 높은 지역이 됐다. 빈의 아버지는 건물 관리인으로 일하고 어머니는 일이 있을 때마다 아르바이트를 했다. 공공 임대 주택에서 유년 시절을 보내는 동안 가난과 폭력, 약물 남용은 빈에게 익숙한 광경이었다.

12살 때 그는 학교를 마치고 하굣길에 리치몬드 로드에 있는 블루 하와이라는 식당에 들러 파인애플 주스를 얻어 마시곤 했다. 하루는 주스를 만들어야 할 직원이 출근을 하지 않아서 어린 빈이 아르바이트를 했다. 그 후로 고등학교를 다니는 내내 그 식당에서 몇 시간을 일하며 4파운드를 받았다. 20대 초에 그는 영국의 유명 식품 체인인 테스코를 포함해 온갖 잡다한 곳에서 일을 했다. 특별히 삶의 목표가 없던 그는 세일즈 일도 시도해 봤지만 이내 지루해서 그만두었다. 최근까지도 그는 영국에서 주 100달러의 사회 보장 연금에 기대어 살았다. 통계적으로 볼 때, 그와 같은 배경을 가진 청년은 자수성가 백만장자가 되기 보다는 가난하게 생을 마감하거나 수감 생활을 할 가능성이 더 컸다.

이 모든 장애물에도 불구하고, 혹은 장애물 덕분인지 빈은 끈기라는 강력한 무기를 갖게 됐다. 하지만 안타깝게도 그는 어디로 가야 할지 모르는 야심가였다. 그런 그의 인생을 바꾼 계기가 있었으니, 바로 오데온 킹스턴 영화관에서였다. 데이비드 핀처 감독의 영화 〈소셜 네트워크〉에 완전히 빠지게 된 것이다. 벤 메즈리치의 《소셜 네트워크》를 원작으로 한 이 영화는 무명 해커에서 세계에서 가장 젊은 자수성가 억만장자가 된 마크 주커버그의 여정에 찬사를 보낸다.

아카데미상에 후보로 오른 이 영화는 빈에게 하나의 계시였다. 그는 제시 아이젠버그가 연기하는 마크 주커버그의 모습에서 자신의 모습을 봤다. 자신의 미래를 내다봤고 자신의 기회를 찾을 곳을 발견했다. 그 또한 부자가 되고 유명한 해커가 될 것이었다. 하지만 그러기 위해서는 먼저 컴퓨터를 마련하고 사용법을 배워야 했다. 동네 도서관에 무료로 사용할 수 있는 컴퓨터가 있었고 빈은 그곳에서 시작했다.

프로그래머는 아니었지만 컴퓨터 사용법을 독학으로 배웠다. 그리고 소셜 미디어가 어떻게 작동하는지, 그의 말을 빌리면 어떻게 "시스템을 해킹"하는지 배우는 것에 완전히 집중했다. 빈은 온라인에서 사람들과 소통하면서 무슨 툴을 사용해야 소셜 미디어 팔로잉을 늘릴 수 있고, 어떻게 팔로워들과 교류하는지를 배웠다.

그 세대의 많은 사람과 마찬가지로 빈의 꿈도 온라인에서 유명 인사가 되어 할리우드로 진출하는 것이었다. 특정 상표가 붙은 콘텐츠를 소셜 미디어에 포스팅하는 것만으로 연간 수백만 달러를 버는 카일리 제너나 영국 출신 마인크래프트 리뷰어 대니얼 미들턴처럼 소셜 미디어 인플루언서가 되고 싶었다. 그는 소셜 미디어 마케팅 전문가가 되어 자수성가하기로 마음먹었다. 그리고 10원 한 장 지출하지 않고 20대 팔로워를 10만 명이 넘게 만들어 냈다.

빈은 성공의 꿈을 안고 아끼고, 저축하고, 수중에 팔 수 있는 건 모두 팔아서 로스앤젤레스행 비행기 편도 티켓을 샀다. 개인 브랜드를 설립할 준비가 된 빈 클랜시가 미국에 도착했다. 돈과 명성을 얻는 일이 쉽지 않다는 걸 단번에 알아차린 그는 자신의 기술을 이용해 다른 사람들의 팔로워를 늘려 주며 돈을 버는 방식을 택했다. 그런데 할리우드에서조차 사람들의 지갑을 여는 일은 어려웠다. 빈은 새로운 가능성을 찾기 위해 내가 참석한 행사 같은 곳에서 무료로 강연을 하기 시작했다.

차나 가구는 고사하고 돈 한 푼 없던 그는 다른 사회 보장 연금 수령자 두 명이 사는 아파트에 얹혀살았다. 집에는 개미가 들끓었다. 그래도 빈은 포기하지 않았다.

빈이야말로 내가 찾던 사람이라고 확신할 수 있었던 이유는 영국에서 새로운 펍을 알리기 위해 그가 내놓은 방안에 대한 이야기 때문이다. 런던에는 7,000개가 넘는 펍이 있다 보니, 새로운 펍이 오픈할 때 어떻게 입소문을 내는지가 관건이다. 명색이 영국의 수도인 런던에서 광고비는 엄두도 못 낼 정도로 비싸다. 높은 임대료로 악명 높은 런던에서 새로운 밤 문화 장소는 고객을 발 빠르게 유치하지 않으면 문을 닫아야 하는 운명이다. 내 생각에 그가 제안한 해결책은 천재적인 아이디어였다. 그는 10원도 쓰지 않고 자신의 이익과 펍의 성공을 최대화했다. 그 방법은 소셜 미디어에 광고를 할 필요도, 화려한 사진을 찍을 필요도,

타깃이 구글 사용자일 필요도 없었다. 그는 펍의 입장에서 문제점을 보는 대신 잠재 고객들의 동선에 초점을 맞춰 생각했다.

'왜 사람들은 펍에 가는가? 누구와 함께 가며, 이 사람들은 어디에서 만나는가? 어떤 교통수단을 이용하는가?'

발상을 전환하니 해결책이 나왔다. 소셜 미디어 사이트에 광고를 하는 대신 틴더(Tinder)에 가짜 프로필들을 만드는 것이었다. 멋지고 예쁜 '싱글들'의 사진을 올리면 많은 클릭을 부를 것이었다. 누구든 일단 접속을 하면 그들은 낚인 것이다.

"이 사진이 진짜 제 모습은 아니에요. 그렇지만 저 같은 사람을 만나고 싶다면 새로 오픈한 우리 펍으로 오세요."

이 마케팅은 사람들에게 먹혀 일상에 새로운 바람을 불어넣었다. 그 농담을 재미있어 한 많은 사람은 틴더 링크를 친구들과 공유했다. 곧 언론에서 그 빈의 아이디어에 대한 기사를 썼고 펍은 사람들로 붐볐다. 빈은 파괴적인 혁신가로, 혹은 그의 언어로 '해커'로서 어떻게 사고해야 하는지를 단번에 이해했던 것이다.

억만장자와 무일푼 청년의 만남

지금껏 쌓아 온 내 명예를 자수성가 프로젝트에 걸기 위해서는 빈이 성장 마인드셋을 갖고 있고, 1년 안에 자신이 자수성가 백만장자가 된다는 믿음이 있다고 확인할 필요가 있었다. 이를 위해 나는 프로젝트

첫째 날부터 캘리포니아대학교 리버사이드 캠퍼스의 심리학과 교수 리처드 로즌솔이 발명한 방법을 사용했다.

리처드 로즌솔은 학생의 성취도에 자기 충족적 예언이 끼치는 영향을 연구했다. 로즌솔은 학기 초에 한 초등학교의 전교생을 대상으로 아이큐 검사를 했다. 그리고 '지적 능력이 뛰어난' 학생들의 명단을 담임교사에게 전달했다. 그런데 이 교수는 거짓말을 했다. 사실 그 명단은 무작위로 정했고, 그 학생들이 다른 학생들보다 뛰어나게 똑똑하지도 않았다. 로즌솔은 교사가 특정 학생을 특출하다고 믿는 것이 그 학생의 지적 성장과 성취도에 어떤 영향을 끼치는지 알고 싶었던 것이다.

학년 말에 다시 시행한 아이큐 검사에서 '지적 능력이 뛰어난' 1학년과 2학년 학생들은 통계적으로 평균 점수가 높았다. 어떤 학생이 똑똑하다고 말한 것만으로 정말 그 학생이 똑똑해진 것이다. 오늘날 '피그말리온 효과'로 알려진 이 방법은 변화와 자기 충족적 예언의 선순환을 만들어 낸다.

나는 빈 클랜시를 자수성가 프로젝트의 주인공으로 선택하면서 피그말리온 효과가 성공 확률을 높여 줄 것이라고 믿었다. 처음부터 나는 빈에게 그동안 많은 후보와 인터뷰를 했으며 모든 멘티 후보 중에서 그가 백만장자가 되기 위한 기술과 추진력, 지적 능력을 갖췄다는 암시를 줬다. 그는 이런 칭찬을 받고는 곧바로 어떤 방법으로 자신의 모든 힘을 100만 달러를 버는 데 쏟을지에 대한 생각에 신났다.

나와 첫 인터뷰를 한 후 빈은 식당에 남아 일기를 썼다. 그리고 6개월

이 지난 후, 상상할 수 없는 성공을 하고 나서야 이를 나와 공유했다.

빈 클레시의 일기

"영화 〈레퀴엠〉에는 그녀가 권력적으로 막강한 우위에 있는 정신과 의사를 만나러 가는 장면이 나온다. 그녀는 그의 돈이 필요하고, 그도 그녀에게 필요한 것이 있었다. 억만장자를 마주하고 난 지금 그 장면이 떠오른다. 나는 정말 그가 가진 것이 필요하다.

누군가를 정해서 그 사람을 1년 안에 백만장자 스타로 만든다는 것이 그의 계획이다. 그는 멘토십 프로그램을 구상하고, 멘티가 고객을 확보할 수 있도록 돕고, 쓰는 책마다 베스트셀러가 된다. 그는 벽돌 하나하나 공들여 쌓아 만든 보잘것없는 내 사업에서 부서진 곳을 어루만져 줄 묘약 같은 존재다. 어쨌든 그렇게 우리는 해변에서 피자를 먹고, 나는 늘 그렇듯이 냉소적인 태도로 흥분된 기분을 감췄다. '내가 그를 실망시켜서 이 프로젝트가 무산되면 어쩌지?'라는 생각에 마음놓고 좋아할 수가 없었다.

그는 오늘날까지도 건재한 인터넷 기업 세 곳의 창업 팀에서 일한 경험이 있다. 연간 매출액이 10자리 수를 거뜬히 넘기는, 이름만 대면 누구나 다 아는 브랜드의 부회장이다. 지난 25년간 세상을 바꾼 여러 기업에 관여했기 때문에 캘리포니아에서 그가 모르는 사람이 없는 것은 물론이다. 그는 은퇴 전에 자신의 멘토링으로 인생을 바꿀 만한 순간의 주인공이 될 젊은 멘티를 찾고 있다. 그 주인공을 찾기 위해 그는 여러 사람을 인터뷰하고 있고 나는 그중 하나다. 그는 내 라이벌 중 한 명과 이야기를 나눈 적이 있다고 말했다. 나는 속으로 그 라이벌에게 꺼지라고 말했다. 그가 하는 말은 모두 믿어야 한다.

내가 태어난 후 부모님이 살던 공공 임대 주택에 온 날, 우리 집 밖에서 한 조직폭력배가 슬개골에 총상을 입은 사건이 있었다. 폭력 조직 간의 영역 싸움은 더 악화됐고 매주 살인이 일어났다. 신의 은총으로 우리는 좀 더 나은 공공 임대 주택으로 이사를 갔고 다행히 잘 지내고 있다. 지금 생각해 보면, 오늘 그를 만나려고 그 먼 길을 온 건지도 모르겠다.

내가 뭘 할 수 있는 권한은 거의 없다. 내 이야기를 하기는 하지만 나는 대화 내내 주로 듣는 입장이다. 부자건 가난하건 상관없이 자신이 어떤 위치에 있든 인생은 너무 힘들다. 그래서 우리는 모두 누군가가 나타나 인생을 구원해 주길 바란다. 에미넴의 노래 가사처럼 우린 모두 과거를 뒤로한 채 대박 성공을 꿈꾼다.

나는 "만약 선생님의 멘토링을 못 받게 되면 혹시 다른 분을 소개해 줄 수 있으세요?"라고 묻고 싶었지만, 2등이 될 수는 없었기 때문에 입 밖으로 내지는 않았다. 만약 그가 나를 선택하지 않는다면 지금 큰 실수를 한 거라고 그에게 말할지 모르겠다. 이 말은 그때 가서 하면 된다.

로스앤젤레스에 온 지 한 달이 채 안 됐고 앞으로 많은 기회가 있을 것이다. 하지만 이 도시에서 넘쳐 나는 기회들을 제쳐 두고 이거여야만 한다. 이렇게 쓰고 식당을 나오면서 이런 생각을 했다.

'젠장! 다 필요 없어. 까짓 거 나 혼자 하지 뭐.'

이건 기분이 좀 나아지기 위해 나에게 해 줄 수 있는 유일한 위로다. 사회 보장 연금에 기대 살면서 생긴 절망감은 한 번도 나를 떠난 적이 없다. 언젠가 내가 원하는 것을 얻으면 이 절망감은 사라질 것이다. 하지만 무슨 일이 있든 내가 겪은 가난을 회상할수록 다시는 내가 있었던 곳으로 돌아가지 않겠다는 의지는 더욱 강해진다. 나라는 존재에 기껏해야 무관심으로 대하는 한 도시를 상대로 공격적으로 방망이를 휘둘렀다. 그리고 이제 결정적인 한 방을 날릴 방법을 찾을 것이다."

빈이 해낼 수 있을 것을 알기만 한다면, 어느 성공한 사업가라도 그를 선택할 수밖에 없을 거라는 메시지는 빈의 자신감에 확신을 줬다. 이제 자신이 할 수 있다고 믿는 지금 그는 해낼 것이다. 나폴레온 힐이 "상상하고 믿을 수 있는 것이 무엇이든 생각하는 대로 이루어진다"라고 자주 말했던 것처럼 말이다.

빈을 세상이라는 바다에 자유롭게 놓아주기 전에 우리는 일별, 주간별, 월별 목표 설정의 중요성에 대해 이야기를 나눴다. 목표를 설정하고 하루를 계획하는 것은 계속 집중할 수 있는 가장 쉬운 방법이다. 이를 기록하면 그의 성장 마인드셋을 강화하는 데 플러스 요소가 될 것이었다. 너무나 많은 사람이 매일 아침 업무를 시작하면 이메일과 음성 메시지와 문자 메시지에 답변하느라 끝이 보이지 않는 덫에 빠진다. 우리는 빈이 내게 주별 목표를 이메일로 보내면 멘토링을 진행하는 금요일에 평가 시간을 갖기로 했다. 수익을 최대화하기 위해서는 하루 중 특정한 시간에만 처리해야 할 업무도 있다. 영업 전화를 밤 11시에 할

1년 안에 부자 되는 법

수 없진 않은가. '낮에는 세일즈, 밤에는 제안서 작성'이라는 규칙을 정했다.

숨기는 것 없이 솔직하기 위해, 빈은 전혀 모르는 사실 하나를 이 책의 독자들에게 밝히려 한다. 실은, 빈은 내가 인터뷰한 유일한 사람이다. 실험의 결과를 비교할 통제 집단이 없는 상태에서 완벽한 후보자를 선별하는 데 너무 많은 노력을 하면 본 자수성가 프로젝트의 유효성이 떨어지고, 실험의 결과를 광범위하게 적용할 수 없을 것이라고 생각했다. 빈은 내가 인터뷰한 첫 번째 사람이자 모든 조건에 부합하는 후보였다.

빈을 멘티로 결정한 후 성과를 내야 하는 모든 부담은 이제 내 몫이었다. 나의 도전은 빈에게 비즈니스 분야에서 멘토해 주는 것뿐 아니라, 지속적으로 동기 부여를 하고 그를 365일 동안 집중할 수 있도록 하는 것이었다. 빈은 여태껏 해 본 일 중 이 프로젝트가 가장 힘들다고, 젊은 나이에 사교 생활 같은 건 꿈도 못 꾸는 것도 쉽지 않은 일이라고 종종 말하곤 했다. 그는 자주 "실험이 끝나는 대로 휴가를 갈 겁니다"라고 말하며 불평했다. 가끔은 고되고 잠을 못 자기도 했지만 빈은 나와 함께 일한 1년 내내 긍정적인 자세와 끈기를 보여 줬다.

제2장

불편한 문제를 해결해 주면 된다

하버드 MBA에서 가르치는
비즈니스 아이템 찾는 법

FUTURE
PROOFING YOU

Twelve Truths for Creating Opportunity, Maximizing Wealth,
and Controlling Your Destiny in an Uncertain World

나는 똑똑한 것이 아니라
단지 문제를 더 오래 고민할 뿐이다.

알버트 아인슈타인(이론 물리학자)

한쪽 팔을 잃은 소년이
유도 대회에서 우승한 사연

어느 부모가 자동차 사고로 팔을 잃은 어린 아들이 유도를 배우면 자신감을 기를 수 있을 것으로 생각했다. 유도장을 찾아간 10살짜리 아이를 본 노령의 유도 사범은 아이의 태도에 놀라 개인적으로 아이를 몇 주에 걸쳐 훈련을 시켰다. 아이는 밤낮으로 연습하면서 진지하게 수업에 임했다. 3개월의 격렬한 연습 후 소년은 매번 같은 동작만 가르치는 사범에게 "사범님, 이 동작은 그동안 열심히 연습했으니 다른 동작을 배워도 될 것 같습니다"라며 불만을 털어놓았다. 그러자 사범은 단호하게 대답했다.

"이 동작은 말이지, 네가 알아야 할 유일한 동작이란다."

사범의 뜻을 존중한 소년은 자신의 유일한 동작을 갈고닦은 후 마침내 첫 경기에 출전했다. 자신을 보고 있는 사범 앞에서 소년은 첫 상대 선수를 재빨리 물리쳤다. 뒤이어 두 번째와 세 번째 경기에서도 마찬가지였다. 소년은 자신의 모든 힘을 쏟아서 경기를 치렀고, 결국 결승까지 진출해 경기장에 있던 모든 이를 놀라게 했다. 소년이 결승에서 만난 상대는 또래였지만 체격이 소년의 두 배에 달했다. 외팔 소년을 보고 위험을 염려한 심판은 사범에게 그날 하루 소년이 낸 성과로 용감함이 충분히 입증됐으니 여기에서 경기를 중지하는 게 좋겠다고 말했다. 하지만 사범은 경기가 이어져야 한다고 주장했다.

거대한 체구의 상대 선수는 꽤 숙련된 기술로 소년을 계속 따라다녔다. 상대 선수의 몸집과 힘을 따라갈 수 없던 소년은 매트 주위를 재빠르게 움직이면서 상대 선수의 공격을 피했다. 소년을 따라다니는 데 지친 상대 선수가 잠시 긴장을 늦춘 순간, 소년은 그 기회를 놓치지 않고 자신의 필살기를 이용해 시합에서 승리했다. 경기장을 나서면서 소년은 사범에게 동작을 하나밖에 할 줄 몰랐던 자신이 어떻게 경험이 많은 상대를 이긴 건지 겸손하게 물었다. 지혜로운 사범은 대답했다.

"두 가지로 설명할 수 있어. 첫째, 너는 유도의 가장 어려운 되치기 동작 중 하나를 완벽하게 숙달했어. 둘째, 그 동작에 유일하게 방어할 수 있는 방법은 상대 선수의 왼쪽 팔을 잡는 거야."

1년 안에 부자 되는 법

소년이 가진 약점이 장점으로 작용한 셈이었다.

샘 월튼과 제프 베이조스는 장사로 부자 된 것이 아니다

부의 창출원은 제품이 아니라 장애물이다. 친구들이 겪는 문제를 해결하면 당신은 유명해질 것이다. 몇 백만 명의 문제를 해결하면 부자가 될 것이다. 10억 명의 장애물을 없애면 세계를 바꿀 수 있다. 대박 상품, 서비스, 기업의 중심에는 매번 사람들이 가진 문제의 해결책이 있다. 소년에게 없는 한쪽 팔처럼 수년 동안 당신을 붙잡던 장애물들이 성공을 만들 수 있는 것이다.

수익을 내는 비즈니스에 대한 큰 오해 중 하나는 제품을 팔아서 부를 쌓을 수 있다고 믿는 것이다. 낮은 가격에 사서 높은 가격에 판다는 공식 말이다. 물론 월마트의 창립자 샘 월튼은 수많은 상품을 낮은 가격으로 팔아 수십억 달러 제국을 건설했다. 하지만 그렇게 해서 그가 미국의 큰 부자가 된 것이 아니다. 월마트가 생기기 이전에도 미국의 주요 도시에는 수천 개의 소매점이 월마트에서 파는 물건과 유사한 상품을 할인된 가격으로 팔았다. 연간 5,000억 달러 이상의 매출을 내는 샘월튼의 비즈니스를 만든 강력한 무기는 채워지지 않았던 니즈를 알아본 그의 통찰력이었다.

월마트 이전에 있던 다른 소매점들과 월마트의 차이점은 무엇일까?

시장을 선도하는 브랜드들이 주요 도시에 지점을 낼 때 샘은 소도시에 사는 가정들의 불편함에 집중했다는 사실이다. 그는 집에 쟁여 놓을 식료품과 생필품을 사기 위해 큰 도시로 장을 보러 가야 했던 소비자들의 번거로움을 덜어 줬다. 월튼 덕분에 아칸소주 로저스, 미주리주 사익스턴, 오클라호마주 클레어몬트처럼 작은 도시에 사는 소비자 수백만 명의 쇼핑이 수월해졌다.

그로부터 50년 후, 샘이 해결했던 문제를 제프 베이조스가 해결함으로써 그는 세계에서 가장 큰 부자가 됐다. 베이조스는 경쟁사들과 동일한 가격으로 제품을 팔았다. 아마존의 두는 초점은 낮은 가격이 아니었다. 대신 경쟁사들이 여전히 쇼핑몰에 집중할 때 아마존은 이 커머스에 집중하면서 소비자가 온라인에서 더 쉽게 쇼핑할 수 있도록 했다. 사람들은 아마존을 통해서 시간을 절약하고 물건을 손쉽게 구매할 수 있게 됐다.

'온 식구가 차를 타고 매장에 도착한다. 주차장을 몇 바퀴 돌아서 겨우 주차한다. 그리고 매장에 들어가면 사려던 제품은 품절되고 없다.'

더 이상 이렇게 번거로울 필요가 없게 된 것이다.

장애물은 주변 곳곳에 있다. 문제가 있음에 감사해야 한다. 왜냐하면 그것이 바로 당신을 구원해 줄 것이기 때문이다. 당신이 매일 감내하는 문제들은 대개 다른 수백만 명이 겪는 문제들이기도 하다. 기후 변화나 조석 에너지 활용같이 문제가 거창할 필요는 없다. 그저 해결책을 사기 위해 사람들이 돈을 낼 만큼 일상이 불편할 정도면 충분하다. 기억해라. 0.25인치 드릴 비트를 사겠다고 철물점에 가는 사람은 없다. 필요한 건 0.25인치 구멍이다.

샌디 스타인은 자신도 다른 여성들처럼 늘 열쇠를 찾느라 핸드백을 뒤진다는 사실을 깨달았다. 이 성가신 문제를 해결하기 위해 이 52세 항공사 승무원은 키 파인더 퍼스(Key Finders Purse)라는 이름의 열쇠고리형 걸쇠를 만들었다. 샌디는 불과 4개월 만에 100만 달러의 매출을 냈으며, 8개월 만에 100만 개 이상의 제품을 팔았다. 그녀는 자신이 겪은 문제를 다른 사람들도 겪고 있다는 걸 인지한 후 해결책을 찾으려 했다. 이는 문제 해결의 첫 번째 단계는 문제를 인지하는 것임을 잘 보여 주는 예다.

영국 출신 작가 길버트 키스 체스터튼은 "사람들이 해결책을 찾지 못해서가 아니다. 문제를 알아보지 못하는 것이다"라고 말했다. 내가 책에서 몇 번이고 계속 이야기할 테지만 성공을 위해 필요한 것은 단 두 가지, 통찰력과 끈기다. 이 장에서는 어떻게 통찰력을 기르는지, 많은 사람이 간과하는 장애물을 어떻게 식별하는지를 알려 줄 것이다.

돈이 있을 곳을 찾는 법
'하루 3가지 문제점, 30일 챌린지'

영화 〈프린세스 브라이드〉에서 검은 복면의 사나이는 이렇게 말한다.

"인생은 고통이다. 누군가가 다르게 말한다면 그 사람은 무언가를 팔고 있는 사람이다."

'하루 3가지 문제점, 30일 챌린지'는 이름 그대로다. 지금 당장 책을 덮고 당신의 인생을 방해하는 문제점 3가지를 적어라. 한 달 동안 매일 새로운 문제점을 3개씩 적는 것이다. 별도로 3×5인치 인덱스카드에 각 문제점을 최대한 많은 내용과 함께 적어 두면 3주가 지난 후에 봤을 때 어떤 문제를 왜 앞부분에 적었는지 기억할 수 있다. '개를 산책시킬 시간이 없다', '딸아이가 입을 축구팀 티셔츠를 주문하는 걸 깜빡했다' 등 당신과 관련된 것이라면 무엇이든 상관없다. 세계 평화와 암 치료 같은 거창한 문제들은 잠시 접어 두자.

처음에는 꽤 할 만할 것이다. 문제점이 도처에 널려 있으니 말이다. 대화를 나누는 사람마다 저만의 문제점을 갖고 있다. 그런데 며칠만 지나면 무엇이 중요한 문제인지를 판단할 수 없게 될 것이다. 그래서 많은 사람이 초반 며칠이 지나면 막혀 버리고 리스트에 적을 문제점이 더 이상 없다고 생각한다. 그만큼 삶이 완벽하다는 뜻이 아니라 그만큼 주변을 눈여겨보지 않는다는 뜻이다. 당신의 추측에 도전장을 내밀고 평소 우리의 행동 방식인 자동 조정 장치로부터 뇌를 탈착시켜야 하는 때가 바로 이 시점이다.

억만장자 기업가 리처드 브랜슨 경은 "문제를 해결한다는 것은 경청한다는 것"이라고 말했다. 우리는 삶을 단순화하기 위해 일상의 많은 활동을 자동 조정 장치의 상태에 맡기고 늘 하던 대로 하는 경우가 많다. 새로운 길을 찾을 이유가 없기 때문에 매일매일 그냥 같은 길을 이용해 회사에 출근한다. 늘 해 오던 방법이니까 그냥 한다는 마인드셋을 기르게 되는 것이다. 자신의 상황을 그저 받아들이고 몽유병 환자처럼 멍하게 인생을 사는 것이다.

'하루 3가지 문제점, 30일 챌린지'는 이런 당신을 잠에서 깨우기 위해 만들어졌다. 무엇이 문제인가? 당신의 하루에서 어떤 부분이 문제였는가? 아주 사소한 것들까지 적어 보면 숨은 보물을 찾을지도 모른다. 챌린지를 진행하는 30일 동안 하루 매 순간순간에 집중해라.

당신의 아침 루틴을 예로 들어 보자. 기상을 하고 영양제를 먹는다. 전화가 온다. 친구와 즐겁게 대화를 나누고 보니 약을 먹었는지 기억이 잘 안 난다. 자동 조정 장치를 장착한 우리 중 대부분은 그냥 추측만으로 일상생활을 계속한다.

내 친구 래리 트위스키도 똑같은 경험을 했다. 통화를 마치고 나니 약을 먹었는지 기억이 잘 안 나는 것이었다. 전화 통화 전에 약을 복용했는데 또다시 먹으면 과다 복용이 되고, 통화 전에 약을 복용했다고 생각하고 약을 먹지 않으면 아플 수도 있는 상황이었다. 이를 많은 사람은 건망증이라며 대수롭지 않게 생각할 것이다. 하지만 래리는 문제점으로 봤다.

'얼마나 많은 사람이 약을 복용하는 것을 잊고, 너무 많이 복용을 하거나 충분하지 않게 복용할까? 얼마나 많은 사람이 처방전이 필요한 약을 복용할까?'

미국 인구의 55%가 처방약을 복용한다고 한다. IMS 보건 의료 정보학 연구소에 따르면, 미국에서는 연간 43억 개의 처방전이 발급된다. 의약품과 헬스케어 비용이 계속 높아지고 있는 상황에서 래리 트워스키가 찰나의 순간에 발견한 문제점은 수십억 달러짜리 비즈니스의 기회였다. 래리가 생각한 해결책은 말도 안 될 정도로 간단했다.

그는 해피밀에서 볼 법한 싸구려 디지털시계를 약통 뚜껑에 붙였다. 약통을 열 때마다 시계는 0으로 재세팅된다. 그 제품이 있다면 약을 먹었는지 안 먹었는지는 친구와 통화를 마치고 뚜껑을 보면 될 일이었다. 마지막으로 약통을 연 때가 12시간 전이라면 래리는 아침 복용분을 먹지 않았음을 알 수 있었다. 약국 수천 곳에서 그가 고안한 타이머캡을 주문했다. 래리의 간단한 통찰력으로 만들어진 이 제품 덕분에 수백만 명이 건강을 유지하고, 우발적인 약물 과다 복용을 방지할 수 있었다.

일상의 매 순간순간이 잠재적 문제를 발견하고 수십억 달러짜리 해결책을 만들 수 있는 중요한 기회다. 이 연습을 최대한 잘 활용하는 방법은 당신의 머릿속에서 들리는 작은 목소리에 집중하는 것이다. 당신이 이 문장을 읽을 때 머릿속에 울려 퍼지는 내면의 목소리 말이다. 그 목소리가 들릴 때마다 질문을 하고 그 질문을 적어라.

"공항 어느 주차장에 차를 세웠었지?"

"왜 핫도그는 한 팩에 10개가 들고 핫도그 빵은 8개가 들었을까?"

모든 질문이 문제점은 아니다. 하지만 이런 것들을 의식한다면 더 나은 결론을 낼 수 있을 것이다. 게르하르트 슈완트너는 자신의 책

《Selling Power(셀링 파워)》에서 "문제점들은 창의성을 깨우기 위해 존재할 뿐이다"라고 말했다. 당신이 마주치는 문제점들을 활용해 창의력을 발휘해라. 그게 어렵다면 주위 가족과 친구, 동료들을 살펴봐라. 그들은 어떤 문제로 고민하고 있는가? 당사자의 눈에는 보이지 않는 문제점을 당신이 볼 수 있다면 더더욱 좋다.

내 친구 데이브 칼슨은 지붕 수리공 2세였다. 그가 주로 하는 작업은 찜통더위나 한파에도 작업용 부츠를 신고 사다리를 타고 지붕에 올라가서 줄자가 연결된 테니스공을 던지는 일이었다. 지붕의 크기를 정확하게 측정하기 위해서였다. 측정한 지붕의 크기에 따라 수리 비용이 결정된다. 나무나 폭풍, 우박으로 지붕이 망가질 경우 수리비 견적을 위해 보험사가 알아야 할 정보였다. 그는 자신이 하는 일이 얼마나 위험한지 잘 알기에, 매일매일 현장을 파악하기 위해 정장 차림에 밑창이 미끄러운 구두를 신고는 목숨을 걸고 지붕에 오르는 많은 손해 사정사를 보며 아연했다. 목숨이 위태위태한 환경이라는 걸 그들이 모른다는 게 문제점이었다.

어느 날 밤, 구글 어스를 보던 데이브는 '항공 사진 기술을 지붕을 측정하는 데 사용할 수 없을까?'라는 의문이 들었다. 그는 엔지니어인 매부와 함께 새장 모형을 이용해 지붕의 크기, 형태, 경사도, 면적을 유추하는 알고리즘을 만들었고 이글뷰 테크놀로지(EagleView Technologies)를 설립했다. 몇 년 후 그 기업은 6억 5,000만 달러에 매각됐고 데이브는 더 이상 지붕 위에 올라가지 않아도 됐다. 장애물을 발견하는 통찰력을 가진, 그리고 오늘날 중앙아메리카에 있는 한 섬의 소유자가 된 데이브는 미래에 끄떡없을 인물이다.

타이머캡과 이글뷰의 공통점은 기존 기술을 사용해 기존에 있던 문제점을 해결했다는 것이다. 이 두 기업의 창립자들이 디지털시계나 위성 사진 기술을 발명할 필요는 없었다. 그들은 단지 이 두 가지 툴을 이용해 충족되지 않은 니즈를 채웠을 뿐이다. 두 사람 모두 엔지니어가 아니었지만 자신들의 제품을 만들 엔지니어는 쉽게 구할 수 있다는 걸 알았다.

기억해라. 성공을 위해 필요한 것은 단 두 가지, 통찰력과 끈기다. 다른 것은 전부 사람을 고용해서 해결할 수 있다. 세계에서 최고로 성공한 컴퓨터 회사의 창립자인 스티브 잡스는 코딩의 '코' 자도 몰랐다. 코드를 만든 사람은 애플의 공동 창업자인 스티브 워즈니악이다. 스티브 잡스는 끈기를 가진 대학 중퇴자 출신의 기업가였을 뿐이다.

10억 달러짜리 비즈니스를 알아보는 법

꾸준하게 열심히 리스트를 작성했다면 한 달 후에는 총 90개의 해결책이 필요한 문제점 목록이 나올 것이다. 제2의 10억 달러짜리 아이디어가 이 목록에서 탄생할 수 있는 것이다. 이제 재미있는 부분이다. 어떤 기회를 추진할지 결정하는 일이 남았다. 당신이 갖고 있는 카드를 규모와 열정, 이 두 가지 요소를 기준으로 분류해라.

서던캘리포니아대학교에서 '어떻게 하이테크 스타트업을 설립하는가(How to Build a Hi-Tech Startup)' 수업을 할 때면 예외 없이 배달 음식 서비스를 제안하는 학생이 있다. 이해한다. 그럼 밤에 캠퍼스 기숙사로 야식을 시켜 먹을 수 있을 테니까 말이다. 하지만 비즈니스 구축에 드는 노력을 고려해 볼 때, 전체 시장(TAM: Total Addressable Market)의 잠재 고객이 3,000명도 안 되는 규모라면 그건 완전히 시간 낭비일 뿐이다. 향후 비즈니스를 키울 목적으로 자금을 마련할 때 전문 자본가와 벤처 캐피털리스트들은 당신의 TAM을 따져 볼 것이다. 잠재적 시장의 규모를 결정할 때는 주변의 도시와 국가로만 한정하지 마라.

그렇다면 당신이 제시하는 문제점으로 접근 가능한 시장의 규모, 즉 TAM이 크다고 가정해 보자. 그 문제가 얼마나 많은 사람에게 영향을 미치는가? 당연히 그 문제에 영향을 받는 사람이 많으면 많을수록 재정적 기회는 높아진다. 현실적인 추정 수치로 TAM을 산정해라. 나는 "모든 미국인이 토끼 고기 버거를 매주 하나씩 먹는다면…"으로 시작하는 사업 제안서를 읽은 적이 있다. 처음에는 당신의 아이디어를 국지적인 테스트로 시작할 수 있다. 하지만 우버와 에어비앤비, 페이스북, 드롭박스 같은 개념들이 국제 무대에서 수십억 달러의 자금을 벌어들일 수 있었던 건 TAM이 글로벌했기 때문이다.

당신의 장기적 성공에 더 중요한 건 두 번째 요소인 '열정'이다. 앞서 이야기했듯이, 당신의 열정에 따라 문제점들을 분류해라. 톰 빌리유는 잘나가는 소프트웨어 스타트업에서 일하고 있었지만 채워지지 않는 무엇인가가 있었다. 평소 영양에 대한 열정이 남달랐던 그는 비만으로 고생하는 어머니 같은 사람들이 건강한 생활을 하는 데 도움을 주고 싶었다. 목적의식이 있는 인생을 살기 위해 톰은 회사를 그만두고 퀘스트 뉴트리션을 공동으로 창업했다.

그가 사업을 시작했을 땐 이미 1,600개가 넘는 프로틴 바 브랜드가 시장에 나와 있었지만, 대부분이 설탕과 건강에 안 좋은 재료들로 만들어진 제품이었다. 퀘스트 뉴트리션이 미국에서 두 번째로 빨리 성장한 기업이 될 수 있었던 이유는 시장에 나와 있는 에너지 바가 부족해서가 아니다. 기업의 성공은 공동 창업자들이 가진 건강한 식습관에 대한 열정 덕분이었다. 기업이 10억 달러에 매각된 후 톰은 새로운 열정에 에너지를 쏟아부었다. 사람들이 기업가적 잠재력을 실현하는 데 도움을 주는 임팩트 이론(Impact Theory)을 설립한 것이다.

어떤 비즈니스나 시작할 때 어려움을 겪는다. 여기에서 언급한 수십억 달러 가치의 스타트업 모두 예기치 못한 장애물을 만나 계속 도전했다. 그럴 때마다 열정이라는 요소가 그들이 전진할 수 있도록 도왔다.

하버드 경영 대학원에서 가르치는 문제 해결 7단계

당신이 적은 문제점 중 당신에게 가장 중요한 문제는 무엇인가? 한 달에 걸쳐 문제를 분별했다면 해결책을 찾는 과정은 상대적으로 쉽다. 나는 딜로이트의 사외 부회장으로서 자문하는 모든 대형 회사가 문제 해결을 위한 고유의 체계를 갖고 있다고 말할 수 있다. 사실 하버드 경영 대학원의 전 과목이 이 주제로 구성돼 있다. 누구나 실행할 수 있는 간단한 일곱 가지 단계별 과정을 제안한다.

1단계) 문제 파악

'하루 3가지 문제점, 30일 챌린지'를 통해 초점을 맞춰야 할 중요한 문제들을 살펴봤다. 이제는 문제에 더 깊게 들어가야 할 필요가 있다. 문제를 해결하려는 목적과 성과 목표를 더 명확하게 설정하면 할수록 해결책을 찾기가 더욱 수월해진다.

바닥이 더럽다고 말하는 건 문제점을 진단하는 것이다. 빗자루로는 바닥의 먼지를 쓸어 내는 것밖에 못한다고 말하는 건 문제점을 좀 더 깊게 파악하는 것이다. 더 나아가면 프록터앤드갬블(Procter & Gamble)에 연간 5억 달러의 매출을 가져다준 정전기를 이용한 청소용품 '스위퍼'를 탄생시킬 수도 있다.

2단계) 목표 설정

성공이란 무엇인가? 문제가 해결됐다고 어떻게 정의할 수 있는가? 웨이즈가 갑자기 어떤 마술을 써서 차량 수백만 대를 도로에서 사라지게 한 것이 아니다. 대신 웨이즈는 효율적인 방법으로 도로에서 균등한 차량 분포도를 실현하는 것을 성공이라고 정의했다.

당신의 비즈니스가 천국을 제공할 필요는 없음을 기억해라. 사람들의 삶을 조금 덜 피곤하게 해 주는 것만으로도 충분하다. 성공을 식별할 때는 가능한 한 많은 곳에서 정보를 얻어라. 문제를 다루는 데 설정된 다른 사람들의 한계점은 당신보다 높을 수도 낮을 수도 있다. 당신의 목표는 접근이 가능한 최대 TAM을 위해 문제를 해결하는 것이다.

스위퍼 마케팅 팀이 45인치 크기의 제품을 진열해야 한다는 난관에 봉착했을 때 마트 청소용품 코너에서 확실한 해결책을 찾았다. 밀대 봉을 여러 개로 해체하여 바닥용 왁스와 세제류와 같은 진열대에 나란히 쏙 들어가도록 포장했다.

3단계) 브레인스토밍

브레인스토밍은 내가 개인적으로 좋아하는 단계다. 피자와 화이트보드, 지워지는 마커펜 몇 개만으로 얼마나 많은 해결책이 탄생했는지를 알면 깜짝 놀랄 것이다. 브레인스토밍 기술에 대한 책도 많다. 이런 책에서 공통적으로 알려 주는 접근법은 "회의의 모든 참석자가 자유롭게 어떤 의견이든 개진할 수 있게 한다"는 것이다. 팀원들이 창피하거나 부끄러움을 느끼게 해서는 안 된다. 브레인스토밍을 하는 사람들 중 누구 하나 완벽한 해답을 내놓지 못할 때, 사람들을 편안하게 만드는 나만의 비법은 반쪽짜리 아이디어를 요청하는 것이다. "이 문제를 어떻게 접근하는지에 대한 반쪽짜리 아이디어가 있는데, 나머지 반쪽 아이디어를 낼 사람 누구 있나요?"라고 물어본다.

내가 온라인 크라우드 펀딩 상업용 부동산 기업의 회장이었을 때다.

회사는 비즈니스 개념이 탁월했지만 언론 보도의 기회를 얻는 데 고군분투하고 있었다. 전통적인 언론사의 부동산 전문 기자들은 크라우드 펀딩이라는 디지털 세계를 이해하지 못했고, 인터넷 분야 필진은 아파트 건물과 쇼핑센터들이 어떻게 자금을 조달받는지에 관심이 없었다. 나는 브레인스토밍을 하며 문제의 본질에 초점을 맞출 수 있었다. 크라우드 펀딩이나 부동산의 문제가 아니었다. 관건은 시간이 많은 기자를 어디에서 찾을 수 있는지였다.

그때가 2014년이었다. 1주간 열리던 코첼라 밸리 뮤직 페스티벌이 총 2주간의 행사로 바뀐 지 얼마 안 돼서 어마어마한 콘서트 라인업이 확정됐다. 아웃캐스트, 벡, 퀸스 오브 더 스톤 에이지, 퍼렐 윌리엄스, 브라이언 페리, 스크릴렉스를 포함해 수십 명에 달하는 정상급 뮤지션들에 수많은 관중을 모일 것으로 예상했다. 대대적인 언론 보도는 말할 것도 없었다.

가만히 보니, 600명의 기자가 두 번의 주말 사이에 긴 닷새 동안을 기사거리 하나 없는 팜스프링스에서 꼼짝 않고 있었다. 이제 우리가 파악할 것은 상업용 부동산의 크라우드 펀딩을 어떻게 음악계와 연계하는지였다. 100만 달러 크라우드 펀딩 캠페인에 대해 의논하기 위해 팜스프링스에 있는 하드 락 호텔에 접근했고 결과는 대성공이었다. 언론사들은 대대적으로 이 캠페인을 보도했고, 심지어 영국 외신은 이를 1면에 다루기도 했다. 브레인스토밍 하나로 탄생한 이벤트를 통해 기업은 우리 플랫폼으로 수천 명의 투자자를 유치할 수 있었다.

당신이 브레인스토밍에 이용하는 관점이 다양할수록 문제를 바라보는 시각도 다양해진다. 이는 각기 다른 문화에서 살아온 팀원들로 구성된 팀의 장점 중 하나다. 다양한 인생 경험은 다양한 관점을 낳는다. 이 과정에서는 해결책이 실현 가능한지, 비용은 얼마나 들지에 대해서는 걱정하지 않아도 된다. 몇 가지 가능한 방법을 취합하기만 하면 된다.

우리는 시시각각 변하는 기술의 세상에서 살고 있다. 가장 최신 유행어를 사용해 현존하는 문제들을 위한 해결책을 브레인스토밍 하는 것도 좋은 방법이다. 블록체인, 가상 현실, 클라우드, 인공 지능으로 문제를 해결할 방법이 있을까? 해결책에 대한 접근이 새로우면 새로울수록 시장에서 다른 누군가가 먼저 선수 칠 가능성이 낮다. 우버가 시장에 나온 해에 수백 개의 스타트업이 '업계의 우버'라는 해결책을 출시했다. 벤처 캐피털은 펫시터계 업계의 우버 로버닷컴(Rover.com)부터 가사 노동계의 우버 핸디(Handy), 마사지 업계의 우버 수드(Soothe), 베이비시팅 업계의 우버 포피(Poppy)까지 모두 자금을 댔다.

참고로, 새로운 비즈니스를 위해 자금을 마련할 방법을 찾고 있다면 탁월한 비즈니스 개념으로 성공한 스타트업 기업을 모델로 삼는 것도 아주 좋은 생각이다. 이렇게 하면 독창적인 비즈니스 기업을 찾는 모든 투자자에게 당신의 비즈니스 개념을 재빨리 전달하고 어필할 수 있다. 이 접근법은 자금 조달에 아주 흔하게 쓰이는 방법이라서 심지어 좋지 않은 아이디어들도 빨리 자금을 마련할 수 있도록 해 준다.

4단계) 대안책 평가

당신의 비즈니스가 물리학의 법칙에 반하는 개념들도 있을 것이고,

또 어떤 것은 다른 사람이 이미 시도해서 실패한 개념일 수 있다. 가능하면 이 단계에서는 언제 어디에서든 데이터를 사용해라.

'무엇에 소비자는 기꺼이 지갑을 여는가?'

'당신이 제안하는 해결책으로 사용자가 시간과 돈을 얼마나 절약할 수 있는가?'

'사용자 중에서도 가장 많은 혜택을 보는 그룹이 있는가?'

'있다면 그 그룹에 속하는 사용자들은 어떤 사람들이고 그들의 니즈는 어떻게 다른가?'

미니밴을 싱글 남성들에게 시험 판매하지 않듯이, 관련이 있는 자료에서 정보를 얻어야 한다. 적어도 접근할 수 있는 한두 가지의 대안을 찾을 때까지 계속 조사하고 잠재 고객들과 소통해라.

5단계) 해결책 선정 및 인증

첫 타석에서 장외 홈런을 터뜨릴 가능성은 거의 없다. 뭔가 생각대로 풀리지 않는 이유는 대개 테스팅 과정에서 충족되지 않은 다른 니즈를 발견하기 때문이다.

밀레니얼 세대에게는 믿기지 않는 이야기일 테지만, 노키아가 카메라를 장착한 휴대폰을 처음 만들었을 때는 판매 성적이 저조했다. 전화기에 왜 카메라 기능이 필요한지 아무도 이해하지 못했기 때문이다. 노키아의 제품은 사람들이 생각하는 니즈를 충족시키는 제품이 아니었던 것이다.

노키아는 사람들의 관심을 끌기 위해 눈길을 사로잡는 젊은 커플들을 고용해서 타임스스퀘어같이 사람이 많은 관광 명소들을 돌아다니며 지나가는 사람들에게 사진을 찍어 달라고 부탁하게 했다. 커플이 사람들에게 전화기를 건넬 때마다 카메라를 언제나 휴대하면 편리하다는 생각을 미래 고객들에게 심어 줬다. 카메라를 장착한 휴대폰을 출시한 지 2년 만에, 사람들이 매년 휴대폰으로 찍는 사진 수가 사진술이 발명된 이래 150년 동안 찍은 사진 수를 넘어섰다.

6단계) 성적 확인

여섯 번째 단계는 시장에서 당신의 제품이 어떤 성적을 내는지를 관찰하는 것이다. 당신이 데이터를 빨리 분석할수록 변화하는 시장에 그만큼 빨리 대응할 수 있다. 30억 명 인구가 소셜 미디어를 하는 시대에 당신의 제품이 어디에서 대박이 날지는 아무도 모른다.

영국 워체스터에 본사를 둔 지테크(GTech)는 진공청소기와 정원 용품을 만드는 작은 제조사다. 타이페이에 사는 한 영상 블로거가 이 기업의 소형 진공청소기가 자신의 침대 밑을 얼마나 깨끗하게 청소했는지에 대해 포스팅을 한 후 대만에서 이 제품이 4만 개가 팔렸다. 페이스북, 인스타그램, 틱톡, 스냅, 링크드인으로 모두가 연결된 오늘날만큼 스타트업이 전 세계의 소비자들을 폭넓게 겨냥할 수 있던 적은 일찍이 없었다.

7단계) 경쟁사 탐색하기

일곱 번째 단계는 마지막 단계가 아니다. 당신이 제시하는 해결책과 변화무쌍하고 역동적인 시장, 새로 나온 경쟁자의 모방을 평가하는 단계로 끝이 없기 때문이다. 비즈니스에서 당신이 처음 배워야 할 대상은 고객이 아니라 경쟁사다. 당신은 시장에 이미 나와 있는 기업들이 놓친 기회를 포착했다. 그렇다고 그들이 오랫동안 한쪽에 물러나 있을 거라는 기대는 버려라.

몇 년 전, 구글이 첫 자율 주행차를 실험할 때 디트로이트의 잠재 경쟁사들을 포함해 일본과 유럽 기업들 모두가 그냥 웃어넘겼다. 차량당 라이다 센서 가격이 약 7만 5,000달러였기 때문이다. 현재는 루미나(Luminar) 같은 기업들이 파는 인듐갈륨비소(InGaAs) 기반 라이다 센서가 개당 3달러밖에 안 하고, 어느 누구나 자율 주행 시장에 뛰어들 수 있는 상황이 됐다.

누구에게, 무엇을, 어떻게, 다르게 제공할지 정하라

독학은 대단하지만 전문가의 손길이 필요하다

나를 만나기 전에 빈 클랜시는 자신을 해커라고 생각했다. 그는 절대로 엔지니어는 아니다. 다만 지적 호기심 때문에 소프트웨어를 독학으로 배우고 가장 최신의, 그리고 최고의 단축키와 툴, 온라인 마케팅을 위한 노하우와 기술들을 테스트해 봐야 직성이 풀리는 열렬한 마니아다. 초기에는 컴퓨터를 살 형편이 안 되어 공공 커뮤니티 센터에 있는 컴퓨터를 이용했다.

그에게 온라인 세계가 어떻게 돌아가는지 이해하는 것은 일이 아니라 돈 들이지 않고도 재미있게 즐길 수 있는 취미 활동이었다. 온라인 용품에 투자할 돈이 없었던 빈은 자신이 찾는 오픈 소스 프로그램과 셰어웨어 프로그램들을 찾아 정보를 무료로 얻을 수 있는 어둠의 공간인 다크웹을 몇 시간이나 돌아다니곤 했다. 가장 최신의, 그리고 최고의 정보를 찾아 활동하던 채팅 그룹들 사이에서 자칭 그로스해커로 유명해진 빈은, 불과 몇 년이 지난 후 규모는 작지만 충성심 강한 사람들로 구성된 소셜 미디어 팔로잉을 구축했다.

그로스 해킹이란, 구글이나 페이스북에 거액의 광고 비용을 들이지 않고 온라인에서 소비자들의 관심을 끌어내기 위해 빅 마케터들과 경쟁하는 기술을 말한다. 타 '소셜 미디어 전문가'들이 타깃층 겨냥을 위해 필요한 예산으로 상당한 금액을 요구하는 반면, 빈은 10원도 쓰지 않고 같은 결과를 낼 수 있었다. 그럼에도 빈의 가장 큰 고민은 무료 소프트웨어로 전문가로 일하며 어떻게 생계를 꾸릴 수 있을지였다.

육체노동자 집안 출신의 빈은 최고 마케팅 경영자나 광고 에이전시, 브랜드 매니저 같은 기업 세계와 연관이 전혀 없었다. 하지만 그는 에너지가 넘치고 자신감으로 무장한 사람이었다. 돈을 덜 들이면서 최적의 단축어와 팁을 찾아 일을 처리하는 방법을 계속 강구했다. 그는 저가 디지털 마케터로서 역량을 계발해 나갔다. 하지만 그의 슈퍼파워는 제대로 된 마케팅을 할 돈이 없는 사람들에게만 어필했기 때문에 빈이 그로스 해킹으로 생계를 꾸리는 건 불가능했다.

회사 이름을 무엇으로 정할 것인가?

우리가 맨 처음 멘토링 시간을 가졌을 때 봉착한 첫 번째 난관은 다름 아닌 명성이었다. 그는 보여 주고 싶었다. 영국에 있는 가족과 친구가 자신이 미국에서 해냈다는 걸 알기를 바랐다. 그는 시장에 내놓을 비즈니스에 대한 이야기를 본격적으로 하기 전에 빈 클랜시라는 자신의 이름을 브랜드명으로 해야 한다는 점을 분명히 했다. 그의 의지는 단호했다.

시어스(Sears), 하인즈(Heinz), 포드(Ford), 디즈니(Disney) 외에도 셀 수 없이 많은 기업이 빈과 같은 이유로 창립자명을 따서 브랜드명을 지었다. 한 사람의 이름이 가치 높은 브랜드명으로 재탄생한다는 것은 곧 그의 성공을 전 세계에 보여 주는 것이다. 현재 포드 모터 컴퍼니(Ford Motor Company)는 포드 가문이 4대째 경영하고 있다. 회사를 차리는 데 수십 년이 걸리고, 몇 세대에 걸쳐 운영되던 가족 기업이 많았던 100년 전에는 창업자의 이름을 브랜드명으로 정하는 게 충분히 납득할 만했다.

하지만 카테라(Katerra), 인스타카트(Instacart), 오픈도어(Opendoor) 같은 기업들이 하나의 비즈니스 개념으로 시작해 2년 만에 시가 총액이 10억 달러 이상의 기업으로 성장하는 21세기에는 창립자가 자신이 만든 기업과는 독립된 주체로 남아야 한다.

창립자의 이름과 관계없이 독립적인 브랜드명을 가진 기업은 창립자의 이름과 본질적으로 연결돼 있는 기업보다 매각이 수월하다. 또한 현존하는 창립자의 이름을 딴 기업은 투자자들에게 도전일 수도 있는 이유가 행여 창립자가 문제를 일으킬 수 있기 때문이다. 기업 가치가 20억 달러인 홈퍼니싱 거대 기업 마사 스튜어트(Martha Stewart)의 창립자인 마사 스튜어트가 구속된 사건이 대표적인 예다. 자신의 이름을 따서 이름을 지은 파파존스(Papa john's)의 창립자 존 슈내터가 2018년 인종 차별적인 발언 후 기업이 여론의 맹비난을 받았고, 사임을 할 수밖에 없었다. 그 여파로 기업 주가는 33% 하락했다.

첫 번째 멘토링 시간에 나는 빈이 멘토링 경험에 흥미를 잃게 하지 않으면서 브랜드명을 정하도록 설득해야 했다. 멘토링이란, 멘티에게 방향을 바꾸도록 강요하는 게 아니라 멘토가 경험을 통해 배운 지식을 제공함으로써 멘티가 제대로 된 정보를 갖고 결정할 수 있도록 돕는 것이다.

다행히 나는 빈에게 딱 맞는 롤모델을 알고 있었다. 리처드 브랜슨 경은 세계적으로 유명한 기업가인데다, 버진(Virgin)이라는 완전히 독립된 브랜드를 만든 인물이다. 리처드 경은 버진이라는 이름으로 300개가 넘는 기업을 만들었다. 버진 뮤직(Virgin Music)과 버진 레일(Virgin Rail), 버진 액티브(Virgin Active)와 버진 브라이즈(Virgin Brides), 버진 코믹스(Virgin Comics)와 버진 크루즈(Virgin Cruises), 버진 모바일(Virgin Mobile)과 버진 머니(Virgin Money)가 대표적인 예다. 그는 가장 최근에 세운 벤처 기업 버진 갤럭틱(Virgin Galactic)으로 우주 관광까지 넘보고 있다.

내 생각에 '버진'은 역대 최고로 멋진 브랜드명이다. 사전적 정의를 살펴보면 이 단어는 젊고, 순수하고, 경험이 없다는 뜻을 갖고 있다. 버진 그룹의 회사 중 하나가 실패를 해도 그룹의 핵심 브랜드의 가치는 오히려 더 크게 성장한다. 새로운 무언가를 시도하는 정신을 보여 주기 때문이다. 버진 콜라를 기억하는가?

나는 브랜슨의 이야기와 함께 내가 그의 어떤 점에 매료되어 그와 함께 일했었는지를 빈에게 들려줬다. 브랜슨의 성공에 대해 더 많이 이야기를 하면 할수록 빈은 자신의 벤처 기업의 브랜드명을 새로 만드는 것을 긍정적으로 고려하게 됐다. 리처드 브랜슨 경은 그저 유명 인사가 아니다. 영국 제일의 부자인 그는 하나의 아이콘이다. 빈이 미소를 띠며 내 말을 귀 기울여 듣고 있을 때 나는 그의 눈빛에서 그가 제2의 리처드 브랜슨이 되고 싶어 한다는 것을 읽을 수 있었다. 6개월 후 빈이 말하길, 리처드 브랜슨 경에 대한 이야기가 1년 동안 자신이 받은 조언

중 최고였고, 자신이나 자신의 이름과는 독립적인 브랜드를 만들 수 있었다고 한다. 그가 자신의 개인 브랜드로 어떻게 돈을 벌었는지에 대한 이야기는 잠시 뒤에 하겠다.

어떤 사업 아이템으로 돈을 벌 것인가?

나와 빈은 아이디어 브레인스토밍을 한 결과 두 가지 잠재 비즈니스를 도출해 냈고, 그 역시 해 보려는 의지를 보였다. 온라인 마케팅 에이전시를 설립하는 것, 그리고 사람들이 스스로 마케팅하는 법을 배울 수 있는 유료 디지털 제품을 만드는 것이었다.

늘 저렴한 방법으로 그로스 해킹을 해 왔던 빈은 자신이 100달러를 받고 하던 일과 거의 똑같이 일하면서 기업 고객들에게 엄청난 비용을 청구하는 전통적인 에이전시를 무척 부러워했다. 에이전시 비즈니스에 대해 그가 염려한 점은 마케팅 예산이 대규모인 기업 고객들을 유치하는 방법에 대해 아는 게 전혀 없다는 것이었다. 에이전시와 고객 간의 전반적인 관계는 그에게 이해하기 어려운 미스터리였다.

반면 빈은 자신이 직접 제품을 만들면서 고객이며 투자자, 직원 어느 누구도 대응하지 않아도 되는 자유를 얻었다. 빈이 걱정한 것은 온라인 마케팅의 전반을 이해하고 있지만, 사람들에게 팔 수 있는 100만 달러의 가치를 가진 무언가가 머릿속에 없다는 것이었다. 1년 안에 우리의 목표인 100만 달러를 벌기 위해서는 한 달에 8만 3,333달러씩 벌어야 한다는 업무의 난도를 고려할 때, 적어도 현재로써는 빈이 두 가지 비즈니스를 모두 이행해야 하고 그러할 여력이 된다는 것에 우리는 의견

1년 안에 부자 되는 법

을 같이했다.

평범한 사업을 어떻게 차별화할 것인가?

"선생님께 정말 많은 영향을 받았습니다. 제10장을 읽고 비즈니스 아이디어가 떠올랐어요. 나에게 초점이 맞춰지지 않은 생애 첫 번째 아이디어입니다! 계속 그 생각만 합니다."

빈 클랜시는 나의 첫 책을 읽고 이런 이메일을 보냈다. 브랜드명에 대해 논의한 후에 빈은 어떤 변화도, 고객의 니즈도 수용할 수 있는 보편적인 이름을 가진 세계 최고의 에이전시를 만들고 싶었다. 사용 가능한 URL을 조사해 본 후 그는 '월드 베스트 에이전시(World's Best Agency, worldsbestagency.com)'라는 적절한 이름을 지었다.

다음 토론의 주제는 새 에이전시를 위한 비즈니스 모델이었다. 올바른 비즈니스 모델을 선택하는 것은 부를 빨리 창출하는 데 중요한 역할을 한다. 현재로써는 빈의 에이전시가 서비스 비즈니스 모델에 집중하고, 그의 개인 브랜드를 건 제품을 판매하는 건 추후에 결정하기로 했다. 그의 목표는 일회성 제품을 출시하는 것이 아니라 수개월에 걸쳐 커리큘럼에 전념할 수 있는 고객들에게 집중하는 것이었다. 고객들로부터 지속적으로 수입을 창출할 수 있다는 것은 앞으로 그가 매달 제로부터 시작할 필요가 없음을 의미했다. 기존 고객에 새 고객이 더해지면 같은 양의 노력을 해도 매출은 두 배로 증가하게 되는 셈이었다.

빈의 에이전시 모델을 보면서 그의 사업은 매출의 기복이 심할 것을 알았다. 어떤 달에는 고객 3명과 계약을 체결하는가 하면 어떤 달에는 고객을 잃기도 했다. 하지만 통상 에이전시는 사업에 탄력을 받기 마련이다. 고객사의 직원이 다른 브랜드로 이직을 하면 전 직장에서 좋은 기억을 심어 준 에이전시에게 또 연락할 것이다. 에이전시 비즈니스는 성장하는 데 시간이 걸리기 때문에 제품 매출의 실질적인 성장은 마케팅 비용과 고객 전환 깔때기에 달렸다. 나는 빈이 에이전시로 얻은 수익을 자신의 제품을 마케팅하는 데 재투자해서 100만 달러의 수익 목표를 달성할 수 있길 바랐다. 그런데 어떻게 하면 에이전시 고객을 빨리 유치할 수 있을까?

이 책을 읽는 많은 일반 독자의 경우처럼, 초창기 비즈니스 아이디어나 제품은 너무 일반적이거나 차별성이 다소 부족할 수 있다. 다목적 홈 비디오카메라를 출시하는 것이 아웃도어 스포츠 애호가들을 위한 고프로가 장착된 헬맷을 출시하는 것보다 훨씬 어렵다. 고프로의 경우는 마케터가 타깃 고객이 누구인지, 어떻게 그들을 찾을 수 있는지를 정확하게 알 수 있다. 베스트 바이(Best Buy)의 어지러운 진열대에서 다른 비디오카메라 제품들과 경쟁하는 대신 고프로는 스포츠 용품 매장과 서핑샵, 스키 리조트에서 자사 제품을 판매할 수 있다. 마찬가지로 2017년에 소셜 미디어 마케팅 에이전시를 론칭한다는 것은 더 이상 새로운 비즈니스 아이디어가 아니었다. 페이스북은 12년 넘게 건재했고, 링크드인은 13만 개 이상의 소셜 미디어 채용 공고 리스트를 올렸다.

빈은 자신의 에이전시가 차별화될 틈새시장을 찾아야 했다.

앞서 브레인스토밍에 대한 내용에서 최신 유행어를 사용해 당신의 문제들과 연관시킬 것을 제안한 바 있다. 드론이 갑작스럽게 등장하기 전에는 수천 명의 전문 포토그래퍼와 비디오그래퍼가 비즈니스를 하고 있었다. 드론 포토그래퍼로 자신을 브랜딩한 최초의 포토그래퍼들은 발 빠르게 부동산 업자부터 리조트 오너들에까지 이르는 새로운 고객군을 형성했다.

내가 만약 이 자수성가 프로젝트를 2000년에 했더라면 우리는 닷컴 붐에 초점을 맞췄을 것이다. 21세기의 첫 10년 동안은 디지털 음악을 콘셉트로 한 기업들의 붐이 일었다. 그때 나는 누적 수익이 불과 3만 달러였던 내 소유의 한 회사로 6억 달러 규모의 기업 공개(IPO)를 추진할 수 있었다.

1개월 차 매출: 6만 591달러

2017년 가을, 2,700억 달러의 미개척 시장 세그먼트인 암호 화폐가 글로벌 시대를 주도할 것을 우리가 깨닫기까지는 그리 오랜 시간이 걸리지 않았다. 2017년에는 퍼스널 트레이너부터 월스트리트 거물들까지 하나같이 비트코인 광풍에 가담했다. 사람들의 페이스북 피드는 비트코인으로 얼마를 벌 수 있는지에 대한 이야기로 가득했다. 1,000달러가 채 안 되는 가격으로 2017년을 시작한 비트코인은 2만 달러에 약간 못 미치는 가격으로 해를 마무리했다. 2018년 비트코인 가격이 10만 달러를 기록할 것으로 전망한 옥타곤 스트레티지(Octagon Strategy)의 전무 이사 데이브 채프먼 같은 업계 전문가들의 영향으로, 포모 증후군 (FOMO: 소외되는 것에 대한 두려움) 현상이 생겨났다. 투자를 하겠다는 사람이 수백만 명에 이르면서 비트코인과 비트코인 거래소는 더 이상 마케팅의 도움을 받을 필요가 없게 됐다. 그리고 그 거대한 그림자 속에서 비트코인은 시장에 소개할 완전히 새로운 비즈니스 아이디어인 알트코인을 구상하고 있었다.

이오스(EOS)나 이더리움(Ethereum), 아스파이어(Aspire) 같은 알트코인은 비트코인 블록체인의 몇 가지 제도적 한계를 개선하도록 만들어진 암호 화폐다. 1848년 너 나 할 것 없이 모두 금을 캐러 캘리포니아에 갔던 골드러시 때처럼, 개선된 새 암호 화폐의 가상 화폐 공개(ICO)를 하려는 사람들이 여기저기 몰렸다. 빈과 첫 미팅을 하던 시기에 무려 1,000개가 넘는 알트코인이 출시를 준비 중이었고, 혜성처럼 등장한 만큼이나 빨리 쉽게 벌 수 있는 돈이 재빨리 사라지기 전에 시장에 진출하려 했다.

이 많은 새 코인이 어떻게 시장을 찾고, 어떻게 눈에 띌 수 있을까? 오직 가상 화폐 공개를 전문으로 하는 디지털 마케팅 에이전시를 통해서만 가능했다.

첫 멘토링 시간을 마친 후, 빈은 미래에 끄떡없을 계획을 짰다. 알트코인에 초점을 맞춰 암호 화폐 분야의 세계 최고 에이전시를 론칭했다. 최초이니, '월드 베스트 에이전시'라는 회사명이 딱 떨어지는 상황이었다. 암호 화폐라는 새로운 분야를 타깃으로 한 첫 번째 소셜 미디어 에이전시인 만큼 빈은 고객사 두 곳과 재빠르게 계약을 체결하고, 멘토링 첫 달에 6만 591달러를 벌었다. 이제 에이전시 대표이자 암호 화폐 마케팅 전문가가 된 빈 클랜시는 첫 달에 이런 성과를 이룬 것이 얼마나 기뻤는지, 그의 고향인 영국까지 비행기 없이도 한달음에 날아갈 수 있을 것처럼 보였다!

단순히 돈만 번 것이 아니라, 빈은 고객에게 진정한 가치를 제공했다. 빈의 도움으로 한 고객사는 암호 화폐공개 전 고객 3만 6,000명을 확보해서 하루 만에 8,000만 달러 이상을 벌어들였다. 이 사례 하나만으로 '월드 베스트 에이전시'는 이름값을 하게 된 셈이었다.

그러나 한 달 만에 6만 달러라는 믿기지 않는 수치에 기뻐할 겨를도 없이, 1년 안에 100만 달러를 찍기 위해서는 즉시 비즈니스를 50% 이상 확장해야 했다. 나는 그를 전적으로 믿었지만, 앞으로 어떤 장애물이 기다리고 있을지는 확신할 수 없었다. 엄청난 여정이 될 거라는 것 말고는 향후 몇 개월 동안 무슨 일이 일어날지 알 수 없었다. 영화배우 릴리 톰린이 한 농담처럼 "성공으로 가는 길은 늘 공사 중이다."

제3장

두려워하면 된다

자기 자신, 돈, 관계를
컨트롤하는 심리 기술

FUTURE
PROOFING YOU

Twelve Truths for Creating Opportunity, Maximizing Wealth,
and Controlling Your Destiny in an Uncertain World

제자가 준비되면 스승이 나타난다.
제자가 진정으로 준비가 되면 스승은 사라진다.

노자(도가학파의 창시자)

예상할 수 없는 일이 두려워서
죽음을 택한 죄수

중세에 한 악명 높은 도둑이 죗값을 치르기 위해 리오네스의 왕 앞에 앉아 있었다. 쾨쾨한 냄새가 나는 성 지하실에서 죄수에게 왕은 두 가지 처벌 중 하나를 선택하라고 했다. 교수대에 바로 매달리거나, 불길한 기운을 뿜는 녹슨 커다란 철문을 마주하는 것이었다. 도둑은 망설이지 않고 교수대를 선택했다. 집행인이 그의 목에 올가미를 걸 때 도둑이 물었다.

"폐하 간청합니다. 저 문 뒤에는 무엇이 있습니까?"

왕은 웃으며 크게 말했다.

"나는 모든 죄수에게 똑같이 선택권을 주는데, 모두 교수대로 가기를 선택하지."

집행인이 그의 목에 걸린 올가미를 조이자 그는 마지막으로 숨을 내쉬며 다시 한 번 애원했다.

"아시다시피 이제는 다른 사람한테 말할 수도 없습니다. 저 문 뒤에 무엇이 있습니까?"

왕은 한숨을 쉬며 대답했다.

"자유. 그런데 사람들은 대부분 죽음보다 뭔지 모르는 것을 더 두려워하더군."

두려움은 실패가 꿈을 죽이는 것보다 더 많은 꿈을 죽인다. 신약에 나오는 달란트의 비유부터 《오즈의 마법사》에 등장하는 겁쟁이 사자까지 보더라도, 두려움은 죄 혹은 좋게 평가해 봐야 인간의 나약함을 의미한다. 전반적으로 스며든 이런 문화적인 오명 때문에 우리는 실패나 거부를 두려워할 때마다, 공개적인 망신이나 재정적 파탄을 두려워할 때마다 자신을 수치스럽고 보잘 것 없다고 느낀다. 솔직히 말해서 우리 중 과연 어느 누가 그 철문을 선택할 수 있을까?

동기 부여 연설가들이 "실패를 할 수 없었다면 어떻게 했을 것인가?" 라고 질문하길 좋아하는 만큼 우리는 실패'할 수 있다'는 걸 안다. 직장이나 집, 가족, 인생을 잃었을 때의 현실적인 여파를 고려해 본다면 어느 누가 두려워하지 않을 수 있겠는가? 두려움이란 우리가 가진 가장 원초적인 본능이다. 정도의 차이는 있지만 우리는 모두 자주 두려움을 겪는다. 어떤 사람은 자신이 상대방에게 바보처럼 보일까 봐 미팅에서 자신의 이야기를 하는 것을 두려워하고, 또 어떤 사람은 새로운 직위에서 성과를 내지 못할까 봐 승진을 두려워한다. 어떤 사람은 불안의 정도가 너무 높아 사무실 전화가 울릴 때마다 해고를 알리려는 상사의 전화일지 모른다는 생각에 두려움에 떨기도 한다.

두려움은 인간의 강한 생리적 반응을 끌어내는데, 가슴이 두근거리고 현기증이 나는가 하면 손바닥에 땀이 나고 입이 바짝 마르는 증상이 나타나기도 한다. 심한 경우에는 공황 발작으로 쇼크에 빠져 몸을 꼼짝도 못할 수 있다. 두려움으로 사람이 죽을 수도 있는 것이다. 공포심에 대한 이런 장황한 설명에 반해 두려움은 좋다는 것을 나는 어떻게 증명할 것인가?

당신의 파충류 뇌를
현시대에 맞게 쓰는 법

성공하기 위해서는 두려움이 좋다는 것을 인정해야 한다. 두려움이 없었다면 어느 누구도 살아 있지 못했을 것이다. 당신이 살아 있는 건 당신 위의 선조들이 대대로 취한 용기 있는 행동들 덕분이다. 여기저기를 돌아다니며 약탈하는 검치호 무리들, 무너지는 환경 생태계, 전염병, 사악한 폭군들로부터 달아난 이들만이 살아남아 다음 세대를 이을 수 있었다. 만약 당신 조상 중 어느 한 명이라도 주변 세상에 대해 걱정하는 이 계속되는 사슬을 잘라 냈다면 현재 당신은 존재하지 못했을 것이다. 그들은 두려움 속에서 살았다. 그리고 살아남았다. 코로나19 팬데믹 상황에서 두려움은 당신이 손을 씻고 사회적 거리 두기를 하게 만들었다. 우리는 모두 생물학적으로 두려워하도록 만들어졌다.

잠시 인류의 진화와 유전적 역사를 생각해 보자. 우리의 뇌에서 가장 오래된 부분인 뇌간은 흔히 '도마뱀 뇌'로 불린다. 우리가 타인들과 형성하는 정서적 유대감이나 논리적 사고를 조절하는 좀 더 진화한 뇌의 기능들과는 달리, 뇌간은 4F라고 불리는 '싸움(Fighting), 식사(Feeding), 도망(Fleeing), 성행위(Fucking)'에 집중하며, 공격성이나 두려움 같은 원시적인 생존 본능들을 제어한다. 어떠한 자극에 대한 도마뱀 뇌의 첫 반응은 '나를 위협할 것인가'를 판단하는 것이다.

오늘날 뇌간의 역할은 15만 년 전 홍적세 혈거인들을 위험으로부터 안전하게 지킨 뇌간의 역할과 동일하다. 당신을 스트레스로부터 보호하기 위해 뇌는 스트레스 호르몬인 코르티솔과 아드레날린을 분비한다. 그럼 당신은 투쟁 도피 반응이 일어나 스트레스에 대처할 수 있게 준비된다. 당신이 논리적 사고를 1초라도 하기 전에 도마뱀 뇌는 맞서 싸울지 도망갈지를 결정한다. 이때 당신의 뇌에서 더 진화한 기능들은 개입할 수가 없다.

두려움을 모르는 사람이 될 수 있다는 생각은 오만한 믿음이다. 두려움을 모르는 인간은 소멸한다. 아니면 기원전 338년 카이로이아 전투에서 후퇴한 후 그리스의 웅변가 데모스테네스가 했던 말처럼 "싸우고 도망쳐 본 이들에게는 언젠가 다시 싸울 기회가 있다."

오늘날 기업가는 모바일 기기를 장착하고 주 7일 24시간을 항시 접속 대기 상태에 있다. 수렵 채집인에서 기업가로의 변화는 본능에만 반응하는 우리의 파충류 뇌에 사회적 스트레스를 높일 뿐이다. 기업가는 끊임없이 지속되는 두려움에 둘러싸여 산다. 파산에 대한 두려움, 경쟁사에 대한 두려움, 자신을 믿고 자금을 투자한 가족과 친구들을 마주할 두려움들 말이다. 답보 상태를 깨는 방법을 모색하려고 하면 끊임없이 거절당하고 공개적 망신을 마주한다.

아푸르브 두비는 자신의 책 《The Flight of Ambition(야망의 비행)》에 "비웃으라고 해라. 당신을 놀리고, 마음을 상하게 해도, 무시해도 괜찮다. 하지만 당신의 길을 막도록 내버려 두지는 말아라"라고 썼다. 당신의 도마뱀 뇌는 두려움을 느끼는 능력은 있지만, 현대 21세기 삶의 뉘앙스를 다루는 능력은 부족하다. 두려움은 우리 인격체의 중심부에 아주 단단히 자리 잡고 있어서, 기업가가 취할 수 있는 유일한 방법은 두려움을 받아들이는 것이다. 용기란 두려움이 없는 게 아니라 두려움에도 불구하고 포기하지 않고 계속 나아가는 것이다.

당신의 두려움을 정복하는 건 생물학적으로 불가능하다. 당신의 유전자 코드 중심에 있는 기본 구성 요소는 두려움에 반응하는 시스템이다. 당신은 두려워할 수밖에 없도록 태어났다. 다만 두려움의 방향을 돌릴 방법은 배울 수 있다. 운동선수들은 두려움의 방향을 돌리는 법과 순간의 감정을 어떻게 제어하는지 배워서 두려움을 동기로 활용한다. 그들은 두려움을 하나의 인지 상태로 활용한다. 이는 투쟁 도피 반응을 일으켜서 신체에 아드레날린을 분비하여 경쟁을 유발하게 만든다.

1938년에 옥스퍼드대학교 출판부에서 발간한 《Explorations in Personality(성격 탐색)》은 심리학자 헨리 머리가 최초로 실패에 대한 두려움이 어떻게 성공을 위한 동기 부여로 작용할 수 있는지에 대해 연구한 내용이 담겨 있다. 그는 두려운 결과를 피하려는 심리적 회피가 학생들의 성공하려는 의지를 증가시킨다는 사실을 발견했다. 그는 수십 년에 걸쳐 운동선수들을 대상으로 한 추가 연구들을 통해, 스포츠 세계에서는 승부가 한순간에 결정 나기 때문에 두려움이 실패하지 않겠다는 다짐의 동기 부여로 작용한다는 것을 입증했다.

두렵다는 이유만으로
남에게 당신의 인생을 팔고 있다

비즈니스 세계에서 두려움과 불안을 긍정적인 동기 부여라는 동력으로 바꾸기 위해 당신은 스스로에게 질문을 해야 한다.

"못해 봐야 실패일 텐데 그것보다 더 두려운 게 있을까?"

두려움의 방향을 바꾸어 이것을 더 유용한 도구로 활용하는 법을 배우기 전에, 먼저 비즈니스를 시작하는 사람이라면 누구나 겪는 두려운 감정들을 인식하고 인정할 필요가 있다. 하버드 경영 대학원의 광범위한 연구에 따르면, 오늘날 스타트업 창업자들을 괴롭히는 두려움은 '경제적 안정, 벤처 기업의 자금력, 개인의 역량 또는 자존감, 아이디어의 잠재성, 사회적 존중감에 대한 위협들, 벤처 기업의 실행 능력, 잃은 기회 비용' 7가지다.

이 7가지 두려움은 비즈니스를 새로 시작한 모든 이가 하는 도전에 깊이 자리 잡고 있다. 식당을 개업하는 사람도, 자율 주행 자동차를 디자인하는 사람도 같은 두려움을 겪는다. 언뜻 통계 수치를 보면 이 모든 두려움은 합리적으로 보여서 이해가 갈 만하다. 미국 노동통계국에 따르면, 소규모 사업체의 약 20%가 시작한 첫 해에 실패하고, 절반 정도가 다섯 해를 넘기지 못하고 문을 닫는다. 그렇다면 이 7가지 두려움은 정당한 이유가 될 수 있는 걸까?

질문을 약간 바꿔 보자. 당신이 지금 사업을 하지 않고 위험을 감수하지 않는다면 어떻게 될까? 당연히 현재 하는 일로는 부자가 될 수 없을 것이다. 돈을 더 벌지 못하면 어떻게 아이들을 대학에 보내고, 주택 담보 대출과 신용 카드 빚을 상환할 것이며, 편안한 노후를 위한 저축은 어떻게 할 것인가? 더 나은 미래를 위한 당신의 비즈니스를 미루면 미룰수록 당신이 죽기 전에 성공할 시간과 기회는 더 줄어든다.

아무것도 하지 않는 경우에 생기는 두려움 또한 존재한다. 당신이 아무것도 하지 않을 때 벌어질 결과를 생각해 보자. 그 결과에 뒤따르는 두려움의 크기에 당신이 처음에 가졌던 일련의 두려움이 주는 무게가 상대적으로 줄어들 것이다. 그러니 당신이 느낄 두려움을 현명하게 선택하고 우선순위를 정해라. 당신이 두려움을 제어하지 않으면 두려움이 당신을 제어한다.

현재 이 지구상에서 살아갈 시간이 얼마나 짧은지를 생각하면, 우리가 자신의 죽음에 대해 생각하는 시간은 놀라울 정도로 짧다. 그런데 당신이 얼마나 부자가 될지와는 상관없이, 결코 다시 돌아오지 않는 인생의 소중한 하루를 당신이 다니는 직장에서 일하는 것과 맞바꿨다. 과연 그럴 만한 가치가 있었는가?

당신은 "그냥 하루일 뿐이다"라고 생각하기 때문에 의미 없이 출근하는 것에는 전혀 두려움이 없다. 당신은 운이 좋으면 2만 9,000일 정도를 살 것이다. 그런데 하기 싫은 일을 1년, 5년, 퇴직할 때까지 한다면 어떻게 될까? 무엇을 위해 회사에 이렇게 당신의 인생 전부를 거는가? 무엇가를 새로 시작하면 잘 안될까 봐 두려워하기보다 단 하나뿐인 당신의 인생을 허비하는 것을 두려워해야 하지 않을까?

고등학생이나 대학생 때 꿈꿨던 삶을 현재 살고 있는 사람이 과연 얼마나 될까? 당신은 언제부터 꿈꾸는 것을 멈췄는가? 영원히 살 수는 없다. 하지만 일생 동안 당신이 창조하고 만든 것들은 영원할 수 있다. 불멸성은 우리에게 주어진 시간을 변화시킬 수 있다. 의미 있는 일을 하고 있는가? 당신의 일, 커리어에 성취감을 느끼는가? 그렇지 않다면, 왜 단 하나뿐인 당신의 인생을 원하지 않는 무언가와 바꾸고 있는가? 그리고 진짜 모순은 여기에 있다. 당신의 일에 그렇게 만족하지도 않는데 왜 그렇게 잃을까 봐 두려워하는가?

당신이 직장을 그만두고 사업을 한다고 생각했을 때 처음으로 맞닥뜨리는 감정은 경제적 안정을 잃을지도 모른다는 두려움이다. 당신의 마음속에서는 덧없는 뭔가를 위해 실질적인 뭔가를 포기하는 것이라고 생각한다. 당신의 배우자, 부모, 친구들은 당신이 미쳤다고 생각할 것이고, 이는 당신이 이미 갖고 있는 스트레스에 창피함에 대한 두려움을 가중한다. "손 안에 든 새 한 마리가 덤불 속 두 마리보다 낫다"라는 속담을 아는가? 그런데 손 안에 든 그 새가 아프거나 죽어 가고 있다면 이야기는 달라진다. 사업을 하면서 생길 수 있는 불안정한 재정 상태를 미리 걱정하는 것보다 현재 직장을 다니며 경제력을 유지할 수 있을지에 대해 진지하게 고민해야 하지 않을까?

어차피 당신이 현재 다니는 직장에서 오래 근무할 가능성은 낮다. 2008년에는 5.1년, 2014년에는 4.6년이었던 미국 직장인의 평균 근속 기간이 4.2년까지 줄었다. 당신이 일하고 있는 회사가 문을 닫게 되면 어떻게 되는 건가? 회사가 매각되거나 타사와 합병을 하게 되면? 톰슨 로이터(Thomson Reuters)에 따르면, 2017년은 '1년간 미국 인수 합병이 가장 많이 체결된 해'라는 기록을 세웠다.

센추리링크(CenturyLink)처럼 340억 달러 가치의 거대 통신사가 케이블 기업 레벨3(Level 3)와 합병하거나, 자산 가치가 524억 달러인 폭스(Fox)를 디즈니가 인수하게 되면 양쪽 회사가 가장 먼저 하는 일은 '절차 및 효율 향상 방안'을 모색하는 것이다. 즉 양쪽 회사에서 업무가 중복되는 직원들을 해고한다는 의미다. 인수 합병으로 새롭게 만들어진 기업의 입장에서는 인사부나 판매부, 물류 창고 등을 이중으로 유지할 필요가 없다. 합병이 이루어지면 잉여 사무실과 공장은 문을 닫으면서 그 직원들이 주 고객이었던 주변 지역의 하청 공급 업체와 상권도 영향을 받는다. 미국은 2008년 경기 침체 이래로 10조 달러 가치의 합병이 추진됐으며 역사상 최고의 인수 합병 붐을 경험했다.

기업들이 하나로 합병되면 일자리는 줄어들게 된다. 당신이 아주 뛰어나게 일을 잘한다고 해도 서명 하나로 당신의 부서부터 사무실, 공장, 회사, 산업이 없어질 수 있다. 주요 산업 하나에 의존하던 당신의 지역 사회가 미국 북동 지역의 수많은 러스트 벨트 도시처럼 사라질 수도 있다. 당신이 회사 임원으로 근무하지 않는 이상 당신의 미래는 보장되지 않는다.

여전히 확신이 서지 않는다면 1980년대에 자동차 산업에 종사했던 사람이나 1990년대에 음반계에 종사했던 사람, 또는 오프라인 소매점 종사자에게 물어보길 바란다. EMI, JC페니(JC Penney), 레나운(Renown), 허츠(Hertz), 브룩스 브라더스(Brooks Brothers), 니만 마커스(Neiman Marcus), 퍼시픽 가스 앤 일렉트릭(Pacific Gas & Electric)같이 100년 이상 된 기업들은 문을 닫았거나 지난 몇 년 동안 파산 신청을 했다.

아무것도 하지 않는 것이 극심한 두려움을 유발하는 선택임은 분명하다. 적어도 당신이 소유한 스타트업의 경우에는 리스크를 관리하고 당신의 운명 또한 스스로 상당 부분 컨트롤할 수 있다. 자신의 운명을 스스로 통제하고 조절하고 싶은가, 아니면 다른 사람의 무능력함을 무작정 수용하고 싶은가?

사업을 시작하기로 했다면
초기 자본은 문제가 아니다

사업을 시작하려는 사람들이 보통 걱정하는 것이 바로 자금 마련이다. 어떻게 하면 당신이 필요한 만큼 사업 자금을 조달할 수 있을까? 이번에도 두려움을 성장 마인드셋 질문으로 만들어 보자.

"과연 누구에게 내 회사에 자금을 댈 수 있는 기회가 갈까?"

1) 창업가의 장래에 주목하는 '벤처 캐피털 회사'

세상에는 다른 사람들이 목표를 달성할 수 있도록 돈을 주는 일을 직업으로 가진 사람이 수천 명이나 있다. 벤처 캐피털 회사들은 2019년에 1,360억 달러 이상을 스타트업에 쏟아부었는데, 그중에는 1억 달러 이상 투자한 252건의 메가딜도 포함돼 있다.

벤처 캐피털의 지원을 받으며 시작한 대부분의 스타트업은 당신 비즈니스와 그리 다르지 않다. 창업가들은 아이디어 하나와 그 아이디어를 지지하는 작은 팀이 있다. 그리고 아마 몇 안 되는 고객이 있을 테다. 우버와 에어비앤비 같은 10억 달러 메가딜은 대대적으로 보도되기 마련이다. 하지만 벤처 캐피털 연합에 따르면, 기업 가치 10억 달러인 스타트업이 조달된 전체 자금에서 차지하는 비율은 1%도 채 안 된다.

2) 신뢰를 담보로 하는 '가족과 친구'

세쿼이아캐피털(Sequoia Capital)이나 그레이록 파트너스(Greylock Partners)같

이 바로 투자를 받을 수 있는 벤처 캐피털이 없다면 어떻게 할까? 부모나 친척, 친구들에게 부탁해 보는 건 어떨까? 친구나 가족에게 전통적인 벤처 캐피털이 투자할 수 있는 규모에 버금가는 투자액을 받을 수 있고, 투자 성사 건수 또한 벤처 캐피털보다 훨씬 높을 수 있다. 2020년, 신생 스타트업들은 가족이나 친지같이 주위 사람들로부터 600억 달러 이상을 투자받았다.

이런 투자 방식의 혜택 중 하나는 비즈니스가 잘되면 투자한 가족과 친구들도 같이 부자가 된다는 것이다. 제프 베이조스의 부모는 아마존에 25만 달러를 투자한 후 억만장자가 됐다. 무엇보다 더 좋은 점은 친구와 가족들이 종사하는 분야가 테크에만 집중돼 있지 않다는 것이다. TV 쇼 〈샤크 탱크〉를 즐겨 본다면, 거기에 출연하는 기업가들의 이야기를 잘 들어 보길 바란다. 거의 모든 출연자가 그 쇼에 나가기 전에 친구와 가족들로부터 자금을 받은 경험이 있다.

3) 산업을 함께 융성하는 '전문 사업가'

자신의 사업이 성장하는 데 도움이 될 회사에 자금을 지원하는 전략적인 투자자들도 있다. 레이 크록은 자신의 새 비즈니스인 맥도날드 프랜차이즈를 위한 자금을 유치하던 당시 정육업자들을 찾아갔다. 햄버거의 소비가 늘면 혜택을 받을 사람들이었기 때문이다. 많은 국가, 주, 도시, 지역은 국민의 일자리를 늘리기 위해 투자 기금을 조성한다. 농업부터 제약까지 다양한 산업에서 전략적으로 투자 기금을 조성하고 신생 기업의 고객 유치를 돕는다.

4) 다양한 형태로 계약할 수 있는 '사모 투자 전문 회사'

사모 투자 전문 회사는 자금을 투자할 뿐 아니라, 당신의 기업이 성장하도록 도울 수 있는 경험 있는 관리 팀을 제공한다. 2020년, 사모 투자 전문 회사들의 미투입 자금은 1조 5,000억 달러 이상이다. 입이 딱 벌어지는 숫자처럼 보이지만, 이는 전 세계에 투자할 수 있는 전체 자금의 2%에 불과하다.

5) 이 밖에 방법들

기업 공개, 사모 투자 제안서, 우회 상장을 위한 껍데기 회사, 차입 매수, 가상 화폐 공개를 포함해 다수의 다른 통로로도 자금을 유치할 수 있다. 미국에 기반을 둔 기업의 경우에는 500만 달러 미만으로 자금이 필요할 때는 미국 소기업청을 통해 시작하는 것도 아주 좋은 방법이다. 2018년 이 기관의 평균 대출 금액은 42만 5,500달러였다. 복잡한 거래인 경우에는 투자 은행이 당신이 마련하려는 자금을 일부에 한해 도움을 줄 수 있다. 투자 은행은 당신의 비즈니스의 가치를 정할 수 있도록 도움을 주고, 함께 일한 경험이 있는 잠재적 바이어들에게 투자를 격려할 수 있다.

20대에 처음으로 회사를 만들었을 때 이런 것에 대한 지식이 전혀 없던 나는 신용 카드로 사업 자금을 대는 값비싼 실수를 했다. 절대 나 같은 실수는 하지 말길 바란다. 고리대 금리와 부담스러운 페널티는 당신을 벼랑 끝으로 몰 것이다. 그때부터 40년간 자금 마련을 통해 내가 얼은 교훈은 세상에는 널린 게 돈이고, 그 돈을 어떻게 요청하는지만 배우면 된다는 것이었다. 이미 여러 결과가 이를 입증한다. 당신 같은 수백만 명의 사람이 투자를 받고 있다. 2015년 한 연구에 따르면, 소규모 사업 경영주의 73%가 자사가 필요한 자금을 충분히 마련할 수 있었던 것으로 나타났다.

사업이 망할 경우보다 더 두려워해야 하는 것

그런데 모든 게 잘 안돼서 파산 신청을 해야 한다면 어떡할까? 〈포브스〉가 선정한 상위 부호 가문 중 적어도 다섯 개 가문은 파산해 본 적이 있다. 미국에서 가장 큰 개인 석유 회사를 설립한 유전 개발업계의 거물인 H. L. 헌트의 재산을 물려받은 텍사스의 헌트 가문은 1980년, 시세 차익을 노리고 은(銀)을 대량으로 사재기하는 은 투기를 했다. 그러나 미국 정부의 개입으로 은 가격이 폭락하여 72억 달러를 순식간에 잃은 후 파산 신청을 했다. 오늘날, 헌트 가문의 가치는 150억 달러다. 또한 빌 게이츠와 월트 디즈니가 처음 시도했던 비즈니스는 모두 실패로 끝났다. 한 번 실수를 경험한 그들은 실패를 극복하고 두려움 없이 다음 비즈니스를 준비했다. 그들은 멈추지 않고 계속 시도했으며 수많은 실패 후 결국 성공할 수 있었다.

일이 잘못될 경우를 두려워하지 마라. 당신이 도전하지 않을 때 무슨 일이 벌어질지를 두려워해라. 자극이 될 만한 동기 부여가 필요하다면 요양원에 가서 그곳 입주자들에게 살면서 가장 후회되는 게 무엇인지 물어봐라. 시도했으나 실패한 일들이 아닐 것이다. 시도하기 두려워서 하지 않은 일들일 것이다. 헛되게 쓰인 재능과 헛되게 보낸 인생보다 더 슬픈 건 없다. 영화 〈워터프론트〉에서 말론 브란도가 연기한 테리 말로이는 "나도 챔피언이 될 수 있었어. 건달이 아니라 뭔가 다른 사람이 됐을 거란 말이야. 그런데 보다시피 쓰레기 신세가 됐잖아"라며 한탄한다.

후회로 가득한 인생을 사는 것은 고통스럽다. 당신이 사업 시작을 미루면 그만큼 그 비즈니스의 성공에 드는 시간을 갉아 먹는 셈일 뿐이다. 사람들이 지금이 비즈니스를 시작하기에 좋은 시기인지 물어볼 때마다 내 대답은 늘 똑같다.

"사업을 시작하는 데 최고로 좋은 시기는 1년 전이었다. 그다음으로 좋은 시기는 지금이다."

당신이 새롭게 구상하는 소규모 사업의 실패율을 걱정하는 대신, 어떻게 리스크를 최소화하여 성공의 기회를 최대화할 수 있는지를 배워라. 이 책에서 그 방법으로 이끌 것이다.

미국 노동통계국의 통계 자료에 따르면, 직원을 둔 사업체의 80%가 첫 해를 무사히 넘긴다. 당신의 두려움은 근거 없이 과장됐다는 뜻이다. 대부분의 소규모 비즈니스가 왜 실패하는지를 이해하면 당신이 두려워하는 이유를 알 수 있다. 각각의 두려움은 성장 마인드셋을 이용해 극복이 가능한 장애물로 바꿀 수 있다. 각각의 위험 요인을 구분해서 실패를 줄이기 위한 계획을 세워라. 이제 당신이 그 위험 요인을 처리할 수 있다면 더 이상 두려워할 필요가 없다.

정확한 수치의 통계를 확인한다면 당신이 비즈니스를 시작하는 데 생기는 두려움도 완화될 것이다. 미국에서 소규모 사업체는 전체 민간 고용인의 48%를 고용한다. 전체 수출 회사의 97.7%를 소규모 회사들이 차지하며, 수출액의 33.6%를 담당한다. 당신이 사업을 시작하면 갖게 될 힘을 이 통계 수치보다 더 잘 보여 주는 것은 없을 것이다. 2008년 경기 침체와 앞서 언급한 대형 기업들의 합병에도 불구하고, 2020년대 미국에서 창출되는 순 일자리의 63%를 소규모 사업체가 차지하고 있다. 미국 경제와 세계에서의 미국의 위상은 점점 더 소규모 비즈니스 창업가들의 혁신과 투지를 기반으로 하고 있다. 당신은 세계를 바꿀 힘을 갖고 있으며, 당신이 지금 유일하게 두려워할 것은 마음껏 만끽할 수 있는 기회를 허비하고 있다는 것이다.

성공한 사업가와 예술가가
공통적으로 터득하는 한 가지

창업가들에게 가장 치명적인 두려움은 의심으로부터 시작된다. 의심은 늘 생기기 마련이다. 사업을 시작하는 것에 대한 두려움과 마찬가지로 의심하는 마음 또한 면밀하게 살펴보고 재구성할 필요가 있다. 당신의 상황에서 어떤 요소들이 의심을 가중시키는가? 그리고 이를 어떻게 완화할 수 있을까?

페이스북의 최고 운영 책임자인 셰릴 샌드버그는 자신의 책《린 인》에서 "수업 시간에 내 이름이 불릴 때마다 망신당할 거라고 확신했다. 시험을 볼 때마다 '망쳤다'고 확신했다. 그런데 망치지 않았을 때, 혹은 심지어 훌륭한 점수를 냈을 때에도 나는 '이번에도 성공적으로 다른 애들을 속일 수 있었다'고 확신했다"라고 말했다. 샌드버그는 많은 여성이 자신의 커리어를 쌓아 갈 때 나쁜 엄마 또는 나쁜 아내, 나쁜 딸로 평가받는 것에 대한 두려움을 마음 한 켠에 안고 있다고 설명한다. 이 사회적 압박 때문에 자기 회의의 내적 독백은 '내가 할 수 있을까?' 라는 질문에서 '내가 엄두라도 낼 수 있을까?'로 바뀐다고 말한다.

역사상 가장 위대한 화가인 르네상스 예술가 미켈란젤로는 늘 의심이 가득했다. 교황 율리우스 2세가 바티칸의 시스티나 예배당 천장을 그리라고 그에게 요청했을 때 자신은 조각가일 뿐이지 화가가 아니라는 이유로 처음에는 거절을 했다.

성공한 비즈니스 리더들처럼 성공한 예술가들은 의심을 정복하는 유일한 방법은 의심을 끝까지 밀고 나가는 법이라는 걸 배운다. 후기 인상파 화가 빈센트 반 고흐의 자기 회의는 너무나 심하게 오랫동안 지속돼서 급기야 정신 병원을 찾기에 이른다. 후에 문제를 해결할 열쇠는 자신이 쥔 붓에 있다는 것을 안 반 고흐는 "마음속에서 당신이 그림을 그릴 수 없다는 목소리가 들린다면 무슨 수를 써서라도 그림을 그려라.

그럼 그 목소리는 사라질 것이다"라고 말했다.

베스트셀러 작가이자 임상 심리 전문가인 람 다스는 "자아가 좋아하는 저항 방식 중 하나는 당신을 의심으로 가득 채우는 것이다"라고 말했다. 의심은 자존감 문제와 성공할 능력이 없다는 두려움에서 기인한다. 혹은 그의 말을 빌리자면 "당신의 문제는 당신이 하찮다는 생각에 강박이 있다는 것이다."

사회생활을 시작했던 시절, 나는 내가 쓸모없다는 생각은 하지 않았다. 나는 내가 쓸모 있는 사람이라는 걸 알고 있었다. 그러나 어떤 방법을 써서라도 할리우드에 입성하기 위해 부단히 노력했지만 특출난 기술이 있지도, 업계에 인맥이 있지도 않았다. 나에게 있는 건 아내, 두 아이, 학자금 대출, 신용 카드 빚, 주택 담보 대출뿐이었다. 나는 두 아이를 실망시키면 어쩌나 하는 두려움이 자기 회의감보다 컸다. 실패할까 봐 두려워질 때마다 나는 어린 두 아이를 보면서 내가 그들에게 주고 싶은 삶에 집중했다. '실패한 아빠'에 대한 두려움은 나를 전진하게 했다. 두려움은 내 로켓 엔진에 연료를 공급했다. '될 때까지 그런 척하면 그렇게 된다'는 접근으로 악착같이 밀어붙이며 제작 관련 일을 잡히는 대로 해서 생활비를 벌었다.

영화 세트장에서의 내 첫 번째 업무는 〈미키와 모드(Mickey and Maude)〉라는 블레이크 에드워즈 감독의 영화에 대한 기술 자문이었다. 안타깝게도 전혀 자격을 갖추고 있지 않은 업무를 하게 된 것이다. 그때는 내가 감독하던 기술에 대한 지식이 전혀 없었다.

'장비의 부품이 고장 나서 내가 수리라도 해야 하는 상황이 생기면 어쩌지? 기술적인 질문을 했는데 내가 대답을 못하면 어쩌지?'

나의 두려움은 소모적이었다. 하지만 그 일을 하고 하루에 1,000달러를 받기로 돼 있었다. 미국의 연평균 소득이 1만 5,239달러였던 1980년 그 시대에 22살짜리에게는 큰돈이었다. 당시 블레이크 에드워즈는 뛰어난 감독이긴 하지만 현장에서는 폭군으로 악명이 높았다.

첫째 날, 나는 겁에 잔뜩 질려 있었다. 너무 겁먹은 나머지 아침 내내 아무 말도 안 하고 있다가 점심 때까지도 조용히 버티면 해고를 당할 거라고 생각했다. 적어도 점심은 해결한 후 500달러를 받을 것이었다. 그것이 내가 그린 큰 그림이었다. '점심시간까지는 버틴 후 잘릴 것.' 두려움에 사로잡혀 있던 나는 오전 내내 감독의 시야를 피해 있기 바빴다. 한쪽 구석에 서서는 아무한테도 인사하지 않았다. 조감독이 점심시간을 알렸을 때 나는 밥차를 향해 전력 질주를 했다. 그리고 식판을 들고는 밥차와 최대한 먼 곳에 자리를 잡고 앉았다.

그런데 내가 몰랐던 사실이 하나 있었으니, 영화업계에서는 배우들이 먼저 식사를 한다는 것이었다. 밥차 줄 두 번째에 있던 사람은 영화의 주인공인 영국 배우 더들리 무어였다. 그는 내 뒤에서 배식을 받은 후 내 옆에 앉았다. 어쩌다 보니 스타들의 테이블에 앉게 됐으니 이제 잘리는 건 따 놓은 당상이었다. 접시에 놓인 스테이크를 재빨리 먹어치우며 나는 생각했다.

'그래도 점심은 해결했네.'

내가 몰랐던 또 한 가지의 사실은 자신보다 먼저 자리에 앉아 밥을 먹고 있는 나를 본 더들리는 내가 감독의 아들이거나 스튜디오의 주요 인사와 친분이 있는 사람으로 생각하고 그냥 이야기를 나눈 것이었다. 모든 사람이 밥을 먹기 위해 앉았을 때 '핵심 그룹'안에 있던 나는 영화사 사람들 눈에는 아주 특별한 사람이 돼 있었다.

39년이 흐른 지금 지면을 통해 고백하지만, 나는 그 영화사에서 어떤 업무도 수행하지 않았다. 그리고 아주 완벽하게 어떤 일도 하지 않았던 덕분에 제작 감독은 자신의 다음 영화 〈비버리 힐의 낮과 밤〉에 나를 고용했다. 두려움을 연마하고 의심을 극복함으로써 내가 커리어에 날개를 달았듯이 당신도 그럴 것이다.

실의에 빠졌을 때
단 한 가지만 생각하라

자기 회의에 빠지거나 두려움으로 몸이 움직이지 않을 때면 자신에게 딱 한 가지만 질문해라.

"일어날 수 있는 최악은 무엇인가?(WTWTCH: What's the Worst Thing that Could Happen?)"

우리는 모두 생생하게 상상할 수 있는 능력이 있어서 현실성 없는 시나리오를 그릴 수도 있다. 그러니 당신이 어떤 일을 시도했을 때 그리고 실패했을 때 현실적으로 벌어질 수 있는 일에 초점을 맞춰라.

영화 〈뷰티풀 마인드〉에는 이런 명장면이 있다. 러셀 크로우가 연기한 존 내쉬가 여자들을 만나려고 친구들과 술집에 갔다. 하나같이 가장 예쁜 여자에게 집중하는 친구들을 보고 그는 일어날 수 있는 최악의 상황을 친구들에게 이야기한다.

"우리 모두 금발 미녀를 차지하기 위해 다툰다면 결국 어느 누구도 그녀를 얻을 수 없어. 그럼 금발 미녀가 아닌 그녀의 친구들에게 다가가야 하는데, 자신이 차선으로 선택된 것을 반길 여자는 없을 거야. 그렇다면 우리 중 아무도 금발 미녀를 선택하지 않으면 어떻게 될까? 우리가 서로 얼굴 붉힐 일도 없고 다른 여자들의 기분을 상하게 하지도 않겠지. 서로가 윈윈할 수 있는 유일한 방법이야."

나는 '만약 그것을 하지 않는다면 일어날 수 있는 최악의 경우는 무엇인가?'라는 질문도 한다. 모든 종류의 두려움이 그렇듯이 의심은 극심한 두려움으로 대체될 수 있다. 나는 최근 내 책을 읽은 어느 독자에게 이메일 한 통을 받았다. 다 큰 딸을 둔 중반의 그 여성은 자신이 자살 충동을 느꼈던 경험을 이야기했다. 부동산업계에서 여섯 자리 수 연봉을 받으며 일했지만, 자신의 열정을 좇아 소규모 임대 사업을 하기 위해 직장을 그만두었다고 했다.

"저축해 둔 약간의 돈을 갖고 애틀랜타로 이사를 한 후 숙소 세 곳을 잡아 에어비앤비 창업을 시작했습니다. 그런데 숙소 세 군데의 월세와 유지비를 지불할 자금이 충분치 않아서 결국 숙소를 모두 잃은 것도 모자라 제가 살고 있던 집에서도 쫓겨났습니다. 모든 일이 너무 갑자기 벌어졌습니다. 저는 엄청난 충격에 빠졌고, 우울증에 걸리고, 너무 화가 났었습니다. 우울증과 두려움은 자살까지 생각하게 됐죠. 저는 울어서 퉁퉁 부은 눈을 하고 침대에 누워서 딸아이에게 차라리 죽는 게 낫겠다고 말했습니다. 딸아이가 119에 연락하리라 생각하고 말이죠. 그러자 딸은 저를 보며 말했습니다.

"돈 때문에 자살을 한단 말이야? 내가 살면서 들은 가장 멍청한 말이야. 엄마, 창업가들은 매일매일 실패해. 그러니까 엄마가 다른 창업가들과는 다르게 한 게 있다면 그 사람들이 하는 걸 보고 따라 해 보는 건 어떨까?"

딸아이가 그런 반응을 보일 줄은 전혀 예상 못했습니다. 저는 구속복을 입고 구급차에 실려 가는 장면을 상상했었죠. 아무래도 신경을 다른 곳으로 돌리려고 그 극적인 장치가 필요했던 모양입니다. 그런데 희한하게도 그날 밤 저는 사업이 망한 후 처음으로 아주 푹 잘 잤습니다. 그리고 계속 시도해 봐야겠다는 생각을 했습니다."

딸이 옳았다. 사업을 하면서 벌어질 수 있는 최악은 전 재산을 잃는 것이다. 펠리시아라는 이름의 이 독자는 그것을 견뎌 내고 살아남았다. 그녀는 내 책을 읽으며 어려운 시간을 극복할 수 있었고, 이제 더 이상 빈털터리가 되는 것쯤이야 두렵지 않다고 말했다. 그녀는 사업을 실패한 원인이 아이디어가 나빠서가 아니라 자원을 잘못 관리했기 때문이라는 사실을 깨닫게 됐다. 그녀는 자신이 얻은 교훈을 바탕으로 새로운 사업을 준비하고 있었다. 그녀는 최악의 두려움을 극복했고 그 덕분에 더 강해졌다.

어떤 경험이든 당신이 성장하는 데 도움을 준다. 스타트업 경험을 통해서는 돈을 벌든지 지식을 번다. 심지어 많은 투자자가 과거에 실패한 경험이 있는 기업가를 선호한다. 남의 돈으로 인생 수업을 한 셈이다. 10억 달러 유니콘 스타트업의 80%는 과거에 다른 아이템으로 창업해 본 경험이 있는 사람들이 만들었다.

이 책을 읽고 있는, 그리고 여전히 의심하는 모든 독자에게 나는 확신을 갖고 당신은 지금 이 순간까지 그동안 두려워했던 모든 것을 잘 이겨 냈다고 말할 수 있다. 한번 생각해 보길 바란다. 프리드리히 니체는 "우리를 죽이지 않는 것은 예외 없이 우리를 더 강하게 만든다"라는 명언을 남겼다.

상대에게 당신과 일하지 않으면 손해 본다는 생각을 심어라

백만장자 동기 부여 연설가 레스 브라운은 말했다.

"너무나 많은 사람이 두려움 속에 사느라 꿈꾸던 삶을 살지 못하고 있다."

두려움이라는 감정이 그렇게 보편적이라면 이를 활용해 당신의 비즈니스를 위한 자금을 마련하고, 팀을 꾸리고, 매출을 올리고, 아니면 유능한 멘토라도 찾으면 어떨까? 타인의 두려운 감정을 이해하면 좋은 점은 이를 당신의 성공을 위해 활용할 수 있다는 것이다.

일상에서 만나는 사람, 직장에서 교류하는 사람, 당신 비즈니스의 성공을 위해 중요한 사람들 모두 두려운 감정에 지배받는다. 우리 모두 말이다. 대부분의 영업직 종사자와 경영 전문가들은 잠재 고객들에게 호감을 주고 유대감을 형성할 수 있는 작업에 초점을 맞추라고 할 테지만, 사실은 상대의 호감을 얻거나 상대를 이끄는 것은 당신의 능력 밖의 일이다.

하지만 그들에게 두려움의 씨앗을 심는 것은 가능하다. 16세기 정치 철학자 니콜로 마키아벨리는 "사랑과 두려움을 동시에 가질 수 없다면 두려움을 갖는 게 낫다"라고 조언했다. 그렇다고 마피아 공포 전술을 이용해 고객에게 겁을 주라는 말은 아니다. 대신 협업을 목적으로 접근한 당신에게 상대가 갖는 원초적인 동기를 생각해 보라는 것이다. 당신이 미팅에서 끌어내고자 하는 것이 무엇인지 당신은 알고 있다. 그런데 테이블 맞은편에 앉아 있는 상대가 원하는 것이 무엇인지 한 번이라도 생각해 본 적이 있는가?

한 대기업에 딱 맞는 새로운 제품이 있다고 잠깐 상상해 보자. 대기업과 기존에 거래하던 공급업체의 제품 대신 당신의 제품을 사용하면 기업은 엄청난 돈을 아낄 수 있다. 가치가 수백만 달러에 달하는 당신의 상품을 기업이 향후 몇 년간 구매하는 것도 가능하다. 이 미팅은 당

1년 안에 부자 되는 법

신의 커리어 사상 가장 중요한 미팅일 수 있다.

반면 테이블 맞은편에 앉아 있는 회사 책임자에게는 당신과의 미팅이 그저 점심 식사도 편하게 못하는 성가신 일일 뿐이다. 이런 상황에서 당신이 얼마나 호감형인지, 매력적인 영업원인지, 당신의 설득 스킬이 상대를 사로잡을 만큼 좋은지는 중요하지 않다. 상대는 밥 먹을 생각만 하고 있다. 당신이 물리적인 위협이 아니라고 일단 추측이 되면, 상대의 도마뱀 뇌는 생존을 위해 필요한 원초적인 '네 가지 F' 중 Feeding(식사)에 집중한 것이다.

오렌 클라프는 자신의 책 《Pitch Anything(아무거나 던져라)》에서 "도마뱀 뇌는 매우 근시안적인 시각으로 세상을 보게 한다. 지금 당장 급한 게 아니니까, 어떻게 이걸 무시할 수 있을까? 또는 어떻게 하면 여기에 최소한의 시간만 할애할 수 있을까?라고 사고한다"라고 설명한다.

그런데 맞은편에 앉아 있는 회사 책임자에게 이제 막 경쟁사가 마진을 높이기 위해 당신의 제품을 쓰기 시작했다거나, 당신의 상사가 그 책임자의 상사와 수일 내로 만나 이 주제로 논의할 것이라고 말한다면 무슨 일이 일어날까? 아니면 최근에 발표된 합병 후 없어질 부서에 대한 내부 정보를 당신이 갖고 있다고 말한다면? 경쟁사, 난처한 상황, 정세의 변화, 이 모든 것은 바로 상대방에게 공포를 이끌어 낼 것이다.

그 책임자는 앞서 언급한 내용 하나하나에 걱정을 하고, 그의 뇌는 어쩔 수 없이 아드레날린과 코르티솔을 분비하며, 마치 소방차의 사이렌처럼 시냅스에 불을 밝힌다. 검치호의 먹잇감이 되려는 찰나에 자기가 배고픈 것을 생각할 여유로운 혈거인은 없을 것이다. 그 책임자의 마음속에서 점심 식사는 투쟁 도피 반응이라는 방어 본능을 위해 뒷전으로 밀려날 것이다.

상대에게 예스를 끌어내야 하는 사업가에게 필요한 심리 기술

사실 비즈니스를 하면서 당신에게 중요한 동반자가 될 수 있는 세 가지 원초적 두려움이 있다. 실직에 대한 두려움, 소외되는 것에 대한 두려움(포모 증후군), 공개적 망신에 대한 두려움이다. 이 세 가지 두려움은 각각 당신의 목표를 이루기 위해 활용할 수 있는 도구다.

1) '당신의 책임이다'라는 고용 불안을 자극하라

2008년 경기 침체 이래 미국 경제가 빠른 반등을 보였음에도 고용인들이 회복을 체감하는 데에는 한 세대 전체가 걸릴 수 있다. 나의 부모는 대공황 시기에 태어난 세대로 고용 보장, 돈, 빚에 대해 보수적이고 왜곡된 생각을 갖고 있었다. NHP 재단의 한 연구에 따르면, 미국인 중 75%가 여전히 자신의 집을 잃을까 봐 걱정하며, 40%는 일자리를 잃으면 집도 잃을 것이라는 두려움을 느낀다. 노동부에 따르면, 미국인의 절반 이상이 2020년 한 해 동안 휴가를 일주일 이상 내지 않은 것으로 나타났다. 일자리를 잃을지도 모른다는 두려움이 그 이유다.

이것이 바로 당신의 커리어에서 교류하는 사람들 대부분이 가진 마인드셋이다. 그렇다면 어떻게 상대방으로 하여금 당신과의 만남과 비즈니스를 최우선으로 만들 수 있을까? 어떻게 당신과 일하지 않으면 자신의 직무나 승진에 불이익이라고 생각하게 만들까?

대부분의 기업 책임자에게 자기 보호는 최고의 원동력으로 작용한다. 자기 보호는 가장 먼저 나오는 행동이라서, 많은 책임자가 합병이 이루어질 때면 오리처럼 몸을 웅크리고 머리를 숨긴다. 자신이 내린 결정 때문에 나쁘게 눈에 띄어 해고당할까 봐 두려워서다.

만약 이를 당신의 목표 달성을 위한 총알로 사용한다면, 두려움이라는 무기고에서 당신이 꺼내 쓸 수 있는 최고의 다목적 무기가 되는 것이다. 당신이 소개하는 기회를 실존적인 위협으로 여겨서 겁먹은 상대는 당신의 말에 집중하고, 이 두려운 상황을 해결하기 위한 방법을 찾아야 한다. 당신의 목표는 상대가 당신과 함께 일하는 것이 가장 합리적인 해결책이라는 결론을 도출하는 것이다.

2) '당신만 안 한다'는 소외감을 심어라

두 번째 두려움인 포모 증후군은 복잡하다. 두려움과 탐욕, 자존심이라는 재료가 골고루 섞인 강력한 칵테일이다. 여기에서의 두려움은 아무것도 하지 않으면 기회를 잃는다는 것에 대한 공포다. 탐욕은 눈앞의 기회를 잡기만 하면 자기 것이 된다는 생각, 자존심은 바보같이 기회를 놓쳐 버렸다는 상처 입은 마음이다.

가장 쿨한 삶을 살고 압도적인 팔로워 문화를 가진 사람들의 공간인 소셜 미디어는 전부 우리의 포모 증후군을 조장하는 데 기반을 둔다.

온라인에서 어지러울 정도로 성공한 사람들의 삶을 보고 있으면 소외되는 것에 대한 두려움이 점점 커진다.

비즈니스 세계에서는 군중 심리가 생길 때 포모 증후군이 최고의 위력을 낸다. 기업이나 산업의 규모가 크면 클수록 관리 부서의 어느 누구도 소외되지 않으려는 경향이 심해진다. 미 자동차 3사 GM, 포드, 피아트 크라이슬러(Fiat Chrysler)가 늘 같은 시기에 재정적 위기를 맞는 것도 이런 이유에서다. 그들은 무리지어 생각하고 행동한다. 너무 많은 관리자가 위험을 무릅쓰고 독창적인 아이디어를 냈다가 모가지가 날아갈까봐 두려워한다. 오늘날 불안한 기업 문화에서 기업의 책임자 대부분은 레밍(야생 쥐의 일종으로 떼거리 근성이 강한 동물.-역주)과도 같다. 맨 먼저 나서서 맨 뒤에 서고 싶어 한다.

내가 포모 증후군을 영업에 잘 활용한 때는 네 명의 미국 대선 후보자와 백악관 입성을 위한 프로젝트를 수행했을 때다. 러시아와 페이스북 간의 사건을 고려해 볼 때, 마지막 대선을 치를 때만 해도 워싱턴의 어느 누구도 미국 대통령 선거에 소셜 미디어를 이용할 생각을 하지 않았다는 것은 실로 상상하기가 어렵다. 러시아의 댓글 부대가 2016년 미국 대선에 개입할 방법을 찾기 4년 전, 나는 《All Politics Is Social: Social Media Engagement Will Decide Election 2012(모든 정치는 소셜하다: 소셜 미디어가 2012 대선을 결정할 것이다)》라는 백서를 출간했다. 주요 대선 후보 중 어느 누구도 대선 자금을 페이스북이나 트위터 광고에 쓰지 않던 그 시절만 해도 소셜 미디어가 정보 통신 통로로써 중요하다는 나의 확고한 생각은 너무 자극적이었다.

그 백서는 내 개인적인 목적을 달성하는 데도 도움이 됐다. 2011년 나는 고객과 자금을 필사적으로 찾던 한 소셜 미디어 광고 스타트업의 CEO였다. 미국 대선 후보자들이 그해에 70억 달러를 쓸 계획이라는 정보를 입수한 나는 거기에서 약간의 이익을 챙겨 보기로 마음먹었다. 그 당시 캠프 관리자들은 대부분의 광고 예산을 TV와 라디오 광고에 썼다. 한 캠프 관리자와 첫 미팅 후 나는 하루 24시간을 압박 속에서 지내는 그들이 새로운 매체에 대해서는 관심도 없다는 걸 바로 알아차렸다.

그들이 마지막으로 대통령 선거 캠프에 참여했던 때는 2007년이었다. 페이스북 사용자 수는 2,000만 명 미만이었고 대부분은 유권자가 아니었다. 가만히 보니 문제는 세 가지였다. '내가 팔려고 하는 것이 무엇인지 아무도 이해를 못했다. 내가 팔려는 것에 아무도 관심이 없었다. 결국 아무도 내가 팔려는 것을 사지 않았다.' 그리고 설령 이 세 가지 문제를 다 해결한다 해도 대부분은 특정 업체의 독점권을 요구하면서 내가 한 명 이상의 대선 후보자와 계약하지 못하도록 했다. 그래서 전략을 바꿨다.

민주당 전국 위원회와 공화당 전국 위원회 각각의 기술 팀 직원들과 미팅을 했다. 로비스트를 고용해 의회에서 인터넷을 조금이라도 아는 사람들과의 미팅을 주선하도록 했다. 그리고 소셜바이브 네트워크(SocialVibe Network)가 ABC, CBS, NBC 같은 TV 방송국과 동일하다는 우리의 의견을 알렸다. 공정한 방식으로 일을 진행하고 싶었던 나는 어떤 상황에서도 독점적으로 한 후보자가 온라인으로 하루에 등록 유권자 1억 명 이상에게 접근할 수 없을 것이라고 양측에 알렸다. 그리고 워싱턴주, 워싱턴 D.C., 조지아주, 텍사스주에 가야 하는 일정 때문에 내가 보스턴에서 질문에 답할 수 있는 유일한 날짜는 어느 날이라며 주지사 밋 롬니 측에 알렸다. 텍사스주 주지사 릭 페리와 조지아주의 티파티 운동가 허먼 케인, 임기 중인 버락 오바마 대통령 측에도 같은 전략을 사용했다.

각 캠프 관리자는 경쟁 후보가 우리 서비스를 사용할 거라고 추측했다. 난 대선 캠페인에 참여한 경험이 전혀 없다. 하지만 소셜 미디어를 사용하지 않는 유일한 관리자가 되면 자신의 커리어가 위태로워질 수 있는 위험한 상황을 감수할 관리자는 아무도 없었다. 내가 네 후보자의 캠프 관리자에게 소셜 미디어에 대해 제대로 설명한 적이 없었음에도, 그들은 모두 내 고객이 됐다. 포모 증후군은 강력한 두려움이다. 그날부터 다른 캠프 관리자들은 하나같이 혼자만 소셜 미디어를 사용하지 않는 사람이 될까 봐 두려워했고, 현재 소셜 미디어는 미국 정치에서 가장 강력한 원동력이 됐다.

이 사례는 우리의 마지막 원초적 두려움인 공개적 망신에 대한 두려움과도 연결된다.

3) '당신만 모른다'는 망신을 예고하라

멍청이 같아 보이는 걸 좋아하는 사람은 없다. 심야 토크 쇼 진행자 지미 키멜은 종종 길거리에 있는 사람을 붙잡고 새로 나온 영화나 음악 밴드에 대해 어떻게 생각하는지를 묻는 몰래카메라를 만들었다. 재미

있는 점은 키멜은 있지도 않은 영화를 지어내서는 앞에 카메라가 돌고 있는 상황에서 인터뷰하는 사람들이 그 영화가 얼마나 좋았는지 극찬하고, 주말에 그 영화를 다시 보러 갈 계획이라고 말하는 모습을 보여 준다는 것이다.

영상에 나오는 이 사람들은 상습적인 거짓말쟁이가 아니다. 전 국민이 보는 TV 방송에서 바보같이 비칠까 봐 두려운 마음이 너무 큰 나머지, 그 영화를 모른다고 시인하기보다는 아는 듯이 행동하는 것이다. 아무것도 안 한 채로 바보처럼 보이면 개인적으로 감수할 위험이 많다고 생각하는 사람들의 마음을 알아챘다면 당신은 계약을 성사시킬 수 있을 것이다. 내가 대선 캠프 관리자들에게 했던 것처럼 말이다.

항상 과거에 얽매어 있고 지나간 실수만 생각하는 것은 앞으로 전진할 수 있는 현재의 시간과 에너지를 빼앗을 뿐이다. 이는 심리학을 전공하지 않아도 모두가 아는 사실이다. 하지만 당신이 과거로부터 배울 수 있는 교훈을 모른 체한다면 발전은 없다. 걸음마를 배우는 아기는 넘어질 것을 두려워하지 않는다. 마침내 방법을 터득할 때까지 안 되는 방법을 계속 시도한다. 이는 동굴에서 거주하던 인류가 어떻게 달까지 가서 작은 걸음을 내디뎠는지를 보여 준다. 기업가들은 미래 지향적이어야 하고 두려움을 활용해야 한다. 우리는 미래를 향한 비전을 달성 가능한 목표로 바꾸는 꿈은 꾸는 사람들이다.

부정적 감정을 규정하고 동기로 바꿔라

생각이 길면 용기가 사라지는 법이다

빈 클랜시와의 실험을 시작했을 때 나는 그가 과연 1년 안에 100만 달러를 벌 수 있을까 의심했었다.

'1년 만에 홈리스 인생에서 미래에 끄떡없을 인생으로의 인생 역전.'

이 대단한 목표를 달성하지 못할 경우 외견상 내가 바보처럼 보일까 봐 두려웠던가? 물론 두려웠다. 그렇다고 그 의심이 내 발길을 멈추게 했는가? 절대.

빈은 '월드 베스트 에이전시' 론칭에 대한 두려움이 컸다.

'고객을 유치할 수 있을까? 자신이 고객들의 성공을 돕는 조력자가 될 수 있을까? 혜성처럼 등장한 가상 화폐 공개 시장이 바람처럼 사라지지는 않을까?'

내가 빈에게 높이 사고 싶은 부분은 이 모든 불안을 제치고 그가 가장 크게 걱정한 부분은 자신의 멘토를 실망시킬까 봐, 성공을 위한 이 유일한 기회를 잃을까 봐 두려워했다는 것이다.

멘토링을 하는 동안 나는 빈에게 두려움에 대해 한 번도 언급할 필요가 없었다. 그는 이미 가족과 친구들에게 우리의 프로젝트에 대해 알린 터였다. 영국인으로서 공개적인 망신에 대한 두려움이 자신의 개인적 의심보다 더 컸다. 첫 번째 달의 성공으로 빈의 자신감 또한 한층 더 커졌다.

2개월 차 누적 매출: 14만 617달러

두 번째 달 말에는 8만 26달러의 수익을 추가로 내면서 그의 예상치를 넘었고, 연초 누계 총 수입을 14만 617달러까지 끌어올렸다. 첫 두 달을 성공적으로 보냈으니 빈이라면 앞으로 겪을 어떠한 좌절도 이겨낼 수 있는 정신적 기술을 갖고 있을 거라 기대했다. 다만 실패의 그림자가 그를 그렇게 빨리 덮칠 거란 건 예상하지 못했다.

제4장

실패하면 된다

리스크는 최소화하고
성공은 최대화하는 습관

FUTURE
PROOFING YOU

Twelve Truths for Creating Opportunity, Maximizing Wealth,
and Controlling Your Destiny in an Uncertain World

그녀를 멈출 수 없었다.
실패나 의심이 없었기 때문이 아니라, 그럼에도 계속했기 때문이다.

보 태플린(오스트레일리아의 저술가)

억만장자가 된 사람들이
반드시 경험하는 것

진공청소기의 역할은 모름지기 먼지를 빨아들이는 것이다. 1979년 한 젊은 선박 디자이너는 세계에서 최고로 강력하다고 알려진 진공청소기를 써 본 후 너무 짜증이 났다. 먼지를 빨아들이는 대신 그의 작업실 바닥 주변으로 먼지를 밀어내는 게 전부였기 때문이었다.

한 목재소에서 사이클론 분리기를 사용해 톱밥을 빨아들이는 것을 본 후 그는 같은 기술을 진공청소기에 적용할 수 있을지 궁금했다. 대박을 예감한 그는 직장을 그만두고 기능이 실제로 작동하는 시제품을 재빨리 만들었다. 그런데 시제품은 몇 가지를 보완해야 할 필요가 있었다. 그로부터 5년간 그는 저축한 돈을 털어 먼지 봉투가 필요 없는 백리스 진공청소기 시제품을 만들고 또 만들었다. 그의 집념을 지원하기 위해 경제 활동을 한 아내를 제외하고는 모두 그를 손가락질했다. 5,126개의 시제품을 실패한 후 제임스 다이슨은 5,127번째 시제품으로 50억 달러를 벌어들였다. 그의 성공이 더 대단한 이유는 투자자나 주주 한 사람 없이 성공을 이뤘기 때문이다. 다이슨(Dyson)의 사이클론 청소기는 먼지를 말끔히 빨아들이고 제임스 다이슨의 인생 또한 술술 풀렸다.

'칠전팔기'라는 사자성어가 있다. 풀어 쓰면 '일곱 번 넘어져도 여덟 번 일어난다'로, 실패를 거듭해도 굴하지 않고 다시 일어선다는 뜻이다. 회복력에 대한 이 개념이 일본 문화에 얼마나 뿌리 깊이 박혀 있는지, 일본인은 자신들의 회복력이 강하다는 것에 대해 특별난 인식조차 없어서 다른 문화에서도 다들 그렇게 하는 줄 안다. 그런데 불행하게도 이 개념이 일본의 기업 문화에는 해당하지 않는다. 일본에서는 회사가 실패하면 통상 투자자와 직원들을 실망시킨 점에 대해 CEO가 공개적으로 사과를 한다. 그리고 그들은 종종 새로운 직장을 얻기까지 힘든 시기를 보낸다.

시드니 로스쿨의 비교 회사법과 초국가적 회사법 교수이자, 아시아 태평양 지역을 중점적으로 연구하는 류크 노티지는 "실수를 했을 경우에는 먼저 사죄해야 한다는 것이 일본인들의 사회적 기대다"라고 말했다. 실패는 일본의 기업 문화에 아주 뿌리 깊게 제도화돼 있다. 그래서 인지 CEO들은 기자 회견에서 미리 준비해 온 사과문을 낭독하고, 머리를 숙이고 눈물을 보이며 용서를 구한다.

유럽에서 위험을 회피하는 문화가 가장 강한 나라는 독일일 것이다. 효율성이 높으면 제대로 보상받는 반면, 위험을 감수하는 일은 종종 헛되고 바보 같은 짓이라고 여겨진다. 베를린에 있는 스타트업 창업가인 루카스 캄프만은 "독일에서 실패는 하나의 오명으로 여긴다. 아주 큰 문제점이라 할 수 있는데, 이는 창업하려는 사람들의 의욕을 꺾기 때문이다"라고 말했다. 이런 반기업적 편향을 극복하기 위해 캄프만은 더블린에서 기업가들을 초청해 아이리시 스타트업 웨이크(Irish Startup Wake) 행사를 열었다. 행사장의 입구에서 베를린 창업가들은 방명록에 서명한 후 위스키를 마시고 세상을 떠난 회사들을 애도하며 앞서 실패한 창업가들의 경험을 통해 교훈을 얻는 시간을 보낸다.

위험과 실패에 대한 인식 변화를 위해 정부가 지원하는 국가 중 하나는 멕시코다. 학계와 산업계의 지원과 함께 연방 정부는 국립 기업가 주간(National Entrepreneur's Week)이라는 연례 행사를 개최한다. 디스커버리 채널 〈샤크 위크〉와 비슷하게 매년 10월 한 주 동안 멕시코 전체가 스타트업을 축하하는 행사다. 멕시코 대통령과 내가 콘퍼런스에서 한 연설은 멕시코 역사상 가장 많이 스트리밍된 행사가 됐다. 여기에서는 시상식도 진행되고, 스타트업 투자자와 기업가들이 한데 만날 수 있는 자리다.

실패했다는 오명을 극복하기 위해 스타트업을 실패한 경험이 있는 친구들끼리 멕시코시티에 모여 '필터 없는 삶을 살다(We Live Life Without Filter)'를 모토로 해서 만든 '펙업나잇(Fuckup Nights, F.U.N.)'도 있다. 이 실패담 콘퍼런스는 코미디 클럽의 오픈 마이크 나이트 무대처럼 누구나 일어서서 자신의 웃픈 실패담을 이야기할 수 있다.

2012년 이래로 펙업나잇은 전 세계 90개국 320개 도시로 퍼져, 매년 10만 명 이상이 참석하는 행사로 성장했다. 이런 행사는 당신의 스타트업에 필요한 인재를 고용하는 데 좋은 기회이기도 하다. 한 스타트업 창업가는 "펙업나잇은 우리가 실패에 대한 편견에서 벗어나 실패에서 배울 수 있게 도와줬다. 이 콘퍼런스는 우리 팀과 리더들에게 아주 큰 영향을 미쳤고, 회사에서 대화할 때 올바른 분위기를 조성하는 중요한 문화를 형성하게끔 했다"라고 말했다.

이스라엘은 실패에 대한 태도가 건강한 국가 중 하나다. '스타트업 국가'로 불리는 인구 850만 명의 이 작은 나라는 세계에서 1인당 스타트업 수가 가장 많다. 약 1,400명당 한 명꼴로 스타트업과 연관돼 있는 이스라엘에서는 당신이 만나는 사람 모두가 스타트업에서 일하거나 스타트업에서 근무하는 친구가 있거나 둘 중 하나다. 세계적인 소음 제거 솔루션 기업인 실렌티움(Silentium)의 CEO 요엘 나오르는 "자원의 필요나 부족에서부터 모든 것이 시작된다. 그리고 때로는 감당하기 어려운 상황에서 시작된다"라며 이스라엘이 실패를 격려하는 태도는 사막 한복판에 있는 지역 조건 때문에 생겨났다고 말한다.

이스라엘의 스타트업들이 실패를 극복하는 방법 중 하나는 현지의

1년 안에 부자 되는 법

성공적인 진출에 초점을 맞추는 것이다. 텔아비브에 있는 스타트업 웨이즈는 13억 달러에 구글에 매각됐고, 멜라녹스(Mellanox)는 153억 달러에 엔비디아(NVIDIA)로 매각됐다. 많은 이스라엘 스타트업은 일정 규모가 되면 기업 가치를 키우기 위해 미국으로 진출한다. 타불라(Taboola)와 아웃브레인(Outbrain)은 미국 시장에서의 기업 공개를 위해 미국으로 갔다. 웍스(Wix)가 2013년에 기업 공개를 했을 때 주주들은 650%의 수익률을 올렸다. 영국 투자 은행 바클레이스에 따르면, 이스라엘 회사들은 나스닥과 뉴욕증권거래소에서 100억 달러 이상 상장했다. 성공한 이스라엘 스타트업 대부분은 기업 공개를 하는 대신 매각된다. 맥도날드부터 나이키까지 다양한 기업이 이스라엘의 소규모 기업들을 인수했다.

이렇듯 한 공동체가 실패라는 오명만 극복하면, 창업가 세대가 다음 세대들과 지식을 나눌 수 있게 하는 '위험 감수'라는 선순환을 이루게 된다.

더 크게 성공하기 위한 밑거름, 실패를 받아들이는 4가지 태도

영화배우 미키 루니는 이런 지혜로운 말을 했다.
"성공하기까지는 항상 실패를 거친다."

즉 성공을 위해서는 실패를 극복해야만 한다. 다음 네 가지 방법은 당신이 실패를 받아들이고, 이를 발판 삼아 더욱 발전하도록 도와줄 것이다.

1) 하는 일에 애정을 가져야 한다

일을 하면서 새로운 무언가를 배웠다면 그것이 어떤 경험이었든 후회하지 마라. 실패는 피할 수 없는 일이자 성공으로 가는 중요한 과정이라는 점을 고려한다면 실패를 사랑하는 방법을 배워야 한다. 당신은 성공을 맛보기 전까지 수많은 실패를 경험할 것이다. 많은 사람에게 이는 이해하기 어려운 사실이다. 먼저 어둠을 경험하지 않고서는 일출이 주는 장엄한 아름다움을 감상할 수 없듯이, 장애물을 극복했을 때의 성취감을 느껴 보지 못한 사람은 성공의 기쁨을 절대 제대로 만끽할 수 없을 것이다.

내가 생각하기에 부호 가문의 2세대, 3세대는 가장 불행한 사람들이다. 자신의 힘으로 뭔가를 이룬 경험이 전혀 없기 때문이다. 성공은 도착지가 아니라 여정이다. 실패는 성공으로 가는 여정에서 지나는 정류장과 같다. 실패를 받아들이는 법을 배우고, 일련의 과정에서 실패의 역할을 인지해라.

2) 늘 자신감을 가져라

놀라운 재능보다는 놀라운 태도가 당신을 더 성장하게 할 것이다. 당신이 실패했다는 뜻이 아니다. 성공으로 가는 이 하나의 길에서 실패한 것뿐이다. 다음에 시도할 때는 기대한 만큼의 결과를 낼 수 있다. 늘 자신감을 가진 사람은 최고의 자리에 올라도, 바닥을 쳐도, 또는 그 두 지점 어딘가에 있어도 같다.

오해하지 마라. 당연히 우울한 기분이 들 때도 있다. 하지만 당신의 감정을 수용해라. 아이리시 스타트업 웨이크 행사가 독일인 참석자들에게 준 교훈처럼, 실패한 것을 애통해할 수 있다. 그런 감정을 느끼는 것 또한 치유 과정의 일부다. '행동 심리학적 의사 결정 저널(Journal of Behavioral Decision Making)'의 2017년 한 연구에 따르면, 자신의 감정을 수용함으로써 미래 지향적인 해결책을 더 적극적으로 찾을 수 있다고 나타났다.

3) 전진하기 위한 스트레스 해소법을 터득해야 한다

실패로 인해 스트레스를 받으면 사람들은 정크 푸드로 폭식하거나 폭음으로 풀려는 경향이 있다. 그 대신 건강한 대처 목록을 만들어 책상이나 벽같이 눈에 잘 띄는 곳에 붙여 놔라. 따뜻하게 거품 목욕 하기, 심호흡 요가하기, 강아지와 놀기, 친구와 수다 떨기는 훌륭한 대처법이다. 실패를 극복하기 위한 열쇠를 찾으려고 골몰하던 상태는 싹 떨쳐 버리고 앞으로 계속 나아가는 것이다.

나에게 최고의 스트레스 해소법은 해변가에서 오랫동안 산책을 하는 것이다. 햇볕을 쬐고 운동을 하는 것과 더불어, 활성 산소를 중화한다고 입증된 음이온으로 가득한 바다 공기는 세포의 신진대사에 활력을 주고, 면역 체계를 향상시키며, 심지어 신경계의 균형을 되찾는다. 로스앤젤레스에서 살면서 누리는 즐거움 중 하나는 파도를 보는 것인데,

파도 소리는 마음을 안정시키고 머리를 맑게 해 준다. 파도는 내 마음의 진정한 안식처다.

4) 실패했다고 포기하지 마라

성공에서 겨우 몇 발자국 떨어져 있는 것일 수 있다. 가진 돈을 모두 잃었다 해도, 실패한 후 처음부터 다시 시작하는 것은 아니다. 당신은 실패를 경험하면서 다음에 더 잘 준비할 수 있는 값진 지식과 노하우를 얻었다. 비디오 게임 하나를 통달하기 위해서, 게임의 마지막 단계까지 올라가기 위해서, 당신이 사용하는 전략에 대해 잠시만 생각해 봐라. 게임에서 매번 당신이 '죽을' 때마다 마지막 판에서 당신을 물리친 장애물을 어떻게 대응하고 극복해야 하는지를 배운다. 몇 번이고 다시 시도한다면 마지막 판은 결국 승리에 굴복하게 된다.

알리바바를 세우고 460억 달러 이상의 개인 재산을 축적하기 전, 마윈은 대학 입학 시험에 3번이나 낙방했다. 대학을 졸업한 후에는 취직하기 위해 KFC에서 면접을 봤지만 전체 지원자 24명 중 혼자만 불합격했다.

2000년 홍콩에서 열린 디지털 뮤직 콘퍼런스에서 내가 마윈을 처음 만났을 때 그는 중국 기업들을 위한 웹 사이트를 이미 5년째 만들고 있었고, 알리바바를 론칭한 지는 얼마 되지 않았다. 중국에는 아직 광대역 통신망이 없었지만 마윈은 이 커머스의 미래에 대한 비전을 갖고 있었다. 그는 엔지니어가 아니다. 대신 실패도 그를 멈출 수 없고, 심지어 저지할 수조차 없는 특별한 에너지를 장착하고 있는 인물이다. 알리바

바가 2014년 뉴욕증권거래소에서 기업 공개를 했을 때, 이는 미국 역사상 최대 규모의 기업 공개였다. 마윈은 자신이 하는 일을 진심으로 사랑하고, 자신의 실패를 진정으로 수용한다.

2021년 기준 래리 엘리슨은 세계 갑부 7위지만, 누구 하나 자신의 비전을 믿어 주는 사람이 없었을 때 오라클의 도산을 막기 위해서 집을 담보로 대출을 받아야 했다. 또한 3억 달러 이상에 매각된 〈허핑턴 포스트〉를 설립한 아리아나 허핑턴은 작가로 성공하지 못했다. 20대 때 그녀는 36군데 출판사에서 원고를 거절당했고 포기 직전까지 갔었다. 그녀를 견디게 한 유일한 힘은 은행 융자였다. 월트 디즈니, 빌 게이츠, 에이브러햄 링컨, 레이디 가가, 조지 포먼, 헨리 포드 모두 성공하기 전에는 빈털터리였다. 파산, 빚, 실패를 이겨 내고 재기한 유명 인사들의 이야기는 백과사전을 가득 채울 수 있을 정도다.

리스크를 관리하고 실패할 가능성을 줄여라

실패를 극복하는 것도 좋지만 처음부터 실패할 가능성을 줄이는 것도 훌륭하다.

1) 소규모 사업체의 42%가 실패하는 이유

그들이 제공하는 서비스나 제품이 시장에서 필요가 없기 때문이다.

이 문제점은 아무도 원하지도 않고, 찾지도 않는 무언가를 론칭하는 데 시간과 자원을 쓰기 전에 시장 테스트를 함으로써 피할 수 있다.

당신의 고객을 식별해라. 그들과 이야기해라. 그들이 무슨 이유로 당신의 제품을 좋아하는지 싫어하는지를 알아내라. 고객의 피드백은 당신의 시간과 돈을 절약해 준다. 어떤 사람들이 당신 제품에 지갑을 열 준비가 돼 있는지를 모른다면 절대 비즈니스를 성공할 수 없을 것이다. 스티븐 코비는 자신의 책 《성공하는 사람들의 7가지 습관(The Seven Habits of Highly Effective People)》에서 "피드백을 받기 위해서는 겸손이 필요하다. 그리고 그걸 이해하고 분석하고, 반영해서 행동하기 위해서는 지혜가 필요하다"라고 적었다.

2) 소규모 사업체의 29%가 실패하는 이유

현금이 없어서다. 회사의 번 레이트(burn rate: 신생 기업의 경비 지출 속도-역주)를 계획해라. 당신 회사는 매달 얼마의 돈을 지출하는가? 간단하게 당신이 모아 놓은 자금의 액수를 회사 운영에 드는 월별 비용으로 나누면 사업이 이륙하거나 추락하기 전 몇 개월 동안 운영 가능한 활주로가 얼마나 남았는지를 알 수 있을 것이다.

추정치를 낼 때는 너무 낙관적으로 접근하지 말고 현실적으로 산정하라. 많은 사람이 기업가를 순진한 낙관론자로, 혹은 제정신이 아닌 사람으로 생각한다. 반대로 내가 만난 성공한 기업가들의 대부분은 성공하기 위해 자신의 두려움을 수용한 비관론자들이다. 그들은 최악을 대비하고 실패를 해도 거의 실망하지 않는다. 스타트업 행사와 이벤트에 가서 다른 창업가들과 대화해라. 당신보다 먼저 그 길을 걸은 그들의 실수에서 교훈을 얻어라. 당신이 할 수 있는 비즈니스에 대해 많이 생각할수록 낭비하는 돈이 줄어들 것이다. 그렇지 않으면 시장은 당신의 무지함을 처절하게 깨우쳐 줄 것이다.

3) 소규모 사업체의 나머지 29%가 실패하는 이유

마지막 실패 요인은 나는 도저히 이해할 수 없는데, 비즈니스 모델도 없이 계속 돈을 소비하는 것이다.

시리는 수익 창출에 대한 어떠한 방안도 없는 상태에서 2억 달러에 애플에게 매각됐다. 인스타그램은 비즈니스 모델이 없었는데도 10억 달러에 페이스북에 매각됐다. 어떻게 수입을 창출할지에 대한 생각이 없는 스타트업에 투자하는 벤처 캐피털도 있다.

하지만 나는 반대 입장이다. 시리와 인스타그램은 극히 드문 블랙스완이다. 이는 기존 비즈니스를 갖고 있는 인수 기업이 수익을 내는 데 필요한 수단이었던 것이다. 앞으로 예외는 더 많이 생길 테지만, 나는 현금 지출만 하고 수익은 내지 않는 창업가에게 내 미래를 걸진 않을 것이다. 수익을 창출하지 않는다면 그건 자선 단체이지 비즈니스가 아니다.

비즈니스를 처음 시작할 때 당신이 얼마나 빨리 수익을 창출할 수 있는지 알 필요는 없다. 하지만 적어도 당신이 가고자 하는 길의 방향은 알고 있어야 한다. 제프 베이조스가 다른 직원도 없이 혼자 달랑 컴퓨터 하나로 시작했을 때 그는 아마존의 비즈니스 모델이 무엇인지 알고 있었다. 제프 베이조스는 이 커머스를 지배하기 위해서는 아마존이 인프라에 대한 막대한 투자가 필요하다는 것을 알았고, 투자자들은 그가 1조 달러 왕국을 만드는 데 필요한 시간과 자금을 지원했다.

베이조스는 거의 10년 동안 수익을 창출하지 못했지만 자신의 비즈니스 모델의 파워를 입증한 후에는 마침내 세계 최고의 부호가 됐다. 바꿔 말하면, 베이조스는 세계적인 부호가 되기 전까지 계속 돈을 잃었다는 것이다. 아마존이 이룬 성공이 모두 이 책에서 말한 15가지 방법에 기반을 둔 것을 고려해 보면, 그는 진정하게 자수성가로 부자 된 이야기의 주인공이다.

당신이 실행 가능한 계획을 갖고 있다면 투자자들은 기다려 줄 것이고 당신이 실패하도록 내버려 두지 않는다. 하지만 비즈니스 모델을 구축하기도 전에 돈을 다 써 버리는 것은 마치 사막을 건너기도 전에 무거운 물통의 무게를 줄이려 물통에 담긴 물을 다 마셔 버리는 것과도 같다.

하버드 경영 대학원에 따르면, 이 밖에 흔한 실패 요인은 모두 초보자들이 하는 실수다. 경쟁사를 과소평가하는 것, 가격을 잘못 책정하는 것, 마케팅 전략을 부실하게 세우는 것 등은 모두 계획만 제대로 세운다면 피할 수 있다. 당신을 더 대담하게 만드는 자료가 있다. 바로 소규모 사업체가 미국 경제에 미치는 영향을 보여 주는 통계 자료다. 미국 경제는 19조 4,200억 달러 규모로 세계 총생산의 25%를 담당하고 있다. 그렇다면 이 막강한 재정 슈퍼파워를 견인하는 주체는 누구일까? 바로 당신같이 소규모 비즈니스를 시작하는 기업가들이다.

실패하는 순간에도 돈이든 지식이든 벌어라

고객과 내가 윈윈하는 제안 방식

빈의 성공을 향한 여정에도 실패가 여러 번 있었다. '월드 베스트 에이전시'는 한 단백질 쉐이크 제조사로부터 고수익의 제안을 받았다. 대규모의 소셜 미디어 팔로워를 구축하고 있는 회사는 오디언스 수와 온라인 구독 판매를 늘리길 희망했다. 빈을 멘토링 할 때 나는 상대가 큰손인 경우 재정적 위험을 감수해야 하는 상황이 오면 그것이 가져다주는 기회에 대해 경계할 필요가 있다고 이야기했다.

빈의 생각에 쉐이크 제조업체의 직판매는 절호의 기회였다. 똑똑한 그는 최종 소비자에게 직접 단백질 쉐이크를 파는 것은 자신의 고객에게 고마진 비즈니스라는 걸 알았다. 그래서 빈은 '월드 베스트 에이전시'의 평소 비용을 청구하는 대신 에이전시의 마케팅 작업을 하고 거기에서 창출한 총수익의 일부를 갖는 방식의 지불을 원했다. 고객과 윈윈하는 제안이었다. 그렇게 되면 빈은 제품을 성공적으로 판매하기 위해 100% 노력을 할 것이고, 양쪽 회사는 완벽하게 같은 목표점을 바라보게 되는 것이다. 빈이 매출액을 관리했기 때문에 자신의 고객에게 사기를 당할 일도, 보수를 제대로 못 받을 일도 없었다. 불미스러운 일은 생길 수가 없었다.

마케팅 깔때기는 구축했는데 왜 구매 전환이 안 될까?

빈은 온라인상에서 정확한 오디언스를 겨냥하고, 자신의 광고에 높은 사용자 클릭 수를 견인하면서 환상적으로 일을 해냈다. 그런데 클릭이 판매로 이어지질 않았다. 빈은 타깃을 다시 설정하고, 세일즈 깔때기를 조정하는 작업을 계속했다. 이 정교한 조정 작업으로 사용자 클릭 수가 지속적으로 오르긴 했으나, 판매율을 높이는 데는 아무런 효과가 없었다. 빈이 원한대로 사람들은 광고 앞에 멈춰서 시선을 사로잡는 광고를 봤다. 그런데 쳐다보기만 하고 제품을 구매하지는 않았다. 빈은 다른 고객들을 통해 얻은 수익을 이 문제를 해결하는 데 쏟아부었다. 그런데 빈이 세일즈 깔때기를 구축할 때 빠뜨린 단계가 하나 있었으니, 바로 제품을 실제로 맛보는 시식 단계였다. 문제는 마케팅이 아니었다. 정말 고약한 맛이었다. 빈이 계약했을 때는 그 회사의 제품을 맛보고 평가한 고객층이 없던 상태였다.

새로운 기회와 더 큰 성공을 불러오는 시행착오 학습

이 대참사에 대해 이야기를 나눌 때 나는 그에게 실패를 통해서 돈을 벌든지 지식을 번다는 걸 다시 한 번 상기시켰다. 이번 실패로 그는 무엇을 배웠을까? 그의 통찰력 있는 대답은 기발함 그 자체였다. 쉐이크 회사의 성공을 위해 너무 많은 재정을 쏟아부은 덕분에, 과거 어느 프로젝트보다 훨씬 더 많은 시간을 할애해서 더 완벽한 세일즈 깔때기를 구축할 수 있었다는 것이다. 그는 온라인 이 커머스에서 하늘의 별따기인 사용자 클릭 수를 놀랍도록 늘리는 데 성공한 것이다.

그럼 빈은 이 실패를 교훈 삼아 어떤 기회를 만들어 낼까? 빈의 생각은 맛없는 쉐이크를 마케팅하면서 얻은 소중한 교훈을 기반으로 자신이 직접 만든 상품을 팔아 더 많은 돈을 벌겠다는 것이었다. 그에게는 성공 공식이 있었다. 빈은 자신의 그로스 해킹 전문 지식을 웨비나, 강의, 전자책 《Ace the Game(에이스 게임)》 형태로 각각 담아내기로 했다. 이는 그의 두 번째 수입원이 될 것이었다. 빈은 자신이 만들고 품질 관리를 한 상품을 최종 소비자에게 바로 팔아서 수익의 100%를 전부 손에 넣을 수 있을 것이었다.

그가 쓴 전자책은 발간한 지 첫 2주 만에 4만 5,800달러를 창출했다. 《Ace the Game》이 대박이 나면서 빈은 당장 '월드 베스트 에이전시'를 그만두고 출판업에 전적으로 집중하고 싶어 했다. 사교 생활이라곤 전혀 없이 늘 고객만 응대하는 생활에 그는 지쳐 갔다. 그의 현 위치에서 볼 때 출판사가 주는 이미지는 신나는 소풍처럼 보였다. 고객도, 영업 전화도, 피치 프레젠테이션도 없다. 오직 돈을 찍어 내는 세일즈 깔때기만 필요한 신나는 일로 보였다.

나는 그에게 아직 청구서를 내야 하기 때문에 새로운 경로로부터 직접적 수입이 들어오기까지는 에이전시가 계속 필요하다고 충고했다. 우리가 실험을 시작한 지 100일이 채 되기 전에 빈은 미래가 불분명한 실업자에서 사업체를 두 개나 소유 및 운영하는 사업가로 거듭났다.

3개월 차 누적 매출: 24만 4,111달러
단백질 쉐이크 고객 때문에 시간을 낭비하는 차질이 빚어지긴 했지만 빈의 암호 화폐 마케팅 비즈니스는 꾸준히 성장했다. 그는 에이전시를 운영하느라, 쉐이크 캠페인을 손보느라, 그로스 해킹 강의 계획으로 너무 바빠서 월말 멘토링 시간이 돼서야 겨우 월말 결산 할 짬을 낼 수 있었다. 월말 미팅 전날 밤, 당월 실적을 계산한 빈은 기절할 뻔했다. 우리가 도전을 시작한 지 겨우 석 달째에, 빈은 여섯 자리 수 수익이라는 정신적 장벽을 한 달 만에 허물고, 10만 3,494달러 매출을 기록한 것이다. 다시 말하면 빈은 그 한 달에만 전체 미국인 연봉의 상위 10% 안에 들 만큼 충분한 돈을 벌었다는 이야기다. 그는 미래에 끄떡없을 사람이 되고 있었다.

제5장

자신이 잘하는 것을 하면 된다

자신을 완전하게 이해하고
잠재력을 꺼내는 시간

FUTURE
PROOFING YOU

Twelve Truths for Creating Opportunity, Maximizing Wealth,
and Controlling Your Destiny in an Uncertain World

돌연변이, 이것이 우리 진화의 열쇠다.
돌연변이 덕분에 단세포 유기체인 우리가 지구에서 우점종이 될 수 있었다.
이 과정은 더디기 때문에 보통은 수없이 많은 해가 걸린다.
그런데 수백만 년에 한 번은 비약적인 진화가 일어난다.

영화 <엑스맨> 중에서

마이클 펠프스가
수영 스포츠 역사상 최고의 선수가 된 비결

마이클은 9살 때 주의력 결핍 과잉 행동 장애(ADHD) 진단을 받았다. 그 후 2년 동안 리탈린이라는 약을 복용했다. 11살 그는 약을 복용해야 하는 아이로 낙인찍히는 게 싫었는데, 자신의 과잉 에너지를 수영으로 다스릴 수 있다는 것을 알게 됐다. 어머니와 의사는 그가 수영장에서 보내는 시간에 계속 집중할 수 있다면 약물 복용을 중단하기로 했다. 그리고 겨우 4년 후 마이클 펠프스는 올림픽에 출전했다. 역대 최다 메달리스트인 펠프스는 지금까지 금메달 23개를 포함해 총 28개의 올림픽 메달을 땄다.

펠프스의 슈퍼파워가 수영이라고 생각한다면 오산이다. 그는 승리를 이끌어내기 위해 수년 동안 쉬지 않고 정말로 열심히 훈련했다. 마이클 펠프스의 슈퍼파워는 ADHD이다. 펠프스는 "수영장에서 나는 빨랐다. 수영장에 있으면 마음을 진정시킬 수 있었다. 물속에서 처음으로 나는 제어라는 걸 할 수 있었다"라고 회상했다.

ADHD의 힘을 이용해 성공을 이룬 사람은 펠프스뿐만이 아니다. 독일 뮌헨대학교의 연구진은 2017년 한 연구를 통해 ADHD의 전형적인 증상인 집중력 저하, 자기 조절 능력 부족, 과잉 행동은 혁신과 기업가 정신을 위한 긍정적인 도구들이라는 결과를 발표했다. 연구 논문의 공동 저자인 요한 위크런드 박사는 "ADHD를 가진 사람들은 감각을 추구하는 성향이 강하다. 그래서 이들에게 불확실성은 걱정의 대상이 아니라 매력적인 대상이다. 이들은 미리 계획하지 않기 때문에 결과를 생각하지 않고 바로 행동하는 경향이 있다"라고 말했다.

우리는 모두 특별하다. 사람이 수백만 년 넘게 이어진 특별한 유전적 돌연변이 시리즈의 마지막 결과물이라면, 우리는 분명히 각자만의 특별한 슈퍼파워, 즉 어떤 면에서는 누구와도 비교할 수 없는 막강한 힘을 갖고 있을 것이다. 당신 안에 있는 특별한 무언가가 경쟁력 있는 비밀 무기가 된다는 것이다. 성공하고 싶다면, 부자가 되기로 마음먹었다면 당신이 슈퍼파워를 갖고 있다고 믿어야 한다. 그리고 당신의 슈퍼파워를 활용해라. 그럼 당신도 마이클 펠프스처럼 아무도 이길 수 없는 천하무적이 될 것이다. 여기에서 관건은 슈퍼파워를 잘 활용하기 위해서는 가능한 한 빨리 당신의 특별한 재능을 찾아야 한다는 것이다.

슈퍼파워란 텔레파시나 벽을 관통하는 능력 같은 것이 아니다. 슈퍼
파워는 우리 모두가 갖고 태어난 천부적 재능이다. 어떤 사람에게는 설
득력이나 충만한 자신감일 수 있고, 어떤 사람에게는 조직력이나 뛰어
난 기억력일 수 있다. 합의 도출 능력, 호감도, 자신감, 이타심, 낙천주
의 모두 몇몇 사람은 뛰어난 수준으로 지닌 재능이다. 당신을 특별하게
만드는 것이 무엇인지를 이해하면 할수록, 기회와 부를 창출하는 데 그
것을 사용할 기회가 더 많아진다.

잠들어 있던 슈퍼파워를 깨운
세계의 거인들

내가 아는 성공한 리더들은 모두 자신의 슈퍼파워를 활용했다. 링크
드인 공동 창업자 리드 호프만은 대단한 비전을 갖고 있다. 그는 내가
만난 사람 중에서 그 누구보다도 비즈니스적인 시각으로 미래를 멀리
까지 내다보는 사람이다. 창립자이자 투자자이기도 한 리드는 자신의
놀라운 비전 능력을 활용해 페이팔, 페이스북, 에어비앤비, 링크드인
뒤에서 강력한 힘을 발휘했다.

공직에 출마한 적은 한 번도 없는 한 18세기 정치가의 인생을 그린
818쪽짜리 역사 전기를 혼자서 노래도 하고, 랩도 하는 뮤지컬로 만든
다면? 이게 과연 가능할까? 작곡가이자 작사가인 린 마누엘 미란다는

"작사를 업으로 삼는 것은 인생에서 가장 큰 즐거움 중 하나다. 그것이 내가 가진 슈퍼파워라는 걸 나는 잘 알고 있었다. 시작한 지점은 어느 다른 사람들과 같았다. 그저 음악을 더 듣고 나 자신과 더 많은 말을 했을 뿐인데 어느 순간 보니 그 점이 특별한 기회가 주어질 때마다 내가 뽐낼 수 있는 슈퍼파워였던 것이다"라고 말했다.

브로드웨이에 센세이션을 불러일으킨 뮤지컬 〈해밀턴〉이 퓰리처상, 그래미상, 토니 어워즈에서 11개 부문을 수상한 것은 자신의 슈퍼파워를 갈고닦은 그의 노력에 대한 보상이었다. 그의 파워에 대해 말하자면, 미란다의 〈해밀턴〉은 박스 오피스 기록을 경신했고, 브로드웨이에서는 14억 5,000만 달러에 달하는 티켓 판매로 최고 매출 시즌을 기록했다.

우리는 모두 슈퍼파워를 갖고 태어난다. 나는 아직 슈퍼맨처럼 높은 빌딩을 한 번에 뛰어오르거나, '스톰' 캐릭터처럼 날씨를 다스리는 사람을 만나 보지 못했다. 내가 아는 성공한 사람들은 모두 자신의 슈퍼파워를 갈고닦은 후 비로소 사람들 눈에 띄고, 비즈니스를 유치하며, 강한 인상을 남겼다.

내 친구 마크 고울스톤 박사는 경청의 달인이다. 고울스톤은 이 재능을 연마해서 FBI 인질 협상가들을 교육하고, 자살 기도 환자들을 전문으로 치료했다. 그가 자살을 기도하는 환자들을 오랜 기간 치료하는 동안 한 명의 환자도 생을 마감하지 않았다. 이로써 고울스톤 박사는 자신의 슈퍼파워를 입증했다.

메탈 인터내셔널(METal International)의 창립자인 켄 럿카우스키는 연결의 달인이다. 그는 아이디어를 가진 사람과 그 아이디어를 실현해 줄 수 있는 사람을 연결해 주는 능력을 가졌다. 이것도 슈퍼파워라고 할 수 있느냐고? 켄은 이렇게 사람과 사람을 연결해 주는 비즈니스로 30억 달러가 넘는 거래를 창출했다. 이후부터는 고정적인 직업 없이도 먹고사는 데 전혀 문제가 없었다. 또한 빌 클린턴을 만나 봤거나 함께 일해 본 적이 있는 사람이라면 그의 슈퍼파워는 카리스마라는 데 동의할 것이다. 그는 미소와 악수만으로 사람들을 사로잡을 수 있다. 청각 장애 작가인 시시 벨은 "아주 약간의 창의력과 많은 노력만 있다면 어떠한 다름도 놀라운 무언가로 바뀔 수 있다. 우리 각자가 가진 다름이 바로 우리의 슈퍼파워다"라고 말했다.

다른 사람들이 알아볼 정도로 당신이 특별하다면, 당신은 자신의 운명을 통제할 수 있다. 당신이 무엇을 제공할 수 있는지를 안다면 사람들은 다양한 기회를 들고 당신을 찾을 것이다. 조직력이나 뛰어난 기억력이 당신의 슈퍼파워일 수도 있다. 혹은 당신이 트렌드 스포팅에 뛰어나거나 피칭에 강한 사람일 수도 있다.

스위스 출신 디자이너인 티나 로스 하이젠베르크는 "나의 슈퍼파워는 열정이다. 자신감도 같은 결과를 낼 수 있다고 말하는 사람이 있겠지만 나는 동의하지 않는다. 자신감은 자신에 관한 것이고, 열정은 다른 무언가에 대한 것이다. 자신감은 인상적이라면, 열정은 전염성이 있다. 자신감은 진지하지만, 열정은 재미있다"라고 말했다.

성공한 기업가는 각자 자신의 슈퍼파워를 숙달하는 법을 안다. 리처드 브랜슨은 일반 소비자가 무슨 생각을 하는지를 직감적으로 안다. 억만장자인 마크 큐반의 슈퍼파워는 신선한 사고방식이다. 당신이 알아야 할 사실은 당신의 천부적인 슈퍼파워는 미래에 있을 모든 성공의 기초이자 부의 최대화를 이끄는 열쇠라는 점이다. 내향성이 당신의 슈퍼파워라 해도, 당신의 다름을 인지하고 계발해 최고의 강점으로 만들어라. 《콰이어트(Quiet)》를 쓴 베스트셀러 작가 수잔 케인은 저서에서 "고독은 내가 가진 최고의 슈퍼파워다. 고독은 의사 결정을 효과적으로 할 수 있도록 도와서 확신을 갖고 그 결정에 책임지도록 한다"라고 썼다.

당신 안에 잠든
슈퍼파워를 깨우는 5가지 열쇠

슈퍼파워는 우리를 정의하고 우리를 안내한다. 슈퍼파워는 우리가 인생을 살면서 하는 모든 것에 힘을 실어 주는 재능이자, 우리 각자의 브랜드 역할을 한다. 당신의 슈퍼파워를 빨리 인식하고 계발할수록 당신의 커리어는 더 먼 곳까지 갈 수 있다. 블로거이자 라이프 코치인 나달리 바르도는 "당신의 슈퍼파워를 알면 인생이 바뀐다"라고 말했다. 이제 관건은 당신의 슈퍼파워를 인식해서 그것을 미래에 끄떡없기 위한 토대로 사용하는 것이다. 다음 5가지 질문은 당신이 진정한 슈퍼파워를 찾는 데 도움이 될 것이다.

1) 당신의 천부적 자질은 무엇인가?

분명히 당신의 슈퍼파워는 어렸을 때부터 당신 안에 있었다. 다른 사람들이 당신을 묘사할 때 말하는 특성과 자질들을 목록으로 작성해 보라. 당신이 갖고 태어난 것들을 적어라. 칼릴 지브란은 "당신은 태어날 때 당신이 할 일을 마음속에 갖고 태어난다"라고 말했다.

천부적 재능을 식별하는 것이 어렵다면 반대로 생각해 봐라. 당신이 못하는 것은 무엇인가? 싱어송라이터 스카일라 그레이는 "내가 가진 불안과 결점은 내가 끌어안아야 하는 것이라는 걸 알게 됐다. 그리고 그것이 내 슈퍼파워가 됐다"라고 했다. 그레이는 'Love the Way You Lie'라는 곡 작업에 참여해 노래 가사에 자신의 불안함을 표현했는데, 이 곡이 에미넴의 앨범에 실려 히트를 쳤다. 2010년부터 그녀는 어느 누구보다도 더 많이 에미넴과 함께 작업을 하고 있다.

살면서 도저히 참을 수 없는 부분들이 무엇인지 분석하면 그 이유는 아마 당신의 천부적인 재능과 반하기 때문일지 모른다. 나는 내가 규칙을 따르고 누가 시켜서 하는 것을 싫어한다는 것을 일찍이 알았다. 내 뼛속부터 체계라는 것을 거부하는 것이다. 이를 알고 나서는 직원보다는 사장이 맞는다는 것을 깨달았다. 이처럼 당신의 운명을 통제하는 것은 자아 인식으로 시작한다.

2) 당신이 주변 사람보다 더 잘하는 것이 무엇인가?

겸손한 체하지 말자. 당신이 무엇에 재능이 있는지 당신은 알고 있다. 마이크 타이슨은 "무하마드 알리, 조 루이스, 잭 존슨처럼 저명한

파이터들과 같은 리그에 나를 넣은 게 흥미롭긴 하지만, 내가 권투를 시작한 이래로 인기로는 이미 충분히 그들을 넘어섰다는 걸 입증했다. 나는 스포츠 역사상 최고의 파이터다. 못 믿겠으면 내가 얼마를 벌었는지 확인해 봐"라고 우쭐대며 말했다.

링 위에서 최고 중의 최고를 상대로 싸워야 하는 당신의 인생이 위험에 빠진 상황이라면 당신이 최고의 권투 선수라고 믿어야 한다. 하지만 도전 의식을 북돋거나 성취감을 주지도 않는 일을 하는 것 역시 당신의 인생을 위험에 빠뜨리는 것이다. 당신의 재능을 사용하지 않는 직업은 당신을 성장시키지 않는다. 시간이 흐르면서 그 일은 천천히 당신의 열정을 갉아먹고 꿈을 앗아갈 것이다.

목표는 당신의 천부적인 재능을 갈고닦으며, 열심히 노력해서 그 재능들을 다음 단계로 발전시키는 것이다. 학교에서 어떤 일로 선생님에게 칭찬을 받았었는가? 무언가를 달성하기 위해 어떤 숨겨져 있던 기술을 연마했는가? 당신의 슈퍼파워를 발견하면 그 잠재력을 더 열심히 계발하고 충분히 발휘할 수 있을 것이다. 또한 슈퍼파워를 인식하면 비즈니스 시장에서 당신을 알리는 방법을 개선할 수도 있을 것이다.

존 리브세이는 업계 간행물 광고를 판매하면서 성공적인 커리어를 쌓고 있었다. 인터넷이 등장하고 사람들이 인쇄 매체에 실린 정보를 더 이상 보지 않게 되기 전까지는 말이다. 그는 콩데 나스트(Conde Nast)의 촉망받는 영업 사원이었지만, 출판 산업이 붕괴되면서 일어난 일자리 부족 현상은 모두에게 영향을 끼쳤다. 새로운 직장을 찾기 위해 노력하던 존은 자신이 어떻게 영업 분야에서 성공했는지를 자세히 들여다봤다. 여성 패션이라는 특정 테마에 대한 자신의 전문 지식 때문이 아니었다. 그는 자신이 스토리텔링으로 소통하는 비상한 능력을 갖고 있음을 알게 됐다. 그는 감정의 연결점을 찾아내 영업으로 이어 가는 특별한 슈퍼파워를 갖고 있었다. 자신이 쓴 《Better Selling Through Storytelling(스토리텔링을 통한 세일즈)》 덕분에 그는 세일즈 기조 연설가로 두 번째 커리어를 성공적으로 쌓기 시작했다. 자신의 슈퍼파워를 발견한 리브세이는 자신의 세일즈 스토리텔링 기술을 시장에 내놓았고 유일무이한 동기 부여 연설가가 될 수 있었다.

은퇴를 하고 구멍가게를 운영하는 제리 셀비는 어렸을 때 수학 도사였고 웨스턴미시간대학교에서 수학을 전공했다. 그런데 인구 1,900명인 자신의 고향 에바트에서는 졸업장이 거의 쓸모가 없었다. 그는 아내와 함께 중심가에서 17년 동안 구멍가게를 운영하다가 가게를 접었다. 2003년 옛 가게를 찾은 그는 '윈폴'이라는 미시간주가 주관하는 새 복권 게임에 대한 책자를 보게 됐다. 1등 당첨자가 없을 경우 다음 회차에 상금이 이월되는 메가 밀리언스와 달리, 윈폴은 상금을 하위 당첨자들에게 주는 룰이 있었다. 숫자 여섯 개를 모두 맞춘 사람이 없을 경우 하위 당첨자들이 거액의 상금을 받는 것이었다.

제리가 이 복권의 허점을 발견하는 데 걸린 시간은 겨우 3분이었다. 그는 네 개의 숫자 조합이 가능한 모든 복권을 살 경우를 예로 들어 설명했다.

"만약 복권을 1,100달러 치 구매하면, 이론상으로 네 개 숫자를 한 번

맞출 수 있고 그럴 경우 1,000달러를 벌 수 있다. 암산 결과를 근거로 1,100을 57이 아닌 6으로 나눴더니 18이라는 숫자가 나왔다. 그 결과 세 개 숫자를 맞출 확률은 18번에서 19번이 될 것이고, 그럴 경우 각각 50달러를 벌 수 있다. 나는 네 개 숫자를 18번 맞춰 1,000달러를 벌었고, 세 개 숫자를 18번 맞춰 각각 50달러씩, 총 900달러를 벌었다. 그래서 결과적으로 1,100달러를 투자해서 1,900달러의 수익을 낸 셈이다."

이론적으로 볼 때 돈을 잃을 확률은 없었다. 몇 주 동안 계속 복권에 당첨된 후 그는 친구들에게도 알려 함께 수익을 봤다. 그는 6년 동안 이런 식으로 복권 당첨금으로 2,600만 달러를 벌어들였다.

3) 무엇이 당신의 마음을 뺏는가?

시간을 통제하는 능력은 꽤 놀라운 슈퍼파워인데, 우리 모두 계속 하는 것이기도 하다. 시간을 통제하는 캐릭터 '플래시'의 초능력에 대해 꿈꿔 본 적이 있을 것이다. 시간을 사라지게 하는 건 전혀 다른 개념이다. 다른 사람에게 "시간 가는 줄 몰랐다"며 미안하다고 말할 때 당신은 무엇에 마음을 뺏겼기에 시간이 가는 줄 몰랐나? 어떤 사람에게는 그림을 그리거나 곡 작업 같은 취미 생활일지 모른다. 그런데 말 그대로 시간이 사라질 정도로 당신 마음을 뺏는 슈퍼파워라면 그건 당신의 취미가 아니라 직업이 돼야 맞지 않을까?

마사 스튜어트는 41세까지 월스트리트에서 일했지만, 평소 동료와 친구들을 저녁 파티에 초대하는 걸 너무 좋아해서 재미 삼아 케이터링 사업을 부업으로 시작했다. 그리고 자신이 좋아하고 즐기는 주제에 대해 쓴 《Entertaining(엔터테이닝)》을 출간했다. 완벽한 행사를 여는 데 열정적이었던 그녀는 자신의 슈퍼파워를 이용해서 600달러에 달하는 부를 축적하는 데 성공했다.

리더십 컨설턴트 데이비드 다이는 "어떤 사람이 중요하게 생각하는 게 무엇인지 알고 싶으면 그 사람의 일정표와 수표책 이 두 가지를 보면 된다"라고 말했다. 지난 몇 년간의 일정표를 되짚다 보면 당신이 어디에서 어떻게 즐거운 시간을 보냈는지를 한눈에 볼 수 있다. 지속적인 부를 창출하고 싶다면 당신의 몸과 마음이 향하는 쪽으로 가면 된다.

찰스 슈왑(Charles Schwab)에서 프로그래머로 일하던 크레이그 뉴마크는 해고당한 후에도 여전히 코딩을 개발하며 시간을 보내기를 좋아했다. 사실상 그건 그의 취미였다. 직장에서 만난 개발자 친구들과 연락을 하고 싶었던 그는 친구들이 좋아할 만한 지역 행사 목록을 볼 수 있는 게시판을 만들었다. 게시판을 보는 사람이 점점 더 많아지자 뉴마크는 채용 공고를 포함해 다른 주제의 콘텐츠도 추가했다. 현재 월 500억에 달하는 조회 수를 자랑하는 크레이그리스트(Craigslist)에는 100만 개 이상의 채용 공고가 있다. 그가 마음을 뺏긴 취미 덕분에 크레이그는 억만장자가 됐다.

4) 친구들이 당신에게 무엇에 대해 조언을 구하는가?

이 사실에 놀랄지도 모르겠지만 당신과 가장 많이 교류하는 사람들, 즉 당신의 친구, 가족, 직장 동료들은 당신의 슈퍼파워가 무엇인지 이미 알고 있다. 당신이 강한 분야에서 그들이 고민이 있을 때마다 도움을 요청할 것이다.

기업들의 자금 마련을 돕는 데 10년 이상을 보낸 투자 은행가 오렌 클라프는 기업가들이 자금 관련 외에도 미래 투자자와 고객들을 어떻게 설득하는지 조언을 구하려 끊임없이 자신을 찾는다는 사실을 알았다. 클라프는 "당신의 피치가 마음속에서 삼천포로 빠지기 전까지 당신에게 주어진 시간은 딱 5분이다"라고 경고한다. 클라프의 슈퍼파워는 피칭이다. 그에게 피칭이란 기술이자 과학이다. 그의 책《Pitch Anything(아무거나 던져라)》는 금메달 감으로 아마존 베스트셀러가 됐다.

캔자스시티에서 평범하게 직장 생활을 하는 제임스 피스와 수잔 피스에게 유일한 행복은 유럽 배낭여행을 준비하는 것이다. 제임스는 "사람들이 조언을 구하려고 보낸 이메일을 읽고는 무릎을 탁 쳤다"라고 회상했다. 블로그 새비 백패커(The Savvy Backpacker)는 두 사람의 새로운 풀타임 직장이 됐다. 이 여행 마니아 부부는 블로그 운영을 성공적으로 하면서 유럽의 다양한 도시를 저예산으로 여행할 수 있도록 가이드북을 출간하고 있다.

왜 친구들이 당신에게 조언을 구하는지 모르겠다고? 그럼 친구들에게 물어봐라.

5) 돈이 아니었다면 무엇을 했겠는가?

돈이라는 요소를 빼면 당신의 슈퍼파워를 찾는 건 시간문제다. 너무나 많은 사람이 열정을 좇기 위해서는 부자가 될 때까지 기다려야 한다고 믿는다. 사실은 그들을 부자로 만들어 주는 건 그들의 열정인데 말이다. (이것은 다음 장에서 자세히 다루겠다.)

음반 회사의 경영 간부로 있을 때 나는 전 세계적으로 유명하고 재능 있는 뮤지션들과 함께 일할 기회가 있었다. 시간이 지나면서 한 가지 알게 된 사실은 부와 명성을 위해 사업에 뛰어드는 부류와 돈 한 푼 주는 이가 없어도 음악을 해야만 하는 부류, 아주 다른 두 부류의 아티스트들이 있다는 것이다. 전자는 오래가지 못하고, 후자는 우리 세상을 풍요롭게 해 준다. 에미넴은 "음악은 나를 치료해 주는 뗄 수 없는 존재다. 음악이 없으면 나 자신을 사랑할 수 없는 자기 혐오에 빠지게 된다"라고 설명한다.

"아이들은 모두 예술가다. 어른이 돼서도 그 예술성을 어떻게 지키느냐가 관건이다"라고 말한 파블로 피카소는 어릴 적 예술성에 한평생 충실하려고 노력한 예술가다. 그는 부자가 되려고 그림을 그리지 않았다. 자신만의 예술 세계에 몰두할 때 돈이 같이 따라왔다.

피카소는 아니지만 나는 어릴 때부터 수채화 그리는 걸 좋아했다. 그림을 그릴 때면 시간은 멈춰 버리고 나는 그림을 그리는 데만 집중한다. 수채화는 물감이 종이를 적시는 찰나에 움직임이 허락되지 않는 하나의 표현 방식이기 때문에 고도의 집중력이 필요한 작업이다. 쉬지 않고 연달아 보내는 6시간, 8시간, 10시간은 중목 코튼지 한 장에 고스란히 담긴다. 기업가로서 바쁘게 사는 일상에서 그림을 그리는 시간은 세상으로부터 정신이 잠시 휴식하는 기회.

코로나19 팬데믹이 전 세계를 휩쓸었을 때 몇 개월을 집에만 있어야 했다. 해외 연설 일정도 모두 취소됐고 회의는 줌 화상 회의로 대체됐다. 경제 수입에 상당한 손실이 있었지만, 나는 성장 마인드셋을 갖고 내가 당면한 새로운 현실에서 긍정적인 면을 보기로 했다. 자가 격리를 시간의 선물로 여기기로 한 것이다. 그래서 나는 소셜 미디어에 다른 사람들에게 영감을 주기 위해서 매일 수채화를 한 편씩 올리겠다고 알렸다. 그리고 100일 동안 하루도 빠짐없이 그림을 올렸다. 집중과 연습 덕분에 붓을 다루는 기법이 향상됐고, 매일 팔로워들이 주는 피드백이 참 감사했다.

자신을 표현하기 위해 음악을 만들 수밖에 없던 록 스타들처럼 이후에 벌어진 일은 놀라움 그 자체였다. 내 작품이 전 세계로 퍼지자 갤러리 관장과 아티스트 에이전트들이 연락해 온 것이다. 수집가들로부터 작품을 의뢰받는가 하면, 심지어 뉴욕의 명망 높은 리샤르 태팅제르 갤러리로부터 단독 전시회 제안도 받았다. 어릴 때부터 잠자고 있던 나의 슈퍼파워를 분출해 새로운 수입원을 만들어 낸 것이다. 사실 그동안 계속 그림을 그리긴 했었다. 하지만 코로나19가 만들어 준 강제 격리가 아니었다면 예술가로서의 길을 걷는 용기를 절대 낼 수 없었을 것이다.

빌 게이츠의 슈퍼파워는 문제 해결력이다. 이 슈퍼파워는 그가 마이크로소프트를 설립하고 막대한 부를 창출하게 했다. 세계 최고 부호가 되고 난 후 돈을 더 버는 것이 더 이상 중요하지 않게 되자, 그의 슈퍼파워는 빌 앤드 멜린다 게이츠 재단을 운영하며 소아마비와 빈곤 퇴치

1년 안에 부자 되는 법

같은 중대한 문제들을 해결함으로써 발휘됐다. 물론 다른 많은 자선가처럼 수표에 서명하는 것으로 끝낼 수도 있지만, 그건 빌 게이츠와 세계가 그의 슈퍼파워를 잘 활용할 기회를 빼앗는 셈일 것이었다. 그렇지 않고서는 어떻게 세계 최대 부호 중 한 사람이 물 없는 화장실을 만들어 깨끗한 물에 접근하기도 어려운 수백만 명을 돕는 데 달리 시간을 쓴다는 걸 설명할 수 있을까? 2017년 빌 게이츠는 소아마비 퇴치를 위해 30억 달러를 쓴 뒤 "소아마비와의 싸움에서 이뤄지고 있는 개선은 세계 보건 분야의 일급비밀 중 하나일 것이다. 분쟁 지역에서 상황이 안정화된다면, 올해를 마지막으로 인류 역사상 소아마비를 더 이상 볼 수 없을 것이다"라고 말한 바 있다.

미국 철학자 앨런 와츠는 "비참하게 오래 사는 것보다 좋아하는 일을 마음껏 하며 짧게 사는 것이 낫다. 그런데 당신이 싫어하는 일을 하며 시간을 보내는 건 아주 바보 같은 짓이다. 결국에는 당신이 싫어하는 걸 사기 위해 돈을 벌고, 싫어하는 일을 하고, 또 아이들에게도 같은 길을 가라고 가르친다"라고 말했다.

당신의 슈퍼파워에 대한 믿음이 있으면 미래에도 끄떡없을 투지와 회복력을 갖는 것이 더 수월해진다. 당신이 특별한 경쟁력을 가졌다는 것을 알면, 카드로 만든 집처럼 좌절을 만났을 때 무너지는 입증 안 된 낙관주의자로 사는 대신 어떠한 장애물에도 영향을 받지 않는 의지력을 키울 수 있다. 그리고 단숨에 높은 빌딩을 한 번에 뛰어 오를 수 있을 것이다.

슈퍼파워와 반대되는 약점을
마주하고 인정하고 보완하라

당신의 슈퍼파워를 찾았으니 이제 당신의 약점을 알아볼 차례다. 슈퍼맨은 거의 무한한 힘을 가졌지만 크립토나이트가 유일한 약점이다. 어느 누구도 막강한 힘을 지니고 만능일 수는 없다. 우리는 모두 각자의 강점과 반대되는 약점과 사각지대를 갖고 있다. 제임스 우슬리는 자신의 책《Simple Strategic Planning for You and Your Business(기업가의 약점을 정복하라)》에서 "종종 우리가 어려워하는 것들이 우리의 위대한 성공의 토대가 된다. 당신의 약점과 함께 살아가든지, 그것을 정복하든지 둘 중 하나다. 다른 사람이 하지 않는 것을 해라. 그럼 분명히 전략적으로 이점을 달성할 수 있을 것이다"라고 말했다.

나는 내 약점을 마주하고 인정하는 데 수년이 걸렸다. 나는 큰 그림을 볼 수 있다는 장점이 있지만, 핵심적인 세부 사항을 보는 데는 약한 사람이다. 큰 기관들을 효율적으로 돌아가게 하는 절차와 서류 업무들 속에서 나는 늘 길을 잃곤 한다. 복잡한 비즈니스 거래들을 머릿속에서 구조화하는 건 할 수 있지만, 서명해야 할 계약서 원본은 절대 내 책상에 두지 않는다. 못 찾을 것이 분명하기 때문이다.

나는 크립토나이트의 힘을 분산하기 위해 조직적으로 잘 정리된 팀을 꾸린다. 너무나 많은 창업가가 편하다는 이유로 부하급 직원들을 고용하는 실수를 범한다. 당신의 약점을 파악하고 그것을 단단히 보완해 줄 팀을 꾸려라. 배트맨에겐 로빈이 있었다. 슈퍼히어로들에게도 가장 취약한 약점을 최대 강점으로 바꾸는 데 도움을 주는 조력자가 있다.

어느 무엇도 자신을 정복하는 것보다 더 세계를 정복하고 싶게 만들지는 않을 것이다. 플라톤은 아리스토텔레스에게 "첫 번째, 그리고 최대의 승리는 자기 자신을 정복하는 것이다"라고 조언했다. 당신 내면의 약점을 정면으로 마주하면 당신 인생의 모든 것은 수용할 수 있음을 깨닫게 된다. 그리고 더 새롭고 어려운 도전들을 해결해 나갈 수 있는 자신감과 힘을 다시 얻을 것이다. 의심을 극복하고 한계를 없애며 전에는 극복할 수 없을 것처럼 보였던 것에 대한 두려움도 사라질 것이다.

영화배우 브루스 윌리스는 말더듬 증상 때문에 학창 시절을 어렵게 보냈다. 윌리스는 "말을 거의 못했다. 문장을 하나 완성하는 데 3분이 걸렸다. 나 자신을 표현하고 싶은데, 말을 하고 싶은데, 그럴 수 없었으니 참담했다. 그런데 연극에서 다른 사람이 되어 연기를 해 보니 그 증상이 사라졌다. 정말 놀라웠다"라고 회상했다. 윌리스는 학창 시절 친구들 앞에서 연기를 하면서 자신의 크립토나이트를 정면으로 부딪쳤다. 대학에서 연극 수업 교수는 그에게 언어 치료를 받아 볼 것을 권유했고, 이는 훗날 그를 〈다이 하드〉의 스타로 만들었다. 그리고 박스 오피스 역대 총 32억 달러의 흥행 수익을 기록하며 그는 할리우드를 장악했다.

자신만의 경험을 일반화하지 마라

인생을 통제하려면 배워야 하는 것

멘토링 시작 초반에 빈과 나는 사사건건 부딪혔다. 무슨 비즈니스로 시작할지에서부터 브랜딩을 어떻게 할 것이며, 수입원을 다양하게 구성해야 할 이유는 무엇이고, 더 많은 고객 유치를 위해서 지속적인 노력이 필요한지까지 그가 살아온 삶의 방식은 내가 제안하는 것과 방향이 달랐다.

하지만 빈에게는 많은 기업가를 괴롭히는 완강한 자존심은 없다. 많은 사람, 특히 성공한 사람들은 현재 그들을 만들어 준 어떤 지식들이 이제 더 이상 자신의 발전에 도움이 되지 않는다는 걸 인정하려 하지 않는다. 빈의 슈퍼파워는 자신이 걸어왔던 길에서 빠져나와야 한다는 걸 충분히 예견할 수 있는 능력이었다. 그는 적응력이 뛰어났다.

빈은 "내 방식을 벗어나니 더 빨리 성장할 수 있었다. 내 생각에 꼭 맞지 않더라도 그 과정을 믿는 법을 배우는 것, 예를 들어 비즈니스를 위해 해야 하는 노력부터 머리를 자르는 것까지 말이다"라며 자신의 슈퍼파워에 대해 말했다. 처음 빈을 봤을 때 그의 머리 길이는 어깨까지 내려왔었다. 나는 외모와 옷차림을 그가 찾으려는 고객의 모습에 가깝게 해 보기를 제안했다. 그는 이 제안을 수용했고 고객층은 늘었다. 나는 멘토로서 빈의 평가에 전적으로 동의해야 한다. 만약 그의 슈퍼파워가 아니었다면 그와 어떤 문제로 언쟁을 하거나 그에게 어떻게 변화해야 하는지 제안하느라 지쳤을 것이다. 하지만 생존에 대한 본능이 반드시 번영에 필요한 본능은 아니라는 걸 인정할 수 있고, 또 인정하려 노력하면서 빈은 순응했다. 대개의 경우, 당신의 운명을 스스로 통제하겠다는 것은 현재의 안락 지대 밖으로 나오는 것을 뜻한다.

변화에 가장 잘 적응한 자가 살아남는다

빈은 "무언가를 완벽하게 하려는 것보다는 주위에 있는 똑똑한 사람들의 말을 듣고, 지금 하는 일에 집중하는 것이 정신 건강에 훨씬 좋다"라고 말했다. 빈의 슈퍼파워 덕분에 그는 뭔가와 의견이 맞지 않았던 순간을 알아차리고, 내적으로 잠시 숨을 고른 후, 자신이 반대하는 핵심을 볼 수 있었다. 빈이 자신의 의견을 뒷받침할 근거가 없는 경우에는 주변 사람들의 말을 들었다. 빈은 그로부터 수개월 동안 계속 이 방법을 사용했고, 자신이 고객과 협력 업체들로부터 배우고 있다는 사실을 깨닫게 됐다. 빈은 앞으로 성공을 위해서는 평생 배우는 자세가 필요하다는 걸 알았다.

많은 사람과 기업은 급격한 변화를 마주할 때 무너진다. 하지만 빈은 아주 역동적인 암호 화폐 시장에 적응해 자신의 안락 지대 밖에서 1년간 일했으며 모든 것이 순조롭게 진행됐다. 개방적이라는 것이 생각이 없다는 뜻은 아니다. 빈이 전문적인 지식을 갖고 있는 분야에서는 확신을 갖고 자신의 입장을 고수했다. 자신의 결정이 자존심이 아니라 경험을 바탕으로 했다는 걸 알기 때문이었다.

빈의 슈퍼파워는 비즈니스 환경이 어떻게 바뀌더라도 빠르게 적응할 수 있도록 했다. 적응력은 미래에 끄떡없을 사람이 되기 위해 필요한 핵심 자질이다. 비즈니스계에도 진실로 통할 다윈의 주장에 따르면, 살아남는 것은 가장 지능적인 종도, 가장 강한 종도 아니다. 살아남는 종은 자신이 처한 환경의 변화에 가장 적응하거나 맞출 수 있는 종이다.

4개월 차 누적 매출: 34만 1,089달러

제안서 작성과 고객 응대가 어느 정도 안정 단계로 들어가면서, 빈은 마진을 높이는 데 초점을 맞췄다. 빈은 비용 절감을 위해 자신의 서비스와 다른 업체들의 서비스를 교환하기 시작했다. 그리고 두 사람에게 마케팅 멘토링을 제공하는 대신 그들이 적은 비용을 받고 일을 하기로 했다. 제휴 영업이라는 세 번째 수입원을 추가한 것이다. 이는 아마존이 사이트 방문 수에 영향을 주는 이들에게 수수료를 지급하듯이, 빈의 지인들과 제휴 업체들이 빈의 사이트를 잠재 고객에게 소개함으로써 돈을 버는 방식이었다.

고가 고객들을 대응하는 데 점점 더 많은 시간을 할애하게 되자, 빈은 규모가 작은 프로젝트는 제휴 업자들에게 일임했다. 이렇게 함으로써 빈은 프로젝트를 거절하지 않아도 되고, 거기에서 나오는 수익료를 챙기게 됐다. 아마존이 한 것처럼 그의 인맥이 곧 그의 순자산이 됐다. 제휴 영업의 경우 시작하는 데는 물론 진척 상황을 확인하는 데와 그가 주시하는 업체들의 역량을 확인하는 데도 시간이 걸린다. 하지만 그는 추후에 연중 수익을 창출할 거라는 걸 알고 있었다.

네 번째 달은 매출 면에서 큰 기록을 세우지는 못했지만, 그래도 9만 6,978달러를 찍었다. 전체적인 흐름에서 약간 앞서가는 건 기분 좋은 일이다. 빈은 이제 남은 8개월 동안 매달 평균 8만 2,364달러씩만 달성하면 된다.

제6장

한 번쯤 자신을 시험해 보면 된다

결국 해내는 사람들이
끈기와 열정을 유지하는 힘

FUTURE
PROOFING YOU

Twelve Truths for Creating Opportunity, Maximizing Wealth,
and Controlling Your Destiny in an Uncertain World

강이 바위를 헤치고 나갈 수 있는 것은
강의 힘이 아니라 끈기 때문이다.

제임스 왓킨스(잉글랜드의 영화 감독)

하워드 슐츠, 일론 머스크, 빌 게이츠에게
이것이 없었다면 성공도 없었다

직장에서 새로운 아이디어를 제안해 본 사람이라면 경영진의 생각을 바꾸는 것이 얼마나 힘든지 알 것이다. 이들은 '간단히 말해서 그 사람들은 이해 자체를 못한다'며 고충을 토로한다.

32세의 한 운영 및 마케팅 책임자는 자신의 새로운 아이디어로 상사들을 설득하는 데 실패한 후 회사를 차리려고 사직서를 냈다. 그런데 불행하게도 자금이 부족해 처음에 그가 원하던 곳에 회사를 차릴 수가 없었고, 다음 해 내내 창업에 필요한 40만 달러를 구하기 위해 투자자들을 찾아 워싱턴주 시애틀을 백방으로 뛰어다녔다. 몇 달 동안 만난 모든 투자자가 거절했지만 그는 집요했다. 무직에다 첫째 아이를 임신한 아내를 둔 하워드는 포기하기 않았다. 브루클린 카나르시의 지역 공공 임대 주택에서 자라 순전히 혼자 힘으로 웨스트코스트에 입성한 그는 자신이 쉽게 포기하는 사람이 아니라는 걸 알았다.

그가 소개한 비즈니스 아이디어가 이미 유럽에서는 인기를 끌고 있었음에도, 그와 미팅을 한 242명 중 217명이 거절의 뜻을 밝혔다. 하지만 이탈리아 카페에서 에스프레소 기계의 인기를 접한 그는 미국인도 분명 이 향기로운 음료를 좋아할 거라고 생각했다. 그리고 그의 예상은 적중했다. 현재 하워드 슐츠의 스타벅스는 2만 8,000개의 지점을 냈고, 함께하는 파트너 수는 29만 명에 달한다. 하워드 슐츠가 억만장자가 된 비결은 에스프레소의 깊은 맛이 아니라 그의 끈기였다.

'과연 내가 창업을 할 수 있을까?'

17세 학생은 생각했다. 그 아이는 독서광이었지만 학교 수업에는 흥미를 느끼지 못했고, 자신이 혼자 힘으로 기업가로 성공할 자질을 갖췄는지 알고 싶었다. 이민자가 미국에서 살아남기 위해서는 많은 것이 필요하지 않을 거라 생각했다. 그는 "삶에 대한 임계치가 다소 낮았다. 내 컴퓨터가 있고, 우중충한 집이라도 굶어 죽지 않을 정도만 되면 괜찮았다"라고 말했다.

그리고 성공을 위해서라면 뭐든 자신이 끈기 있게 할 수 있는지를 스스로에게 증명해 보이기 위해, 단 30달러만 갖고 한 달을 살아 보기로 했다. 지금은 세계에서 알아주는 성공한 기업가가 된 그는 "만약 하루를 1달러로 살 수 있다면, 적어도 매달 식비로 쓸 30달러를 벌 수 있을 테니 해 볼 만하겠다고 생각했다"라며 과거를 회상했다. 그는 한 달을 파스타와 핫도그, 오렌지, 피자를 먹으며 버텼고 미래 자신의 꿈을 이루기 위해 자신의 목표에 집중하면서 현재를 조금 부족하게 사는 법을 터득했다. 몇 년 뒤 남동생과 첫 회사를 차린 후 두 사람은 돈을 아끼려고 사무실에서 잠을 자고 YMCA 건물에서 샤워를 했다.

"그때는 정말 돈이 궁했다. 가진 거라곤 컴퓨터 한 대가 전부였다. 낮에는 웹 사이트 관련 일을 하고, 밤에는 코딩을 했다. 일주일 내내 그렇게 했다."

피자로 끼니를 때우던 그의 희생과 끈기는 마침내 빛을 발했다. 오늘날 일론 머스크가 CEO로 있는 스페이스X(SpaceX)와 테슬라(Tesla)는 1조 달러 이상의 기업 가치를 자랑한다. 그리고 그가 예전보다 더 좋은 음식을 먹는다는 건 말할 필요도 없다.

캘빈 쿨리지 대통령은 "세상의 그 무엇도 끈기를 대신할 수 없다. 재능이 끈기를 대신할 수 없다. 재능이 있지만 성공하지 못한 사람들이 수두룩하다. 천재성도 끈기를 대신할 수 없다. '성과를 내지 못한 천재'는 격언이 될 정도다. 교육도 아니다. 세상은 교육받은 낙오자들로 넘쳐난다. 오로지 끈기와 의지만이 모든 것을 가능하게 한다"라고 했다.

마이크로소프트 창업자이자 세계 최고의 부호 자리를 거의 20년간 지켜 온 빌 게이츠는 "나는 20대 때 단 하루도 쉬어 본 적이 없다"라며 자랑스럽게 말한다. 전 세계에서 가장 끈기 있는 창업자 중 한 사람인

빌 게이츠는 돈에 대한 의욕은 없었다. 만약 그랬다면 30세 즈음에 이미 일을 그만두었을 것이다. 그에게는 더 높은 목표가 있었다. 언젠가 모든 가정에 컴퓨터를 보급해서 그로 인해 사람들이 많은 혜택을 받는 세상을 만들겠다는 목표였다. 컴퓨터의 보편화와 컴퓨터가 주는 긍정적인 영향은 그의 열정이 됐다.

크게 성공한 사람들이
미련할 만큼 일에 매달리는 이유

1970년에 앳킨슨과 버치가 《Dynamics of Action(행위의 역동성)》을 출간한 후 많은 연구자가 끈기 있는 사람들만이 가진 요소를 이해하기 위해 노력했다. 교육자, 고용주, 심지어 군인까지도 성과를 높일 가능성을 측정하기 위한 예측 모델을 개발하기 위해 노력했다. 끈기라는 것은 갖고 태어나는 성향일까? 아니면 후천적으로 기를 수 있는 기술일까?

맥아더 펠로상을 수상한 앤절라 더크워스는 《그릿(Grit)》을 출간했는데, 이 대중 심리학 책은 20주 연속 〈뉴욕타임스〉 베스트셀러 자리를 차지했다. 몇몇 학자 사이에서 저자가 진행한 연구의 타당성이나 부족함에 대한 논쟁이 있었지만, 그녀가 책에서 언급한 열정의 한 핵심 요소가 눈에 띈다. 더크워스는 이렇게 적었다.

"크게 성공한 사람들은 왜 그렇게 완강하게 자신의 일에 매달렸을까? 그들 대부분은 자신의 야망을 달성하겠다는 현실적인 기대가 없었다.

그들 눈에는 늘 자신이 부족해 보였다. 그들은 현실에 안주하는 사람들과는 정반대였다. 반면에 실은 만족스럽지 않은 자신에게 정말로 만족감을 느꼈다. 그들은 모두 비할 바 없이 흥미롭고 중요한 일을 한다고 생각했고, 목표를 달성하는 만큼이나 이를 추구하는 과정에서 보람을 느꼈다. 해야만 하는 일 중에서 일부는 지루하고, 좌절감을 안기고, 심지어 고통스럽다고 해도 그들은 포기할 생각은 추호도 하지 않았다. 그들의 열정은 오래 지속됐다."

다시 말해, 목표가 함께하는 열정은 의지를 굳건하게 만든다. 어떤 일에 목표 의식이 강하면 강할수록 그 목적을 달성하려는 의지는 더욱 굳건해진다. 길고 고단한 평일을 보내고 나면 몇 달 전부터 매달려 온 뒤뜰이나 차고 일은 할 힘조차 없어서 미뤄 둔 경험을 누구나 한 번쯤 해 봤을 것이다. 데크를 설치하고 손님 방에 페인트칠을 하는 것은 다음 주말에 하면 된다고 자신에게 말하기 일쑤다. 하지만 집이 없는 사람들에게 집을 지어 주는 해비타트에서 봉사활동을 한다면, 해가 질 때까지도 쉬지 않고 망치질을 계속할 것이다. 더크워스는 이런 현상을 간단한 우화로 설명한다.

"벽돌공 세 명에게 물었다. "무엇을 하고 있습니까?" 첫 번째 벽돌공이 대답했다. "벽돌을 쌓고 있습니다." 두 번째 벽돌공이 대답했다. "교회를 짓고 있습니다." 세 번째 벽돌공이 대답했다. "하느님의 성전을 짓고 있습니다." 첫 번째 벽돌공은 생업을 갖고 있다. 두 번째 벽돌공은 직업을, 그리고 세 번째 벽돌공은 천직을 갖고 있다."

〈포춘〉 500대 기업의 40%는 이민자가 설립했다

나는 인생의 목적은 목적 있는 인생을 사는 것이라고 믿는다. 우리 각자가 하는 일에 더 많은 의미를 부여할수록 우리의 만족감은 더 커질 것이다. 목적이 있는 인생에서는 당신의 운명을 통제할 수 있다. 당신이 부를 창출하는 것은 부자가 되기 위해서가 아니라, 당신의 목적을 충족함으로써 더 풍성한 세상을 만들기 위해서다.

목적의식이 존재하는 순간들을 경험할 때 우리 뇌에서 분비되는 엔도르핀은 우리가 지속적으로 밀고 나가야 하는 정적 강화(어떤 반응 또는 행동에 대해 그 빈도나 강도를 증가시키는 자극을 제공하는 것.-역주)다. 우리의 생명 활동은 화학적으로 성취에 대한 보상을 한다. 만족감을 경험하려는 우리의 탐구는 끈기를 유발한다. 스타벅스의 전 회장인 하워드 슐츠는 "당신이 무엇을 하든 간에, 무엇을 하는지가 중요한 게 아니라 그것을 왜 하는지가 중요하다"라고 자주 말한다. 강력한 목적이 있다면 끈기는 기를 수 있다.

성공한 사람들이 끈기를 타고난 것은 아니다. 끈기는 천부적인 재능이 아니다. 끈기는 새로운 경험들에 대한 열린 마음에서 길러지고 학습되는 기술이며, 결과적으로 이는 당신이 무언가를 성실하게 하는 능력을 높여 준다. 빈이 열심히 일한 건 돈이 정말 궁해서가 아니었다. 부는 그가 자신의 일에 열심히 매달린 결과로 따라온 부산물에 불과했다. 그는 자신의 패기를 진심으로 시험해 보고 싶었고, 자신이 성공할 역량이 충분한지를 스스로 증명해 보이고 싶은 욕구를 채워 가고 있었다.

영국에서는 실제로 노동자 계층 자녀들이 상류 계층 자녀들을 존중하도록 교육받는다. 이런 시스템에서 자란 빈의 끈기는 아메리칸 드림의 정수 같은 이야기다. 이민자들은 일상에서 할 수 있는 평범한 업무보다는 더 높은 목표를 갖고 할 수 있는 일을 찾아 미국이라는 나라로 온다. 앞서 언급한 하느님의 성전을 짓는 벽돌공처럼, 이민자들은 그저 밭에서 농작물을 수확하거나, 공사 현장에서 땀 흘려 일하고, 편의점에서 진열대를 채우는 일을 하는 것이 아니다. 그들은 뚜렷한 목표를 이루기 위해 일하는 것이다. 설령 목표를 이루지 못하더라도 그들의 끈기는 그들의 자식들을 인도하는 불빛이다.

이민자들의 열정을 잘 말해 주는 통계가 있다. 2014년 초당적인 성격의 카우프만 재단이 실시한 미국 통계국의 연구 데이터에 따르면, 새로운 사업을 시작할 가능성이 있는 이민자 수가 미국 태생의 미국인보다 거의 두 배인 것으로 나타났다. 또한 벤처 캐피털 기반 비즈니스 상위 50곳 중 24곳이 최소 한 명의 해외 태생 창업가를 포함한다. 게다가 새로운 미국 경제를 위한 파트너십(Partnership for a New American Economy)이 발표한 보고서에 따르면, 더욱 놀랍게도 '〈포춘〉 500대 기업' 중 40%가 이민자나 이민자의 자녀가 설립했다. 결국 많은 사람에게 끈기는 타고난 생물학적 요인이 아니라 환경에 의해 결정된다는 점을 알 수 있다.

다행히 일찍 목적을 찾은 사람들의 경우에는 더 어릴 때 자신의 목표를 세울 수 있고, 목적 있는 삶을 살면서 남은 인생을 보낼 수 있다. 내 친구 마사 미시리안은 어렸을 때 외부 충격으로 치아가 날아간 경험을 했다. 치과 의사가 자신의 웃음을 되찾게 해 준 가공 의치를 해 넣는 순간부터 그녀의 인생 목적은 치과 의사가 되는 것이었다. 사람들의 인생을 바꿀 수 있는 영웅이 되고 싶었다.

불행하게도 이민자도 아니고 앞니가 나간 경험도 해 보지 못한 사람이라면 어떻게 인생의 목적을 찾을 수 있을까? 마사와 빈 두 사람 모두 인생을 경험하며 삶의 목적을 찾았다. 세상과 더 많이 교류할수록 부당함을 더 많이 목격하게 되고, 누군가 던져 준 삶인 것처럼 수동적으로 살아가는 대신에 당신이 살고 있는 인생에 대해 더 많은 걸 알게 된다. 그리고 자연스럽게 당신의 열정을 발견할 수 있게 된다. 열정을 기르는 핵심 요인은 적극적인 태도다. 참여해라. 여행해라. 안락한 보호막 바깥으로 나와 당신 주변의 세상을 느껴라. 당신이 무엇에 관심이 있는지, 왜 그런지를 유심히 살펴봐라.

나이에 상관없이 도전해서 성공하고 부자가 된 사람들

목적 있는 삶을 살기로 지금부터 시작해도 절대 늦지 않다. 월마트, 인텔, 포드 모터 컴퍼니 그리고 룰루레몬(Lululemon)의 창업가 모두 40대에 시작해 회사를 설립했다. 홈디포(Home Depot)와 맥도날드의 창업가는 50대 시작했고, 찰스 란네트 플린트는 60대에 IBM을 설립했다. 이들은 모두 어떤 임무에 이끌렸고 돈은 자연스레 따라왔다.

절대 포기하지 않는 사람들이 있다. 65세라는 나이에 매달 사회 보장 보조금 99달러에 기대 사는 이 노인을 보고는, 사람들은 그가 이미 퇴직을 했고 꿈 같은 건 포기했을 거라 생각했다. 가족과 친구들이 자신이 만든 프라이드치킨에 얼마나 열광하는지를 알고 있던 그는 자신의 낡은 차를 타고 미국 전역을 다니며 자신만의 요리법을 팔러 다녔다. 그가 문을 두드렸던 식당 1,009곳은 거절 의사를 밝히며, 그에게 포기하고 켄터키로 돌아가라고 말했다. 하지만 1,010번째 식당이 마침내 승낙을 했고, 그 식당에서의 매출을 시작으로 커넬 할랜드 샌더스의 KFC는 오늘날 2만 2,000곳 이상의 매장과 연간 230억 달러의 매출을 자랑하는 전 세계 2위 대형 프랜차이즈가 됐다.

20대에 끈기의 힘을 경험한 사람들도 있다. 빈의 멘토링을 시작했을 때 토니라는 어느 열정적인 청년의 이야기를 들었는데, 그는 캘리포니아주 베니스에 있는 빈의 집에서 몇 블록 떨어진 400평방피트의 작은 아파트에 살고 있었다. 수십 년 전 토니도 빈과 같은 상황에 있었다. 무직에다, 빈털터리였고, 드라마나 보며 허송세월을 보냈다. 더 이상 내려갈 수 없는 바닥을 쳤을 때, 뚱보가 된 자신의 모습과 무일푼 생활에 지친 그는 깨어 있는 모든 시간을 자신의 인생을 바꾸는 데 쓰기로 결심했다.

그 결과 토니 로빈스는 정규 교육이나 연수 프로그램을 받지 않고도 20대 중반부터 자기 계발 트레이너로 연간 10만 달러 이상을 벌었다.

작가이자 라이프 코치인 그는 오프라 윈프리, 안드레 아가시, 빌 클린턴 전 대통령 등 세계적으로 성공한 사람들이 찾는 상담가가 됐다. 그로부터 수십 년이 지난 지금까지도 그의 세미나 'Unleash the Power Within(내면의 힘을 분출하라)'에는 매년 수천 명이 참가한다. 그가 5억 달러의 부를 쌓을 수 있던 비결은 "성공의 열쇠는 단호하고 결연한 행동에 있다. 진정한 결정은 당신이 취한 새로운 행동에 의해 측정된다. 행동이 없다는 것은 진정한 결정을 하지 않았다는 뜻이다"라고 말한다.

부를 상속받아서 성공한 경우가 아니라면, 모두 자신만의 끈기와 열정을 찾은 일화를 품고 있기 마련이다. 개인적으로 내게 가장 많은 영감을 준 것은 13세 소녀 배서니 해밀턴의 이야기다. 전형적인 행복한 하와이 소녀 배서니는 서핑을 좋아했다. 2003년 10월 13일 아침, 그녀는 모든 서퍼에게 늘 두려움인 대상을 마주하게 된다. 14피트 길이의 뱀상어와 만난 것이었다. 상어의 공격을 받은 그녀는 어깨까지 겨우 몇 인치를 남겨 두고 왼쪽 팔이 절단됐다. 사고 후 병원으로 이송될 때 배서니는 체내 혈액의 60%가 빠져나가 저혈량성 쇼크 상태였다.

하지만 그녀는 서핑을 그만두지 않았다. 사고가 일어난 후 몇 주도 안 돼서 다시 서프보드에 올랐다. 외팔 운동선수로 서핑을 다시 배워야 했던 그녀는 일반 보드보다 길고 두꺼우며, 오른팔을 위한 핸들을 장착한 커스텀 서프보드로 시작했다. 사고 후 한 달이 지나기도 전에 그녀는 처음으로 주요 서핑 대회에 출전했다. 그리고 2년 후 그녀는 NSSA 국내 대회 익스플로러 여자부(Explorer Women's Division)에서 종합 우승을 차지했다. 현재까지도 서핑을 하는 해밀턴은 호주, 피지, 인도네시아, 브라질에서 열린 각종 대회에 참가한다. 해밀턴은 2004년에 펴낸 자서전에서 "용기란 두려워하지 않는 것이 아니다. 용기란 두려움이 당신을 멈추게 하지 않는 것이다"라고 썼다. 나이에 상관없이 모든 사람에게 영감을 주는 그녀의 이야기는 〈소울 서퍼(Soul Surfer)〉라는 영화로도 제작됐다.

성공에 대한 열망을 가득 채우는 질문 4가지

당신이 열정을 함양하기 위해서는 자아를 탐구하는 과정을 거쳐야 한다. 이에 도움이 될 만한 질문 네 가지를 소개하니 스스로에게 질문을 던져 보길 바란다.

1) 초등학생 시절의 당신이 현재 당신 모습을 자랑스러워할까?

당신의 유년 시절로 돌아가 한번 생각해 보자.

'무엇에 관심이 있었던가? 지금은 그만뒀지만 그때 정말 재미있게 했던 것이 무엇이었나? 언제, 무슨 이유로 그만하게 됐는가?'

다섯 살 때 나는 한 생일 파티에서 처음 마술 공연을 봤다. 그 마술사는 어떻게 어른, 아이 할 것 없이 모두 잠시나마 세상에 대해 알고 있는 모든 것을 잊게 하고 모든 것이 가능하도록 믿게 만드는지 참 신기했다. 나도 사람들을 위해 그런 능력을 기르고 싶어서 그때부터 마술에 빠져 살았다. 카드 마술이나 손 기술 한 가지를 몇 시간이고 연습했다. 마술사로 일하면서 등록금을 마련하긴 했지만 직업으로 삼지는 않았다. 마술사로서의 내 역량이 가정을 꾸릴 수 있을 정도로 충분치는 않다고 생각했기 때문이었다.

첫 소프트웨어 회사가 재정적인 성공을 거두었을 때도 테크 분야에서는 나는 내가 마술사라는 직업에 가졌던 만큼의 열정을 느끼질 못했다. 그래서 나는 마술을 내 인생으로 다시 소환했다. 나는 운이 좋게도 살면서 많은 것을 달성했지만, 지금은 고인이 된 마술사 다이 버논 앞에서 성공적으로 오디션을 치른 일과 비교할 만한 경험은 없다. 세계적으로 유명한 그는 '해리 후디니를 속인 남자'로도 알려져 있으며 할리우드 매직캐슬에 있는 마술 아카데미의 공연단원으로 활동한 바 있다. 당신의 열정을 발견하는 것은 정말 마술 같은 일이다.

2) 시간 가는 줄 모르게 당신의 혼을 쏙 빼놓는 것이 무엇인가?

알버트 아인슈타인은 상대성 이론을 설명하면서 "뜨거운 불판에 손을 대고 있으면 1분이 1시간처럼 느껴진다. 아름다운 여성과 있으면 1시간이 1분처럼 느껴진다"라고 했다. 파이(π)를 처음 계산해 낸 그리스 수학자 아르키메데스는 자신의 일에 너무 몰두한 나머지 며칠 동안 밥을 먹는 것도 잊었다고 한다. 롤링스톤스 기타리스트인 키스 리차드가 스튜디오에서 보인 열정은 전설적으로 아주 유명하다. 'Before They

1년 안에 부자 되는 법

Make Me Run' 녹음 당시 그는 5일 연속 단 1분도 자지 않고 뜬눈으로 〈Some Girls〉 앨범 작업에 몰두했다. 믹 재거와 키스 리차드가 공동으로 작사, 작곡한 'Ruby Tuesday'에는 이런 노랫말이 있다.

'날아가 버리기 전에 당신의 꿈을 잡아요. 세월도 다 가 버리고 꿈도 잃으면 당신은 영혼마저 잃을 거예요.'

누구나 가끔은 자기만의 세계에 빠진다. 시간이라는 개념은 아무 의미가 없고, 순식간에 몇 시간이 홀쩍 흐르는 것이다. 이 순간들에 파묻혀 있다면 바로 그것이 당신이 가진 열정의 원천이다. 한편 그 행위의 느낌이 당신에게 열정을 끌어내 줄 수도 있다. 아티스트에게 열정은 창작 행위나 공연을 할 때 느끼는 전율감일 수도 있다. 과학자에게 열정은 발견에 대한 도전이나 우주의 힘에 대한 찰나의 통달일 수 있다. 코치에게 열정은 다른 사람에게 공유할 수 있는 전문 지식이거나, 줄 수 있는 영향력일 수 있다. 앞으로 생각 속에서 길을 잃는다면, 당신의 내적 열정을 찾아 당신이 간 곳이 어디인지를 파악해라.

3) 당신이 만약 배트맨이라면 어떻게 세상을 구할 것인가?

아쿠아맨, 슈퍼맨, 원더우먼, 그린 랜턴 등 DC 코믹스 유니버스에 나오는 슈퍼히어로들 중 유일하게 배트맨만 직업으로 선택한 캐릭터다. 브루스 웨인은 여느 사람들과 별반 다르지 않게 태어났다. 하지만 어렸을 때 눈앞에서 부모님의 죽음을 목격한 후 범죄자들에게 복수하겠다는 열정을 키웠다. 당신도 완벽하지 않은 세상에서 태어났다. 어떻게 이 세상을 바꿀 것인가?

　기후 변화, 영양 실조, 빈곤, 인권, 보편적인 교육, 에너지 문제, 폭력 등 우리 세상은 많고 많은 생존 문제와 불공평에 맞서 있다. 누군가는 나서서 행동을 취해야 하는 상황이다. 어느 누구도 이 위기들을 혼자서 해결할 수는 없지만, 인류학자인 마거릿 미드가 지적했듯이 "사려 깊고 헌신적인 소수의 시민이 세상을 변화시킨다는 사실을 결코 의심하지 마라. 세상을 변화시킨 건 다름 아닌 바로 이들이다."

　어떤 취지를 찾았다면 그 취지를 살려 밀어붙여라. 아홉 살 소년 마일로 크레스가 플라스틱 빨대 사용을 금지하는 세계적 운동을 했고, 15세 소녀 그레타 툰베리가 유엔 기후 변화 회의에서 연설을 했다. 당신은 무엇을 망설이고 있는가?

　긍정적인 변화를 위해 기회를 만든다면, 당신의 여정에서 어떠한 역경을 만난다 해도 스스로 운명을 통제할 수 있다. 이 지구상에 유한한 시간을 갖고 태어난 우리 각자에게 주어진 과제는 어디에서 가장 큰 영향을 줄지를 결정하는 것이다. 당신 인생의 이 중대한 목적과 함께 당신의 비즈니스를 위해 쓰는 하루하루는 지금부터 신성한 목적으로 가득 찬 나날이 되는 것이다. 이제 당신은 돈을 위해 돈을 버는 것이 아니라, 부의 창출로 당신이 달성할 수 있는 좋은 목적을 위해 돈을 버는 것이다.

　치과 의사 빌 도프만은 치아 미백을 하러 치과에 가는 환자들의 경험을 '인생 미소(Smiles for Life) 캠페인'으로 발전시켰다. 이 연중 자선 행사는 지금까지 전 세계의 어린이 자선 단체들을 위해 4,000만 달러 이상

　　　　　　　　　　　　　　　　　　　　　1년 안에 부자 되는 법

을 모금했다. 영화배우 폴 뉴먼은 친구 A. E. 호치너와 함께 뉴먼스 오운(Newman's Own)이라는 자선 사업을 하기 위해 식품 회사를 시작했다. 2008년 폴 뉴먼이 사망한 이후에도 이 회사는 5억 달러 이상을 자선 기금으로 기부했다. 한참 동안 스크린에서 볼 수 없었던 영화배우 제리 루이스는 근육위축병을 앓는 환자들을 돕는 데 자신의 인생을 보냈고, 비영리 단체인 미국근육병협회를 위해 24억 5,000만 달러를 모금했다. 어떻게 인생에서 그렇게 많은 업적을 쌓았느냐는 질문에 그는 "그 어느 것도 자신이 하는 일에 대한 사랑과 열정이 있는 사람을 멈출 수는 없다"라고 답했다.

4) 당신의 수명이 1년밖에 남지 않았다면 어떻게 살 것인가?

이 마지막 질문은 코로나19 팬데믹을 계기로 우리 마음의 최전면에 서게 된 삶의 나약함에 관한 것이다. 누구도 우리가 얼마나 살지 모른다. 존 레논은 노래 'Borrowed Time'을 녹음하면서 이 노래가 자신이 머지않아 살해된 후에 발표된다는 건 몰랐을 것이다. 당신이 끈기를 기르고, 하는 모든 것에서 정말 부를 창출하고 싶다면 당신 자신보다 더 큰 목표를 찾아라.

수년 동안 내 목표는 아이들과 함께 시간을 보내는 것이었다. 이 목표 때문에 나는 열심히 일했고, 내가 생각하는 나의 능력 이상의 것을 이루어내기도 했다. 아이들을 실망시키면 안 된다는 두려움, 아이들에게 더 나은 삶을 선물하고 싶은 마음이 나를 계속 채찍질했다. 아이들은 비즈니스 세계가 어떻게 돌아가는지 빠르게 파악하고, 장애물을 극복해 나갈 수 있게 하는 원동력이었다.

아이 다 커서 독립을 했을 때는 혼란스러웠고 버려진 느낌이 들었다. 나는 책을 집필하면서 새로운 목적을 발견했다. 다른 사람의 인생을 바꾸는 데 필요한 기술을 공유할 수 있는 재능이 있음을 깨달았다. 전 세계 수천 명의 독자와 교류한 후 내 목표는 전 세계에 중산층을 확대하면서 민주주의를 보존하는 것이 됐다. 나는 사람들에게 어떻게 기업가가 되는지를 가르치는 것을 좋아한다. 안정된 중산층은 자유로운 사회의 근간을 이루고, 기업가야말로 우리 세상의 동력이자 스스로 일자리를 만드는 진정한 창직가(創職家)다.

내가 사람들과 공유할 수 있는 기술을 가졌다는 걸 알고 나자마자, 이전에 직장을 다니며 커리어를 쌓을 때는 느끼지 못했던 에너지를 발견했다. 이제 나는 전 세계를 돌며 세미나와 강연을 하고 글을 쓴다는 임무를 맡았다. 젊은 세대에게 영감을 주는 커리큘럼을 개발하기 위해 정부 핵심 리더와 교육 전문가들과 함께 일하는 영광스러운 기회도 있었고, 동시에 이런 프로그램이 그들에게 줄 영향을 생각하면 겸허한 마음이 들었다. 반세기를 돈을 좇아 살아온 나는 순이익 그 이상을 보면서 비로소 더 큰 만족을 찾는다.

하지만 목표가 있는 것만으로 하루아침에 당신이 끈기 있는 사람이 되지는 않는다. 이제 당신의 인생에 '왜'가 설정됐으니, 당신이 그 길로 쭉 나아가는 데 필요한 여섯 가지 기술을 알려 주겠다.

흔들리지 않고 전진하기 위해
해야 할 일 6가지

1) 끈기 있는 사람들과 네트워크를 형성해라

당신에게 용기를 주는 사람이 주위에 있다면 실패와 난관을 쉽게 극복할 수 있다. 심리학적 관점에서 볼 때, 어떤 일을 자신만을 위해 하는 것보다 다른 사람들을 실망시킬 수 있다고 생각하면 더 열심히 하게 된다. 군대 하사에게 효과적인 소대를 구성한 비결을 물어보면 모두 자기의 분대에 속한 동료 병사를 신경 쓰는 병사들이라고 이야기할 것이다. 에너지는 전염성이 있어서 다른 사람에게 옮기며 커진 열정은 행동으로 결실을 맺게 된다.

벤처니어(Ventureneer) 창업자인 제리 스텐겔은 "당신이 좋아하는 일을 할 때면 사람들은 도움을 주려 한다. 열정은 전염성이 있어서 열정 있는 다른 사람들도 끌어낸다. 하지만 무엇보다도 흥미로운 점은 바로 이 사람들은 일이 잘 풀릴 때만 당신을 응원하는 것이 아니라는 것이다. 당신이 어려운 시기에는 기댈 수 있도록 곁에 있어 준다. 그들은 언제든 당신을 응원하다. 바로 그것이 열정이 만들어 내는 마법이다"라고 말했다.

2) 실현 가능한 목표를 세우고, 달성을 위한 세부 단계를 도식화해라

우리의 연간 프로젝트를 시작할 초기에 빈은 매일매일 들이닥치는 일에 어쩔 줄 몰라 했다. 우리 모두 한 번씩 경험한 일이다. 수백 개에 달하는 이메일과 음성 메시지, 문자 메시지, 위챗, 왓츠앱, 스카이프, 스냅, 인스타그램에 답하다 보면 하루가 다 간다. 빈이 화이트보드에 큰 글자로 제일 먼저 쓴 것은 '100만 달러로 가는 1년'이었다. 빈은 "이렇게 하면 좋든 나쁘든 이 문구는 늘 나와 함께일 수밖에 없다. 인생의 목표가 뭐가 됐든 사용하면 좋은 습관이다"라고 말했다.

빈은 전날 밤에 그다음 날을 계획하는 습관을 가졌다. 내일 끝내야 하는 일을 리스트로 만들어 우선순위를 계속 기억할 수 있도록 책상 옆 벽에 붙여 둬라. 가장 중요한 일에 초점을 맞추고 일을 끝냈다면 줄을 그어 지운다. 할 일 10개 중 8개가 지워진 리스트가 어떤 성취감을 줄 수 있는지를 안다면 놀랄 것이다. 그저 목표와 할 일을 적는 것만으로도 강력한 효과를 볼 수 있다는 건 과학적으로 입증된 사실이다.

하버드 MBA 프로그램은 최고 중의 최고 학생들, 지원자의 15% 미만만 받을 수 있는 과정이다. 기업들의 러브콜을 얼마나 받는지, 하버드 MBA 졸업생들이 졸업 후 10년 뒤 받는 연봉의 중간값은 20만 4,800달러에 달한다. 게다가 많은 회사가 기꺼이 졸업생들의 학자금 상환을 지원한다. 10년간의 하버드 연구에 따르면, 하버드 MBA 졸업생의 3%는 나머지 97%의 졸업생의 소득을 합한 것보다 10배를 더 많이 번다. 그럼 이 3%가 다른 동기들과 다른 점은 무엇일까? 바로 목표를 적는 것이다. MBA 학생의 84%는 특별한 커리어 목표가 없고, 13%는 머릿속에 몇 가지 목표가 있지만 그 목표를 적어 본 적은 없었다고 밝혀졌다. 대단한 수익 창출력을 가진 3%만이 확실한 목표를 적은 후, 어떻게 그 목표를 달성할 지에 대한 실행 계획을 마련한 것이다.

자수성가 백만장자이자 베스트셀러 작가인 그랜트 카돈은 목표를 적는 데 그치지 않고 한 단계 더 업그레이드해서 목표 정하기와 목표 적기를 하루에 두 번 시행했다. 하루를 시작할 때 제일 먼저 하는 것과 잠자리에 들기 전 제일 마지막으로 하는 것으로 말이다. 그는 "목표를 생각하면서 일어나고, 목표를 생각하면서 잠자리에 들고, 꿈속에서도 목표를 생각하고 싶은 것이다. 잠자기 전 목표를 적는 이유는 그 목표들이 내게 중요하기 때문이다. 나한테 가치가 있는 것이므로 그다음 날 그 목표들을 생각하며 잠을 깬다"라고 말한다.

1969년, 29세의 한 젊은 영춘권 무술가는 나폴레온 힐의 저서 《생각하라 그리고 부자가 되어라(Think and Grow Rich)》를 읽었고 책에 나온 한 아이디어에서 영감을 받아 자신에게 이런 편지를 썼다.

"〈나의 정확한 목표〉

나 이소룡은 미국에서 최고의 대우를 받는 동양의 첫 슈퍼스타가 될 것이다. 그 대가로 나는 배우로서 가장 실감나는 무술과 최고의 연기를 선보일 것이다. 1970년을 시작으로 나는 세계적 명성을 얻을 것이고, 그때부터 1980년 말까지 재산 1,000만 달러를 모을 것이다. 나는 내가 원하는 방식으로 살고 내면의 조화와 행복을 추구하며 살 것이다."

그 후 머지않아 그는 1971년 나유 감독의 영화 〈당산대형〉으로 커리어에 날개를 달았다. 1973년 32세의 나이에 세상을 떠난 그는 살아생전 겨우 다섯 편 영화에 출연했지만, 역대 가장 영향력 있는 무술가로 인정받았다. 무술과 대중문화에 끼친 영향력으로 이소룡은 〈타임〉이 선정한 20세기 가장 위대한 인물 100명에 이름을 올렸다.

3) 목표 달성을 위해 매일 정해진 시간을 할애해야 한다

그 시간을 꾸준히 성스러운 순간으로 만들어라. 예외 없이 한결같이
이를 지킨다면 끈기를 기를 수 있을 것이다. 50편 이상의 소설을 3억
5,000만 부 이상 판매한 베스트셀러 작가 스티븐 킹은 매일 6페이지씩
글을 쓴다. 그는 이 루틴을 40년 넘게 거의 매일 유지하고 있다. 그는
이렇게 설명한다.

"물 한 컵이나 차 한 잔을 마신다. 매일 아침 8시에서 8시 30분 사이
에는 책상 앞에 앉는다. 비타민을 먹은 후 음악을 틀고 항상 같은 자리
에 앉는다. 서류들은 늘 같은 자리에 잘 정돈돼 있다. 매일 이를 같은
방식으로 하는 것은 '이제 곧 꿈을 꾸러 갈 것이다'라고 내 마음에게 말
하는 일종의 의식이다."

4) 이 과정을 신나게 수행하기 위해 자신만의 보상 체계를 만들어라

고객 참여 마케팅과 학습 분야에서 효과가 입증된 게이미피케이션은
당신이 혼자서도 동기를 부여하고 유지할 수 있는 유용한 방법이다. 게
이미피케이션은 당신이 보상이나 지위를 성취해야 할 때 당신의 타고
난 성향을 접목하는 것을 말한다. 중요한 것은 보상의 크기가 아니라
보상을 얻는 행위 자체다.

나는 수십 년간 어떤 목표를 이룰 때마다 나에게 마술 도구를 하나씩
선물했다. 물론 언제든 내가 원할 때 구매할 수도 있지만 그것을 보상

체계로 만듦으로써 목표를 이뤘을 때만 취미로 하나씩 새로운 마술 도구를 획득할 수 있도록 했다.

세포 주기의 핵심 조절 인자를 발견한 업적으로 노벨 의학상을 수상한 폴 너스 경은 구체적인 보상으로 새 오토바이를 자신에게 선물하곤 했다. 당신만의 규칙을 세운 후 무엇으로 보상을 할지 정해라.

5) 당신의 목표가 온전히 자신만의 목표이도록 해라

열정은 속일 수 있는 게 아니다. 부모나 배우자, 친구들이 무언가에 열정이 있다고 해서 당신에게 동기 부여가 되는 것은 아니다. 다른 사람을 실망시키지 않고 싶다는 마음은 한계가 있고, 자연스레 끈기도 힘을 잃기 시작할 것이다. 당신의 운명을 조절하는 것은 자신과 주변 사람들에게 솔직하다는 걸 의미한다.

6) 돈을 동기 부여로 여기지 마라

당신의 목표가 그저 부를 축적하는 것이라면 성공을 위한 마일스톤은 없다. 더 많은 집과 더 많은 차는 그저 많은 것에 지나지 않는다. 당신의 부를 최대화하는 것도 나쁘지 않지만, 열정은 채워지지 않은 채로 남는다. 헨리 데이비드 소로가 말했듯이 "부란 인생을 진정으로 경험할 수 있는 능력"이며 진정한 열정만이 이를 가능하게 한다.

시작한 일에 자부심과 책임을 가져라

'왜 일하는가' 생각하라

일론 머스크처럼 빈 클랜시 역시 자신과 세상에 증명할 뭔가를 가진 이민자였다. 미국으로 건너온 그는 성공에 대한 열정에 불을 지폈다. 아웃사이더가 미국에 대해 갖고 있던 꿈은 미국에서 태어난 사람들의 꿈과는 달랐다. 나는 빈이 백만장자가 되기 위한 천부적인 재능을 가졌다는 걸 알았다. 그런데 만약 그가 반년 만에 포기하고, 그래서 '자수성가 프로젝트를 처음부터 다시 시작해야 한다면 어떡하나' 하는 생각을 해 봤다. 빈이 1년에 이르는 이 실험을 확실히 마칠 수 있으려면 그의 끈기를 열정으로 바꿔야만 했다.

빈은 "사람들이 직업이 뭐냐고 물으면 '매달, 아침을 제로부터 시작하고 그달 말까지 10만 달러를 벌어야 한다'로 말하곤 했다. 정말 힘들다"라고 말했다. 빈의 얼굴에 주말 없이 일하는 데서 오는 스트레스가 보이기 시작했다. 운동 부족에다 사교 생활 없는 그의 일상에 그는 극한으로 몰렸다. 빈의 열정은 돈을 좀 버는 것이 아니라, 백만장자라는 목표를 이루는 데서 생겨났다. 그에게 녹초가 되기 전에 균형을 잡으라고 조언했어야 했는지도 모르겠다. 하지만 웨스트 포인트(미국 육군 사관 학교 소재지의 지명)의 비스트(Beast) 훈련이라 불리는 강도 높은 기초 군사 훈련를 받는 것처럼, 자신의 진정한 역량이 얼마나 되는지를 깨닫고 한계를 정하지 않기를 바랐다. 빈이 나에게 번아웃에 대해 걱정할 때마다 내 대답은 한결같았다.

"그래도 계속 해 나가라."

5개월 차 누적 매출: 45만 1,647달러

많은 난관과 극도의 피로를 겪는 중에도 추가로 시간을 내서 새 고객들을 위해 제안서를 작성한 것은 성과가 있었다. 그는 밤낮으로 무리해서 일을 했다. 낮에는 하루 종일 고객들과 일을 하고, 밤에는 매일같이 새 고객들을 찾기 위한 작업을 했다. 열심히 일했지만 기대에 미치지는 못했다.

5개월 차에는 기적적으로 빈이 월말 결산을 마무리하기 직전에 새 고객 한 명이 의뢰비를 보냈다. 또 한 번 빈은 10만 달러의 벽을 뛰어넘어 11만 558달러를 기록했고, 연초 누계 총수입을 45만 1,647달러까지 끌어올렸다. 이미 5개월 동안 경험을 쌓은 그는 이제 순풍에 돛을 달았다. 최근 몇 개월간 성적이 좋았던 터라 이제 1년을 채우기 전 남은 달 동안은 평균 7만 8,336달러만 달성하면 됐다. 하지만 그는 전 세계 가장 강력한 빅테크 기업인 구글과 페이스북이 뒤통수를 치고, 자신의 비즈니스를 무너트리게 될 것이라는 건 전혀 알지 못했다.

제7장

여럿이
함께 벌면
된다

인생을 한 단계 더 끌어올리는
인맥 관리의 기술

FUTURE
PROOFING YOU

Twelve Truths for Creating Opportunity, Maximizing Wealth,
and Controlling Your Destiny in an Uncertain World

당신이 없었더라면 나도 없었을 것이다.

오프라 윈프리가 자신의 멘토 바바라 월터스에게 한 말

혼자서는 빨리 간다,
함께하면 더 빠르게 멀리 간다

14살 때 그는 싱글맘인 엄마와 함께 살던 집에서 쫓겨났다. 16살이 됐을 때 방황하던 이 고등학생은 다수의 체포 기록을 갖고 있었고, 친구도 여자 친구도 없는 외톨이였다. 체중이 220파운드나 되는 그는 미래가 없고 적개심으로 가득한 거친 10대였다. 하루는 학교에서 자신의 큰 덩치를 믿고 교사 화장실을 사용하기로 했다.

"화장실에서 손을 씻고 있는데 어떤 남자 선생님이 들어오더니 '너 여기 못 들어 와'라고 단호하게 말했다. 당시 불량아였던 나는 '오케이, 잠깐만요'라는 눈빛으로 그를 쳐다봤다. 그는 '당장 안 나가!'라며 소리를 질렀다. 얼굴이 붉으락푸르락 달아오른 그 선생님은 몸에 여기저기 핏줄이 솟아올랐다. 나는 그냥 그의 어깨를 한 번 치면서 걸어 나왔다. 그날 밤 집으로 돌아온 후에 기분이 참 안 좋았다. 불량아처럼 행동한 걸 알고 있었다. 그래서 다음 날 그를 찾아가 '저기요, 사과드리려고 왔어요. 어제 무례하게 행동해서 죄송했습니다'라고 말하고 그에게 손을 내밀었다. 그는 내 손을 꼭 잡으며 '사과해 줘서 고맙구나. 우리 팀에서 같이 축구를 하면 좋겠는데'라고 말했고, 나는 그러겠다고 대답했다."

프리덤 고등학교의 미식축구 코치 조디 스웍은 이 남학생이 학교 역사상 가장 인기 있고, 많이 찾는 영입 선수 중 하나가 될 때까지 줄곧 멘토링했다. '더 락(The Rock)'으로 더 잘 알려진 드웨인 존슨은 코치의 지도 덕분에 전액 장학금을 받고 마이애미대학교를 간 것은 물론 NFL 무대에서 프로 레슬러로 경기를 했다. 또한 개런티가 3억 달러 이상인 할리우드 역사상 최고 대우를 받는 연기자 중 한 명이 됐다.

인생이 최악의 상태일 때 멘토와의 만남으로 '더 락'은 미래를 통째로 바꿨고, 꿈도 꾸지 못했던 곳까지 높이 올라갈 수 있었다. 몇 년 후 드웨인 존슨은 "그분과의 만남은 내 인생을 바꿔 놓았다. 내가 이 자리에 있는 건 상당 부분 그분이 베푼 도움 덕이라 생각한다. 그분의 이름은 조디 스웍이다. 지금은 이 세상에 안 계시지만 감사하다는 말씀을 드리고 싶다"라며 회상했다.

아주 약간의 손짓이면 돌멩이 하나로 세상을 정복할 수도 있다. 기원

전 4,500년 메소포타미아의 우루크에서 인류가 대규모 취락을 이루며 살기 시작했을 때부터 사람들은 철옹성 같은 성곽 도시를 만들었다. 성벽 안에서 지배권을 유지하고, 현 정권을 바꾸려는 세력들의 공격으로부터 보호하기 위함이었다. 이런 방어 구조는 투석기가 만들어지기 전까지 효과가 확실한 방법이었다.

투석기는 물리학의 세 가지 성질을 활용한 기발하고도 강력한 도구로, 한낱 돌멩이가 누구도 막을 수 없는 벽을 깨부수고 천하의 왕국도 전복시킬 수 있는 강력한 무기가 된다. 먼저 투석기 팔에 힘이 가해지면 실려 있던 돌을 들어 올릴 때 당겨진 상태의 탄성으로 한계점까지 날아간다. 당긴 투석기 팔을 놓으면 토크가 발생한다. 토크란 회전축을 중심으로 회전하는 강도로, 물체를 멀리까지 재빨리 날리는 역할을 한다. 그럼 물체를 지구의 중심으로 당기는 힘인 중력이 발사체의 궤도에서 작용해 돌이 목표물까지 날아가게 된다.

비즈니스 세계에 진입하는 것은 고대 성곽 도시만큼이나 철옹성 같아 보인다. 그런 당신에게 멘토는 스스로 정한 한계를 극복할 수 있도록 벽을 무너뜨리는 투석기와 같은 존재다. 당신도 커리어 초반에는 경험이 부족하기 때문에 당신의 가치와 성공할 수 있는 능력에 한계가 있다. 수많은 아이디어가 머릿속을 가득 채우고 있지만 그 아이디어들을 구체화하려는 의지도 부족하다. 멘토링이란, 당신의 에너지를 집중하고 의지를 다지는 방향을 찾는 것이다. 좋은 멘토라면 당신이 당신의 목표를 확장하도록 응원할 것이다.

'당신이 진정으로 이룰 수 있는 것은 무엇인가?'

'당신의 목표를 이루는 데 방해되는 것은 무엇인가?'

멘토는 당신과 끊임없이 문답하면서 당신의 진척 경과와 실수를 평가하고, 이를 통해 목표를 향한 궤도를 바로잡고 당신이 처음에 가능하다고 예상한 것보다 더 먼 곳까지 도달하도록 당신의 커리어를 개발한다. 멘토는 당신에게 집중하고, 당신이 목표를 이룰 수 있도록 북돋는다. 이 덕분에 당신은 장애물들을 뚫고 목표점에 다다를 수 있다. 드웨인 존슨과 투석기의 돌처럼 당신은 혼자서는 성공할 수 없다.

자수성가한 사람은 독고다이라는 편견

오늘날 할리우드와 실리콘 밸리에 전해지는 전설이 있다. 성공한 기업가는 혼자 힘으로 해내는 고독한 인물이라는 것이다. 그러나 람보 같은 1인 군대는 현실에 존재하지 않는다. 심지어 액션 배우에게도 멘토가 필요하다. 아놀드 슈왈제네거는 2017년 휴스턴대학교 졸업식 연설에서 "내 여정의 각 단계마다 도움을 받았음을 인정하는 것이 중요하다고 생각한다. 당신이 이 자리에 있는 건 많은 사람의 도움 덕분임을 인정하는 순간 다른 사람을 도와야겠다고 깨닫게 된다"라고 말했다.

주변 사람들에게 놀림당하지만 혼자 거대 기업들을 무너뜨리고 엄청난 부를 이루는 외로운 혁신가를 많은 사람이 꿈꾼다. 장담컨대 누구도 이 방식으로 성공하지는 않는다. "처음엔 그들이 당신을 무시한다. 그 다음에는 당신을 비웃는다. 다음에는 당신과 싸우고 그리고 당신이 이긴다"라는 마하트마 간디의 명언을 한 번쯤 들어 봤을 것이다. 인터넷 상에서 볼 수 있는 수많은 명언처럼 간디는 이 말을 한 적이 없다고 밝혀졌지만 말이다. 외로운 기업가에 대한 신화처럼 혼자 가는 것이 최고의 자리에 오르는 유일한 방법으로 우리 인식에 자리 잡게 됐다.

내가 '더 락'이 아닌 '록' 스타들과 일을 했을 때는 이 신화를 유지하는 것이 바로 내 업무였다. 여러 음반 회사에서 일하던 시절, 내 업무 중 하나는 우리 회사에 소속된 아티스트들을 대신해 이 환상을 유지하는 것이었다.

팬들은 자신이 좋아하는 록 스타와 친해지고 싶고 아티스트들의 가슴에서 나오는 음악을 직접 느끼고 싶어 한다. 그 친밀감을 조성하기 위해 무대 뒤에서 이름도 없이 일하는 수백 명을 살펴보면 환상이 깨질 것이다. '에이전트, 프로듀서, 편곡자, 합창 지휘자, 작곡가, 엔지니어, 사운드 테크니션, A&R 팀, 투어 매니저, 공연 매니저, 어시스턴트, 투어 코디네이터, 기사, 무대 매니저, 크리에이티브 디렉터, 비디오 예술가, 사진작가, 음반사 경영진, 기획자, 세트 제작자, 작사가, 보컬 코치, 코러스, 지휘자, 스튜디오 뮤지션, 편집자, PD, 안무가, 홍보 담당자, 메이크업 아티스트, 패션 스타일리스트.' 런던의 구 웸블리 스타디움의 무대 뒤에서 본 광경을 기억한다. 보조 스타일리스트는 12만 명의 열렬한 팬이 기다리는 단독 무대에 설 유명 록 스타 티셔츠의 주름을 스팀 다리미로 펴고 있었다. 우리는 우리가 좋아하는 뮤지션이 혼자 힘으로 무대에 선다고 믿고 싶어 한다. 우리는 모두 아주 자주 혼자라고 느끼기 때문이다.

댈러스 카우보이스의 톰 랜드리 코치는 이렇게 말했다.

"코치는 듣고 싶지 않은 말을 해 주는 사람으로, 당신이 보고 싶지 않은 것을 보게 한다. 그래서 당신은 당신이 늘 꿈꾸던 사람이 될 수 있다."

마크 주커버그에게는 애플 공동 창업자 스티브 잡스가 있었다. 세일즈포스(Salesforce)의 CEO 마크 베니오프에게는 오라클의 CEO 래리 엘리슨이 있었다. 드레이크에게는 래퍼 릴 웨인이 있었다. 카림 압둘 자바에게는 UCLA 농구 코치 존 우든이 있었다. 빈센트 반 고흐에게는 폴 고갱이 있었다. 영화배우 레나 던햄에게는 영화감독 노라 에프론이 있었다. 프랭크 시나트라에게는 크루너인 빙 크로스비가 있었다.

심지어 테레사 수녀에게도 마이클 반 데르 핏이라는 신부가 있었다. 테레사 수녀는 로마에서 버스를 기다리고 있던 중 그 신부를 만났고, 그는 그녀의 인생에 대한 조언을 했다. 마이클 신부를 만난 후 다른 사람들을 멘토링하는 것이 테레사 수녀의 임무가 됐다. 테레사 수녀는 "절대 숫자에 연연하지 마라. 한 번에 한 사람씩 도울 것이며 늘 당신 주변에 있는 사람들부터 시작해라"라며 가르침을 줬다.

자수성가에 대한 환상이 우리 문화에 너무 깊이 박혀 있어서인지 많은 사람이 다른 사람에게 도움을 요청하는 것을 자신이 나약하고 무능한 것으로 느낀다. 사실은 전혀 다르다. 성공이란 단체 경기다. 그 누구도 직원과 투자자, 비즈니스 파트너, 고객 없이 10억 달러의 기업을 만들지 못한다. 스마트폰 하나를 만드는 데 몇 명의 사람이 필요한지 잠시 생각해 보자. 우리는 모두 일상생활을 하는 데 휴대폰에 의지한다.

그런데 광물 채굴부터 스와이핑 기능 장착까지 아이폰을 처음부터 끝까지 전부 혼자 만들 수 있는 사람은 지구상에 없다. 이트륨, 터븀, 리튬, 가돌리늄을 채굴하는 방식에 대한 지식은 실리콘 칩을 만들거나 스위프트나 오브젝티브 C 개발 언어로 프로그래밍을 하는 법에 대한 지식과는 완전히 다른 분야다. 휴대폰을 만드는 데는 수천 가지에 달하는 지식의 집합체가 필요하고, 휴대폰을 유용하도록 만드는 네트워크 인프라를 만드는 데도 수천 가지의 지식이 더 필요하다.

성공하는 데 필요한 모든 지식과 기술을 한 사람이 가질 수는 없다. 설령 당신이 그렇게 하기 위한 방법을 혼자서 터득하더라도, 당신 이전에 그 길을 갔던 사람들에게 배워서 그 과정을 더 빨리 진행하고 싶지 않을까? 역사상 영향력 있는 과학자 중 한 명인 아이작 뉴턴 경은 "내가 더 멀리 볼 수 있었던 건 거인들의 어깨 위에 올라서 있었기 때문이다"라고 말했다.

키이스 페라지는 자신의 책 《혼자 밥먹지 마라》에서 "사람을 통해서든, 책이나 음악, 이메일, 문화를 통해서든 어떤 방법이 됐든, 당신이 지금 인생에서 그곳에 있는 이유, 당신이 지금 알고 있는 것들은 모두 사람들과 교류하며 얻은 생각과 경험 덕분이다. 많으면 많을수록, 빠르면 빠를수록 좋다. 그러니 오늘부터 결심해라. 당신은 인맥 쌓기에 들어갈 것이고 목표를 이루는 데 도움이 되는 지식과 경험을 축적하고 사람들과 교류할 것이다. 그런데 무엇보다도 당신 자신에게 솔직해져라. 당신이 원하는 바를 얻기 위해, 자신의 능력을 어필하기 위해 사람들에게 먼저 다가가 시간을 할애할 준비가 돼 있는가? 당신에게는 몇 명의 멘토가 있는가?"라고 썼다.

어떤 문제를 해결하기 위한 첫 번째 단계는 당신에게 문제가 생겼음을 인정하는 것이다. 도움을 요청하는 게 두렵다면 왜 두려운지 당신 자신에게 물어봐라. 당신이 두려워하는 이유는 도움을 받는 것이 아니라 거절당하는 것일 가능성이 크다. 성공한 사람들도 누구나 마찬가지로 거절당하는 것을 싫어하지만, 지나간 과거에 연연하지 않으며 두려움을 극복한다. 모든 거래를 성사할 수 없듯이 당신이 도움을 요청했던 모든 사람이 멘토링을 할 수 있는 건 아닐 것이다. 슈퍼스타 실베스터 스탤론은 "내게 거절이란 누군가가 내 귀에 대고 일어나서 후퇴하지 말고 계속 전진하라고 나팔을 부는 것과 같다"라고 말했다.

당신이 멘토를 찾는 데 두려움이 방해 요소가 아니라면, 당신의 자아가 문제의 원인일 수 있다. 만약 이 지구상에서 새 비즈니스에 대해 아이디어를 가진 사람이 당신뿐이라면 당신만큼 똑똑하지 못한 다른 사람이 어떻게 당신을 도와줄 수 있겠는가?

억만장자이자 연쇄 창업가인 리처드 브랜슨 경은 "당연히 자아에 대한 생각, 불안한 에너지, 부모의 기대도 있을 것이다. 특히 한두 명이 하는 스타트업은 자신만의 세계에 갇혀 세상과 단절되어 '오직 나(우리)만 할 수 있는 일이다. 아무도 도와줄 수 없다'는 생각을 많이 한다. 장담컨대 다른 사람들이 당신을 도와줄 수 있다. 혼자서 성공하는 건 참

1년 안에 부자 되는 법

으로 훌륭하지만 세상의 도전에 맞서기에 무모하고 결함이 많은 방식이다"라고 조언한다. 나는 운이 좋게도 브랜슨의 초창기 파트너인 켄 베리를 내 멘토로 둘 수 있었다. 그는 미처 알지 못했던 내 안의 무언가를 발견해서 내가 원래의 역량 이상을 이루도록 영감을 불어넣었다.

내가 오르는 사다리를 잡아 줄 멘토를 찾아라

불확실한 세상에서 당신의 운명을 통제할 수 있는 최고의 방법은 당신을 기회의 길로 이끌고 위험을 멀리하도록 해 주는 가이드를 곁에 두는 것이다. 최고의 멘토를 발견하는 과정은 당신 인생의 롤모델을 찾는 것으로 시작한다.

'누구의 커리어가 당신에게 영감을 주는가?'

'당신의 분야에서 누구의 업적에 감탄하는가?'

누구나 유명한 억만장자를 멘토로 두길 원하지만, 당신이 커리어를 시작할 때는 당신의 위치에서 서열상 한 단계나 두 단계 앞에 있는 사람을 찾아라. 이런 의미에서 링크드인은 잠재적 멘토를 찾기에 아주 좋은 곳이다. 당신의 분야에서 누가 변화를 이끄는지 알 수 있을 뿐 아니라 그들의 커리어 궤도를 분석하면서 당신과 공통점을 찾을 수도 있다.

'그도 소도시나 농촌 출신인가?'

'그들도 같은 대학 출신인가?'

'그가 맨 처음 했던 일이 당신이 현재 하는 일과 비슷한가?'

잠재적 멘토가 걸어온 길을 이해하면 그들의 조언을 당신의 미래에 적용할 가능성이 높아질 것이다. 대학 시절 UCLA 교내 신문 〈데일리 브루인〉에서 일했을 때, 나는 강연을 하러 캠퍼스에 오는 유명 인사마다 어떻게 자신의 분야에서 성공을 했는지 묻는 데 심취했었다. 밥 호프와 더그 헤닝, 진 와일더를 포함해 내가 인터뷰했던 많은 스타도 모두 한때는 나처럼 학생이었을 테니 어떤 비밀 사다리를 올라 그 지위에 있는 거라고 생각한 것이다. 그런데 그들이 타고 오른 사다리는 모든 사람이 타고 오를 수 있다는 것을 깨달았다. 다른 점이라면, 엄청나게 성공한 사람들의 뒤에는 그들이 사다리를 한 단계 한 단계 오를 때마다 사다리가 흔들리지 않도록 잡아 준 누군가가 있었다는 것이다. 링크드인은 그런 당신의 버팀목을 찾는 데 도움을 줄 수 있다.

링크드인은 누가 멘토로서 자질이 있는지를 알아볼 수 있는 몇 가지 열쇠를 제공한다. 다음은 잠재적 멘토의 프로필에서 살펴봐야 할 세 가지 요소다.

1) 링크드인에 올라오는 포스트와 글의 작성자를 살펴라

자신의 분야에서 정기적으로 글을 올리는 사람이라면 단연코 해당 업계에서 더 많은 관계를 찾는 리더임에 분명하다. 그들은 자신이 인맥을 더 넓히고자 하는 만큼이나 당신이 얼마나 인맥을 넓히고 싶어 하는지를 잘 이해한다. 내가 〈포춘〉에 칼럼을 기고하거나 링크드인에 포스팅을 할 때면 같은 주제에 관심을 표하는 사람들이 수없이 많다. 어떤 사람들이 포스팅하는지 살펴보면서 대화를 시작하는 좋은 소재를 마련할 수도 있다. 뜬금없이 "제 멘토가 돼 주시겠어요?"라고 이메일을 보내는 대신 그들이 쓴 글에 당신의 의견을 피력할 수 있다. 충분히 고심한 후 포스팅에 댓글을 다는 것부터 시작해라. 그리고 거기에 어떻게 답변하는지를 본다. 서로 생각을 교류하며 관계를 시작하는 것이다.

당신의 커리어보다는 어떤 특정 주제에 대한 조언을 찾을 수 있다. 중요한 관계가 모두 그러하듯, 멘토십 또한 형성되는 데 시간이 필요하다. 서두르면 안 된다. 첫 번째 데이트에서 프로포즈를 하지 않듯이 너무 성급하게 "나를 멘토링해 주실래요?"라며 물어서는 안 된다. 멘토십이 자연스럽게 발전할 수 있도록 대화하면 멘토링의 '미음' 자를 꺼낼 필요도 없을지 모른다.

2) 추천 글로 멘토의 성격을 엿보라

잠재적 멘토의 추천 글을 읽다 보면 그들이 과거에 어떻게 다른 사람들을 멘토링했는지를 볼 수 있고, 다른 사람의 커리어에 끼친 영향력도 알 수 있다. 과거에 자신이 멘토링한 사람으로부터 진심이 담긴 추천 글을 받은 사람이라면 당신에게 완벽한 멘토가 될 가능성이 있다. 특히 여정을 막 시작한 사람들을 도와주는 사람을 주의 깊게 살펴봐라. 다른 사람을 돕는 데 기쁨을 느껴서 그걸 몇 번이고 다시 할 가능성이 크다.

당신이 존경하는 롤모델과 당신의 커리어에 관심을 보이는 사람을 찾아라. 여기에서 중요한 포인트가 있다. 전 미국 국무 장관 콘돌리자 라이스는 "당신처럼 생긴 멘토를 찾을 필요는 없다. 만약 흑인에다 구소련 여성 전문가인 멘토를 찾으려 했다면 아직까지도 그런 사람은 못 찾았을 것이다. 내 멘토들은 대부분이 나이가 지긋한 백인 남성이다. 왜냐하면 그들이 내가 속한 분야를 지배하는 사람들이기 때문이다"라고 말했다.

3) 자원봉사 이력은 중요한 정보다

잠재적 멘토가 자선 활동을 하는가? 성공한 사람 중 지역 단체에 참여도가 높은 사람일수록 당신에게 좋은 멘토가 될 것이다. 자원봉사 활동은 그 사람의 인성을 잘 보여 주기도 하지만, 그 사람이 업계 밖의 인맥이 넓다는 것도 보여 준다. 그렇다고 링크드인에서 자원봉사 이력이 있는 성공한 사람을 찾아야 할 필요는 없다. 당신이 지역 사회 단체를 찾아가 자원봉사 활동에 참여해라. 당신과 함께 봉사활동을 하는 고위 간부들은 당신의 노력과 긍정적인 태도를 놓치지 않을 것이다.

〈샤크 탱크〉의 고정 패널이자 이민자 출신의 캐나다 억만장자인 로버트 헤이야비치는 '제 멘토가 돼 주시겠어요?'로 시작하는 이메일은 그만하고 당신 주변에 있는 배움의 기회를 끌어안을 준비를 시작해라"라며 충고한다. 헤이야비치는 링크드인을 활용하는 것 외에 멘토를 찾는 최고의 방법으로 매일 일상생활에서 당신에게 조언하는 사람들을 눈여겨볼 것을 제안한다. 헤이야비치는 렌터카 업체 에이비스(AVIS)에 일했던 커리어 초반에 회사 창립자인 워너 에이비스와 대화를 나눈 적이 있

1년 안에 부자 되는 법

었다. 워너 에이비스는 사무실 창문 너머로 주차장 구석에서 핫도그를 파는 상인을 가리키며 로버트에게 말했다.

"당신은 저 핫도그 장수처럼 행동한다. 핫도그를 팔면서 그저 생활비나 적당히 버는 핫도그 장수 말이다. 더 높이 올라가고 싶다면 모든 핫도그 장수에게 핫도그를 제공하는 업체가 돼야 한다."

헤이야비치는 링크드인 포스팅에 이렇게 적었다.

"그날은 내 커리어의 터닝포인트가 됐다. 혼자서는 할 수 없다는 것을 깨달았다."

돈을 벌어 본 사람들을 만나야
돈을 번다는 확률적 근거

링크드인의 공동 창업자 리드 호프만은 "그러니까 멘토는 한 사람이 아니다. 멘토들의 네트워크가 나의 진정한 능력과 지식을 어느 규모로 증폭시킨다. 즉 멘토 군단이다. 당신을 바꾸는 가장 빠른 방법은 당신이 가고자 하는 길을 이미 걷고 있는 사람들과 어울리는 것이다"라고 확실히 말한다.

하버드대학교 심리학자 데이비드 맥클랜드의 연구 결과는 호프만의 주장을 입증한다. 그가 명명하는 준거 집단, 즉 당신이 어울리는 사람들이 당신 인생의 성패를 95%나 결정한다는 결론을 내렸다. 조직폭력

배와 어울리면 당신은 감옥에서 인생을 보낼 테지만, 떠오르는 스타들과 어울린다면 당신도 떠오르는 별이 될 수 있다. 혹은 동기 부여 연설가 짐 론이 날카롭게 지적한 것처럼 "당신은 당신과 가장 많은 시간을 보내는 다섯 사람의 평균이다."

메리 바라는 주요 자동차 제조 회사인 제너럴 모터스를 이끄는 첫 여성 CEO다. 가장 많은 도움을 준 멘토가 누구냐는 질문에, 바라는 "나의 커리어는 한두 사람의 멘토로 이루어진 것이 아니라 멘토들의 네트워크에 영향을 받았다"라고 답하며 "우리가 커리어에서 성장함에 따라 다양한 사람이 우리의 다양한 모습을 보고 그 과정에서 기회와 위기에 대응하도록 가이드한다"라고 덧붙였다. 커리어 초기에 그녀는 적극적인 자세로 더 많은 목소리를 내며 미팅에 임하는 것이 얼마나 중요한지를 배웠다. 다른 멘토는 그녀에게 정직함과 약속의 중요성을 가르쳤다. 이런 가르침과 기술들은 바라가 유리 천장을 깨고 자신의 커리어에서 정상까지 오르는 데 도움을 줬다.

당신과 가깝게 지내는 친구와 동료들은 성공한 사람들인가? 젊은경영인협회(YPO: Young Presidents' Organization) 같은 조직이 크게 성공한 이유 중 하나는 번영이 습관화돼 있기 때문이다. 성공한 사람들과 어울리는 것만큼 당신의 부를 최대화하기에 좋은 방법은 없다. 130개 이상 국가에 2만 4,000명 이상의 회원을 보유한 젊은경영인협회는 동료 멘토십을 통해 젊은 CEO와 창업자들을 성공으로 이끌고 있다. 페이스북 COO 셰릴 샌드버그나 모토로라(motorola) 창업자 밥 갤빈 같은 회원들과 어울리면서 당신은 무엇을 달성할 수 있을 것인가?

가입하면 좋은 또 다른 그룹으로는 기업가기구(EO: Entrepreneurs' Organization)가 있다. 전 세계에 1만 4,000명이 넘는 회원으로 구성된 이 조직은 연간 수익이 최소 100만 달러 이상 되는 비즈니스를 운영하는 기업가들이 모인다. 나는 2019년 리스본에서 열린 EO 행사에서 기조연설을 했을 때 1,000명의 참석자가 내뿜는 연대감과 에너지에 깊은 감명을 받은 기억이 있다. 그들은 자신의 지식을 나누고 다른 사람들의 비즈니스가 성장하는 데 도움을 주기 위해 전 세계에서 모인 사람들이었다.

상공 회의소 미팅부터 파운더 인스티튜트(Founder Institute), 토스트마스터스(Toastmasters), 프로바이저스(ProVisors), 비스티지(Vistage) 같은 단체까지 도시마다 창업가와 스타트업 기업가를 지원하는 조직이 있다. 당신이 속한 지역 사회에 이런 그룹이 없다면 당신의 멘토 네트워크를 구축을 위한 월별 미팅 시작해 보라. 이보다 좋은 방법이 있을까?

캘리포니아에서 소셜 미디어 마케터로 몇 년을 일한 후 고향 인디애나주 인디애나폴리스로 돌아가기로 결정했을 때, 해리슨 페인터가 그리워한 것은 스타트업 기업가를 위한 로스앤젤레스의 활기찬 지원 시스템이었다. 그래서 해리슨은 LA에서 배운 것을 바탕으로 비영리 단체의 기업가와 사회적 기업가들이 네트워킹과 협력을 할 수 있도록 지원하는 앰플리파이 인디(Amplify Indy)를 설립했다. 페인터는 "우리의 목적은 거대하고 긍정적인 사회적 영향을 인디애나에 퍼트리는 것이다"라고 한다. 현재 앰플리파이 인디는 인디애나주의 방향을 변화시키고 있다.

스코어(SCORE) 또한 멘토들과 관계를 맺기에 아주 좋은 곳이다. 스코어의 임무는 멘토링과 교육을 통해 지역 사회에 활기찬 소규모 비즈니스를 육성하는 것이다. 스코어의 웹 사이트(score.org)는 모든 기업가에게 성공하는 데 필요한 지원을 하기 위한 목적으로 멘토와 멘티를 연결해 준다. 스코어도 나와 마찬가지로 소규모 사업체가 지역 사회에 중요한 역할을 하고 미국 경제를 견인한다고 믿는다. 스코어의 자원봉사자들은 매년 29만 5,000회의 멘토링과 14만 7,000회의 온라인 교육 워크숍을 열었고, 25만 명이 넘는 사람들이 지역 커뮤니티 워크숍에 참석했다. 스코어 멘토들은 2019년 한 해에만 2만 9,681개의 새로운 사업체 론칭과 9만 7,387개의 새로운 일자리 창출을 도왔다. 이 같은 지원에 힘입어 같은 해에 고객의 67%가 수익 향상을 실현했다.

스코어는 62가지 산업 분야에 멘토들을 두고 있어 성공을 꿈꾸는 멘티들이라면 자신에게 필요한 멘토를 찾을 수 있다. 미국 소기업청 통계가 스코어의 성공을 뒷받침한다. 멘토링을 3시간 이상 받는 소규모 사업체 고객은 그렇지 않은 고객보다 수익이 더 높은 것으로 나타났다. 1만 1,000명 이상의 멘토를 보유한 스코어는 100만 명의 기업가를 돕는 것을 2020년 목표로 세웠다.

사막에서 물도 못 파는 스티브 워즈니악이 스티브 잡스와 만든 기적

부자가 되든 성공을 하든 혼자서는 할 수 없다. 당신을 안내해 주는 멘토가 성공을 앞당겨 준다면, 당신의 짐을 함께 나눌 파트너도 있다. 그들은 없어서는 안 될 중요한 존재다. 멘토를 확보하기 위한 모든 기술은 비즈니스 파트너를 찾는 데에도 적용된다. 무엇이든 새롭게 시작하는 것은 고된 일이다. 당신의 짐을 나눌 사람이 있다면 혼자 가는 것보다 낫다. 함께하면 서로 사기를 진작하는 데 도움이 된다. 또한 파트너를 실망시키지 않기 위해 당신이 더 강해진다는 걸 알게 될 것이다.

모든 사람은 약점이 있다. 당신의 부족함을 보완하는 기술을 가진 파트너를 찾아라. 그렇다면 시너지 효과를 내어 누구도 두 사람을 막을 수 없게 된다. 세계 최고의 개발자였던 스티브 워즈니악은 사막에서 물도 못 팔 만큼 세일즈에는 소질이 없었다. 하지만 비즈니스 요령을 가진 스티브 잡스와 손을 잡음으로써 두 사람은 세계를 바꿨다. 폴 앨런이 없었다면 빌 게이츠는 마이크로소프트를 만들지 못했을 것이다. 구글은 래리 페이지와 세르게이 브린 두 사람의 천재성 덕분에 탄생했다.

오빌 라이트에게 형 윌버 라이트가 없었더라면 사람들이 전 세계를 비행할 수 있었을까?

헨리 웰스가 윌리엄 파고와 동업하지 않았다면, 은행업은 얼마나 달라졌을까?

동서지간인 윌리엄 프록터와 제임스 갬블이 의기투합하지 않았다면, 어떻게 순도 99.44%의 아이보리 비누가 나왔을까?

1977년 벤 코언과 제리 그린필드가 함께 아이스크림 가게를 열지 않았더라면 초콜릿 퍼지 브라우니 아이스크림의 진하고 크리미한 풍미를 어떻게 맛볼 수 있었을까?

제리는 "우리는 성공을 매출로만 측정하는 게 아니라 지역 사회에 얼마나 기여했는지를 고려했다. 우리가 생각하는 두 가지 핵심 사항이었다"라고 회상했다. 이베이의 창업자 피에르 오미다이어는 "처음에 그는 그건 바보 같은 이야기라고 했다. 그러고는 합류하겠다고 동의했다"라며 회사의 첫 직원이자 회장인 제프 스콜과 만났을 때를 회상했다.

리더가 되면
내 사람들과 함께 성장하라

당신의 회사에서 일할 사람을 확보했다면 해야 할 일의 고작 반을 끝낸 것이다. 직업의 만족도는 급여와 상관없다. 좋은 대우를 미끼로 직원을 끌어들일 수 있는지는 몰라도 자신의 커리어가 발전할 가능성이 없다고 느끼면 그들은 떠날 것이다. 멘토링도 받았고, 당신의 새 스타트업을 위한 팀도 꾸렸다. 이제는 역할을 전환할 때다. 당신의 회사 부서나 신생 스타트업에서 유능하고 똑똑한 인재를 붙잡아 두려면 팀원들에게 멘토십을 제공해야 한다.

《The 7 Hidden Reasons Employees Leave(직원들이 회사를 떠나는 7가지 숨은 이유)》의 저자 리 브랜햄에 따르면, 관리자의 89%는 직원이 돈 때문에 회사를 떠난다고 생각한다. 하지만 사실은 12%만이 더 많은 돈을 벌기 위해 회사를 떠나고 79% 대부분은 자신의 가치를 인정받지 못해서 회사를 떠난다. 설립 초기부터 당신의 기업 문화에 멘토십을 포함한다면 직원들은 회사뿐 아니라 동료와 멘토들에게 애착을 느낄 것이다. 모든 회사가 첫날부터 시행해야 하는 멘토십 프로그램 두 가지가 있다.

1) 신입 사원 멘티, 경력 사원 멘토

동료 멘토는 신입 사원이 조직에 빨리 적응하도록 돕고, 그들이 친구를 사귀고 서로 지지할 수 있도록 하는 중요한 존재다. '누글러(Noogler)'라 불리는 구글의 신입 사원은 프로펠러가 달린 캡 모자를 착용하는데, '무엇이든 언제든 질문해도 된다'는 의미가 담겨 있다.

당신도 꼭 같은 방식으로 해야 한다는 건 아니다. 하지만 각 신입 사원을 일의 요령을 아는 사람과 매칭해 주면 더 빨리 배울 것이고 마음이 맞는 친구들을 찾아서 직장 내 처세술을 습득할 것이다.

2) 사원 멘티, 임원 멘토

회사가 더 커지면 커리어 멘토링을 시행해야 한다. 커리어 멘토란 코치와 직장 내 지지자를 합한 개념이다. 어떤 직원에게 조직의 고위직과 인맥을 형성할 기회가 주어지면, 직속 상사와는 다른 역량을 발산할 수단이 제공되는 셈이다. 자사의 멘토십 프로그램을 심층 연구한 선 마이크로시스템즈(Sun Microsystems)는 멘토십 프로그램이 사내에서 멘티와 멘토의 경력 경로에 미치는 효과에 대한 놀라운 결과를 확인했다. 직원들의 이직률이 걱정인가? 멘티들이 직장을 계속 다닐 유지율은 멘토십 프로그램에 참여하지 않은 사람보다 72%나 높았다. 무엇보다도 프로그램 불참자보다 멘티들의 임금 인상률이 더 높았고, 승진률도 다섯 배가 높았다. 멘토의 경우에는 다른 직원보다 승진률이 여섯 배가 높았다.

또한 사내 멘토링 프로그램은 직장 내 다양성을 진흥하기 위해서도 중요하다. 코넬대학교 노사관계대학원에 따르면, 멘토링 프로그램은 경영진의 소수 그룹 비율을 9%에서 24%까지 높인다. 멘토십 프로그램은 여성 직원 유지율도 38%나 증가시켰다. 전 디즈니 ABC 텔레비전 그룹 회장인 앤 스위니는 "우리가 서로에게 줄 수 있는 최고는 응원이라고 생각한다. 멘토링 관계에서 소수 그룹에 관심을 둔 누군가와 이야기한다는 사실은 내게 아주 중요하다. 단순히 다음 단계로 가는 데 도움을 받는 것이었다면 크게 관심을 안 가졌을 것이다"라고 말했다.

3) 원거리 멘토링

직원들이 전 세계로 퍼져 있는 아주 큰 조직을 운영했을 때 내가 사용한 멘토링 프로그램이 있다. 바로 원거리 멘토링이다. 이름에서 알수 있듯이 본사에 있지 않은 사람들이 다른 장소나 회사 내 타 부서의 동료들과 관계를 구축하도록 돕는 멘토링이다. 사내 멘토십 프로그램이 없었다면 나는 스타트업 창업가에서 기업의 책임자로 도약하지 못했을 것이다. 내가 참여했던 가장 효과적인 프로그램은 유니버설 스튜디오(Universal Studios)의 크로스 비즈니스 에셋 매니지먼트(CBAM: Cross-Business Asset Management)였다. CBAM은 영화, TV, 테마파크, 디지털, 음악, 소비자 제품 분야의 대표들과 고위 경영진으로 구성돼 있다. CBAM은 사내에서 더 많은 계약을 따내는 성과를 냈다. 음악 부서에 아는 사람이 있다면 당신의 영화에 사용되는 노래 저작권을 다른 회사를 통해 알아볼 필요가 없지 않은가? 이제 막 일을 시작한 신참인 내게 CBAM은 내 새로운 디지털 제품들이 다른 부서를 통해 자금이 조달되고 추천되도록 한 귀중한 기회였다.

펩시코(PepsiCo)의 인드라 누이는 "멘토들이 없었다면 나는 지금 이 자리에 없었을 것이다. 훌륭한 멘토링, 훌륭한 코칭이 지금의 나를 만들었다. 코치나 멘토는 아주 중요하다. 당신의 남편, 가족, 상사 누구든 당신의 코치나 멘토가 될 수 있다"라고 말했다. 그런데 이렇게 당신 팀의 자질을 향상시키는 데 온 힘을 쏟는데도 직원들이 떠난다면 어떨까? 또 당신 팀의 자질을 향상시키지 않는데도 직원들이 기어이 안 떠나고 있다면 당신 회사의 미래가 어떻게 될지 상상해 봐라.

조직을 안전하게
업그레이드하는 노하우

많은 신참 기업가가 제일 어려워하는 점이 있다. 바로 회사를 창립한 원년 팀의 기술로는 한계가 있을 정도로 성장했음을 인정하는 것이다. 작은 사무실에서 직원 몇 명으로 시작한 회사가 전 세계에 수천 명의 직원을 둔 회사로 성장하고 성숙해지면 현재 팀 구성원들의 역량만으로는 이 성장을 관리하고 유지하는 게 무리일 수 있다. 바꿔 말하면 처음 비즈니스를 시작할 때는 최고의 인재, 경험이 많은 인재들을 영입하는 게 불가능했다. 그런데 이제 고위급 인사를 영입할 능력을 갖췄다. 당신은 어떻게 조직을 업그레이드하겠는가?

1) 외부에서 새로운 적임자를 발탁하라

첫 번째 단계는 당신의 회사가 운영하지 않는 분야를 식별하는 것이다. 문제의 근원을 파악했다면 다음 단계는 저성과자들이 승률을 높일 수 있는지, 아니면 이들이 내부에서 감당하기에는 너무 큰 산인지를 결정한다. 미국 최대 오프라인 소매점인 월마트의 경영진은 온라인 게임 사업을 들이려고 했을 때 월마트의 직원들이 아마존과 경쟁할 만큼의 이 커머스에 대한 전문 지식이 없다는 걸 알았다. 그래서 아마존에서 소매 시스템 및 서비스 담당 부사장을 역임한 수레쉬 쿠말을 영입해 월마트의 글로벌 최고 기술 책임자 겸 최고 개발 책임자로 임명했다.

2) 적시에 고용할 수 있는 인재 풀을 만들어라

핵심 인재를 영입하는 데는 비용이 많이 들고, 고액을 제시하며 그들을 영입하려는 큰 기업들이 늘 있기 마련이다. 직장인의 53%가 현 직장에 만족하지 않는 상황에서 당신이 만드는 기업 문화는 높은 연봉보다 더 매력적인 카드가 될 수 있다. 최고의 인재를 영입하는 비결은 그들이 필요할 때까지 기다리지 않는 것이다. 창립자라면 잠재된 인재를 찾기 위해 늘 네트워킹을 할 필요가 있다. 인재가 필요하기 전에 그들에게 연락을 하고 매달 두세 명을 인터뷰해라. 좋은 선수를 충분히 대기시켜 놓으면 공석이 났을 때 재빨리 투입시킬 수 있고, 언제라도 떠날 준비가 된 인재들을 발견하는 좋은 기회를 만들 수 있다.

수십 년 전, 후웨어(WhoWhere)라는 이름의 스타트업이 팀을 꾸려서 비즈니스 기회를 찾기 위해 나를 찾은 적이 있었다. 그 회사의 기업 개발 담당 부사장인 엘렌 레비가 참 인상 깊어서 팀이 모두 나갈 때 잠시 기다려 달라고 했다. 그리고 "어떤 조건이면 지금 직장을 그만두고 우리 회사로 올 수 있겠습니까?"라고 질문했다. 이후 그녀를 영입할 기회는 한 번도 없었다. 그런데 몇 년이 지나서 그땐 반대로 그녀가 내게 질문을 던졌고, 그녀가 자문 위원으로 있는 링크드인이라는 스타트업에 나를 영입했다.

엘레베스트(Ellevest)의 CEO이자 공동 창업자 샐리 크로첵은 "성장을 거듭하는 우리 회사의 대표로서 절대 하지 않을 일이 있다면? 현금 유동이다. 당신의 비즈니스가 수십억 달러의 수익을 내는 상황이라면 실수를 많이 해도 성공적으로 운영할 수 있다. 하지만 스타트업은 고용 실수를 몇 번 하게 되면 순식간에 위기에 처할 수 있다"고 경고한다.

당신의 아이디어는 실행이 잘 돼야만 빛을 발할 수 있다. 당신의 목표를 이루기 위해서는 팀원들이 필요하다. 부와 성공을 위한 여정에서 멘토와 파트너들에게 받은 용기와 지지를 이제 당신이 고용하는 사람들에게 보답할 차례다. 기업 문화는 벽에 걸어 두는 좌우명이나 사규집에 명시된 임무가 아니다. 당신이 어떻게 직원을 뽑고, 그들을 붙잡아 두고, 격려하는지부터 시작된다.

더 중요한 것을 하기 위해 일을 위임하라

100점짜리 직원 1명 대신 70점짜리 직원 여러 명을 고용하라

아무쪼록 이 프로젝트가 빈이 다른 사람을 멘토링할 수 있는 기틀을 마련해 주길 바란다. 빈 클랜시는 직원들을 고용함과 동시에 영입을 모색하며 멘티에서 멘토로, 직원에서 경영인으로 바뀌는 데 걸린 시간이 6개월도 채 안 걸렸다.

빈은 업무를 도와주는 파트타임 프리랜서 몇 명을 둔 상황에서 한 가지 문제를 해결해야 했다. 그것은 바로 대부분의 사업가들을 괴롭히는 '언제 위임할 것인가'라는 질문이었다. 빈은 만족스럽지 않은 프리랜서들의 결과물에 실망하다가 결국에는 그들이 한 일을 다시 하는 일이 벌어졌다. 그는 자신이 낭비한 시간에 화가 났다.

나는 빈에게 회사를 키우기 위해서 왜 C학점 학생들을 고용하는 것에 익숙해져야 하는지 설명했다. 창업가들은 자신의 비즈니스 운영에 대해서는 최우등생들이다. 어떤 업무든 완벽하게 하고자 하는 의욕에 가득 차 있다. 물론 그렇게 하지 않으면 새 회사는 실패한다. 학교의 예를 들어 설명하자면, 창업가들이 시험에서 완벽하게 100점을 받을 수 있는 반면, C학점 학생들은 70점밖에 못 받는다. 그런데 C학점 학생 두 명을 고용하면 누계 생산량은 140점이 된다. 세 명을 고용하면 210점이다. 이 예시에서 알 수 있듯이 직원 한 사람을 고용하는 것이 당신의 생산량이나 능률을 두 배로 향상시키지는 않는다. 어느 누구도 위임하는 것을 배우지 않고 10억 달러 회사를 키워 내지 않았다.

빈이 회사에 정식 직원을 고용하면서부터는 마침내 멘토링과 위임을 모두 잘하게 됐다. 직원 수가 늘어나면서 빈은 새 고객을 위한 제안서를 10개 작성하는 데 충분한 시간을 낼 수 있었다. 일상 업무는 직원들이 하고, 빈은 제안서 추심에 더 많은 시간을 쏟은 결과 새 고객과 네 건의 계약을 체결했다.

6개월 차 누적 매출: 56만 1,806달러

한 달 내내 감기로 고생하면서도 수면 시간을 아껴 가며 열심히 일한 그의 노력은 결실을 맺었다. 당월 여섯 자리 수 수익을 달성했다. 여정의 절반 정도를 달려온 지금, 여섯 번째 달에 10만 9,439달러를 달성하면서 빈은 백만장자가 되기 위한 그의 목표에 56% 가까이 갔다.

제8장

시간과 돈이
모이는 곳을
알면 된다

디지털 사업에서 살아남는
경쟁력 기르기

FUTURE
PROOFING YOU

Twelve Truths for Creating Opportunity, Maximizing Wealth,
and Controlling Your Destiny in an Uncertain World

새로운 기술의 역할은
고객이 원하는 일을 하기 위해 새로운 기회를 창출하는 것이다.

팀 오라일리(오라일리 미디어 CEO)

10년 전으로 돌아간다면
어떤 주식을 살 것인가?

만약 〈백 투더 퓨처〉의 마티 맥플라이처럼 타임머신 '드로리안'을 타고 2010년으로 시간 여행을 떠날 수 있다면, 21세기를 살면서 알게 된 모든 지식을 가진 당신은 젊은 당신에게 어떤 기술주를 사라고 조언하겠는가? 페이스북, 아마존, 넷플릭스, 구글 같은 성장주를 몇 년 전에 샀더라면 지금 당신이 얼마나 부자가 됐을지를 생각해 봐라. 하지만 이 기업들 중 어느 기업도 10년 전에는 빅테크 기업이 아니었다. 테슬라나 애플 같은 하드웨어 기업은 어떨까? 이 기업들 역시 마찬가지다. 아니면 알리바바, 바이두(Baidu), 텐센트(Tencent), 샤오미(xiaomi)나 크게 성공한

다른 아시아 테크 유니콘을 선택해야 했을까? 역시나 최고의 투자가 아니었을 것이다. 앞서 언급한 10억 달러의 성공을 이룬 어느 기업에 투자했어도 도미노 피자 주식 한 주를 산 만큼의 수익을 챙기지는 못했을 것이다.

그렇다. 도미노 피자는 테크 기업이다. 도미노 피자 매출의 절반 이상은 디지털 플랫폼에서 온다. 오늘날 소비자들이 매일 얼마나 많은 시간을 휴대폰에서 보내는지를 잘 간파한 도미노 피자의 경영진은 앱 중심의 기업이 되기 위해 거금을 투자했다. 오늘날 도미노 피자 IT 부서에는 다른 부서보다 많은 직원이 일한다. 도미노 피자는 2010년 이래로 주가가 2,000% 이상 뛴 테크 스타트업이다. 이쯤이면 도미노 피자보다 더 짭짤한 투자처는 없다고 말할 수 있을 것이다.

당신의 비즈니스는 단순히 당신이 어떤 제품을 팔고 어떤 서비스를 제공하는지가 아니다. 어떻게 당신의 고객들에게 그들이 보지 못한 모든 기능을 알려 주는지와 관련 있다. 물론 도미노 피자가 맛있는 피자를 만들기도 한다. 하지만 도미노 피자는 소비자에게 접근할 수 있는 마케팅을 구상하고, 소셜 미디어 콘텐츠를 개발해서 고객들의 관심을 유발하는가 하면, 소비자가 주문을 쉽게 할 수 있도록 앱을 개발하기도 한다. 새로운 소비자의 입맛과 트렌드를 찾기 위한 조사를 시행하고, 새 가맹점주와 직원을 채용하고, 전 세계 90개국에 있는 1만 7,000곳의 매장 운영 비용을 절감하기 위해 대형 공급 체인을 관리한다. 피자를 만드는 일 자체는 비즈니스 과정에서 가장 쉽고도 작은 부분에 지나지 않는다.

시스코의 회장 존 챔버스는 "사업체가 새로운 기술을 수용하기 위해 어떻게 기업 전체를 바꿔야 할지를 모른다면 적어도 전 비즈니스의 40%는 향후 10년 안에 소멸할 것이다"라고 예측한다. 실제로 시스코의 연간 500억 달러 사업은 순전히 다른 비즈니스 운영을 돕는 백 오피스 네트워킹 하드웨어 및 소프트웨어에 집중돼 있다. 이제는 무조건 테크 스타트업이라는 것이다.

당신이 시간을 쏟는 그곳, 당신이 돈을 쓰는 그것을 보라

당신이 진지하게 부의 최대화를 생각한다면 기술을 활용하는 것만이 성장할 수 있는 유일한 방법이다. 당신의 일상을 잠시 생각해 봐라. 아침에 눈을 뜨면 침대에서 몸을 일으키기도 전에 제일 먼저 하는 일이 무엇인가? 휴대폰을 확인하는 일이다. 그리고 대부분은 밤에 잠자리에 들기 전에 제일 마지막으로 하는 일이기도 하다. 미국인은 하루에 평균 5시간을 휴대폰을 이용한다. 1년으로 환산하면 365일 중 76일을 꽉 채우는 시간이다.

매일 1분마다 사람들은 470만 개의 유튜브 동영상을 보고, 1,900만 개의 문자 메시지를 보내고, 70만 개의 인스타그램 사진을 스크롤하며, 250만 개의 스냅스를 공유하고, 410만 번 구글 검색을 하고, 5,900만 개의 메시지를 보내고, 1억 9,000만개의 이메일을 전송한다. 사람들이 이렇게 많은 시간을 보내고 에너지를 쏟는 곳이 당신의 새 비즈니스가 있어야 할 곳 아니겠는가?

　그럼 이제는 당신이 돈을 어떻게 쓰는지 생각해 봐라. 우리가 버는 수입은 모두 다르지만, 당신이 한 달 수입에서 디지털 상품에 지출하는 비율은 얼마인가? 이는 내가 콘퍼런스에서 기조연설을 하거나 대학에서 강연을 할 때면 청중에게 자주 하는 단골 질문이다. 처음에는 대부분이 2~3%라고 대답한다. 내가 넷플릭스와 휴대폰 청구서를 언급하면 곳곳에서 10%라고 외치는 청중이 있다. 지금 이 순간 당신이 앞에 있다면 나는 당신이 소득의 절반 이상을 디지털 상품에 쓴다에 100달러를 걸 수 있다. 내기 해 볼까?

　내가 당신 주머니를 털기 전에 먼저 '디지털 상품'을 정의해 보겠다. 현대 경제에서 디지털 상품이란 물리적이지 않은 모든 것을 말한다. 월세나 담보 대출도 디지털 상품이다. 학자금 대출, 신용 카드 빚, 급여세, 사회 보장 부담금도 마찬가지다. 이는 시작에 불과하다. 당신이 사용하는 휴대폰, 케이블, 인터넷 서비스 또한 디지털 상품이다. 공과금, 자동차 비용, 자동차 보험, 건강 보험, 생명 보험도 마찬가지다. 디즈니 플러스, 훌루, 넷플릭스, 스포티파이 같은 엔터테인먼트 스트리밍 서비스 또한 모두 디지털 상품이다. 영화관에 가는 것도 마찬가지다. 이 책을 읽기 위해 몇몇 독자가 선택했을 전자책도 역시 디지털 상품이다. 어떤 단체나 동호회에 내는 회비가 있다면 그것도 포함된다. 이 많은 디지털 상품에 돈을 지불하고도 당신의 배는 부르고 몸에는 옷을 걸치

　　　　　　　　　　　　　　　　　　　　1년 안에 부자 되는 법

고 있다는 게 그저 놀랍기만 하다. 그런데 당신이 입고 있는 티셔츠는 현재 월마트를 제치고 미국 1위 의류 소매점으로 등극한 아마존에서 온라인으로 구입한 것일 공산이 크다.

코로나19 팬데믹을 겪으면서 우리는 더 많은 것이 가상화되고 디지털화될 수 있다는 것을 배운 바 있다. 온라인으로 이루어지는 원거리 학습은 교실 수업을 대체했다. 비즈니스 콘퍼런스가 줌(Zoom)이나 구글 행아웃(Google Hangouts)으로 진행되면서 참석자들의 항공기 이용과 호텔 연회장 예약은 불필요해졌다. 온라인 배달 서비스와 슬랙(Slack), 마이크로소프트 팀즈(Microsoft Teams) 같은 협업 툴 사용으로 원격 근무를 하는 사람들이 늘어나면서, 회사는 이제 더 이상 물리적인 공간도 필요 없게 됐다. 몇 주 혹은 몇 달 동안을 집을 떠나지 않고 코로나19에서 살아남았다면, 당신이 일하고 즐기고 사교 생활을 하는 모든 방식이 디지털에 의존하고 있다는 말이다. 그리고 현재 사람들이 재택근무에 적응한 한 '디지털화'라는 이름의 지니는 병 속으로 다시 들어가지 않을 것이다. 또한 가히 혁명적인 5G의 데이터 속도는 사람들의 미래 가상 세계로의 참여를 더욱더 부추길 것이다.

당신이 오늘날 많은 시간과 돈을 디지털 상품에 쓴다면 그 분야에서 커리어를 쌓고 비즈니스를 시작해 보는 건 어떨까? 도브 비누부터 립톤 티, AXE 바디 스프레이와 베스트 푸드 마요네즈까지 생산하는 초대형 기업 유니레버(Unilever)는 유형 소비재조차도 디지털 세계에 주목해야 한다고 인정했다. 유니레버의 최고 마케팅 및 커뮤니케이션 책임자인 키스 위드는 "이제는 더 이상 디지털 마케팅에 대해 이야기할 것이 아니라, 디지털 세계에서의 마케팅에 대해 이야기할 때다"라고 했다.

이를 가장 간단하게 말한 사람은 "소프트웨어가 세상을 집어 삼키고 있다"라고 한 벤처 캐피털리스트이자 웹 브라우저의 선구자인 마크 안드레센일 것이다. 60억 명 소비자의 클릭 하나로 연결된 곳보다 당신의 첫 100만 달러를 만들기에 좋은 곳은 없다. '첫째도 둘째도 입지'라는 말은 이미 옛말이다. 오프라인 소매점 입장에서는 당신이 생각할 수 있는 거의 모든 제품과 서비스를 다루는 구글, 페이스북, 옐프(Yelp)가 더 중요하다. 구글이 당신을 찾지 못한다면 당신의 고객들은 어떻게 당신을 찾을 수 있겠는가?

돈이 들어오길 기다리지 말고
돈이 깔린 판으로 가라

테크에 대해 두려워하거나, 20세기적 사고방식을 고수하는 사람들이 가장 많이 대는 핑계는 자신이 엔지니어가 아니라는 것이다. 스티브 잡스는 엔지니어가 아니지만 코딩을 전혀 배우지 않고 1조 달러 기업을 만들었다. 알리바바 창업자 마윈도 마찬가지다. 30대가 되기 전까지 컴퓨터조차 없었던 그는 온라인에서 440억 달러의 부를 창출했다. 자동차를 운전하기 위해 자동 변속기를 재조립할 줄 알아야 할 필요는 없다. 자동차는 그저 당신이 이동하는 데 필수적인 도구일 뿐이다. 소셜 미디어와 디지털 마케팅도 자동차와 다르지 않다.

릭 스틸은 어떠한 발명도 하지 않고 인터넷에서 수백만 달러를 번 테크 비전문가다. 1999년 다른 사람들이 웹 사이트를 시작할 때 그는 파트너와 함께 전국의 부동산 중개업자들을 위한 선두 세대 사이트인 로이스트 모기지(Lowest Mortgage)를 만들었다. 스틸은 요령을 터득해서 해당 비즈니스의 전문가가 됐지만 서브프라임 모기지 사태의 어두운 그림자를 목격한 후 온라인에서 판매할 다른 아이템을 찾아야 했다.

스틸은 새집을 장만한 지 얼마 안 되어 창문 가리개를 알아보던 중 상품의 높은 가격을 보고는 뭐든 온라인에서 물건을 팔기만 한다면 모기지 상품을 팔기 위해 검색 엔진을 사용하는 것보다는 쉬울 것을 캐치했다. 그 아이디어 하나로 2003년 셀렉트블라인즈닷컴(selectblinds.com)이 탄생했다. 다른 회사의 제품을 온라인에서 재판매하는 그의 새 사업은 빠르게 성장했다. 사업 첫해 85만 5,000달러였던 매출은 2013년에는 연간 650만 달러로 뛰어서 불과 10년 만에 7,600%의 매출 증가를 달성했다.

자신만의 앱이나 웹 사이트를 만들어 사업에 뛰어들 준비가 안 됐다면 이베이에서 제품을 팔아 보면 어떤가? 이베이는 영국에서만 2017년 한 해에 1,000명이 넘는 새로운 이베이 백만장자들을 만들어 냈다. 초반에 식탁에서 속옷을 팔던 세 아이의 엄마 자닌 더턴은 자신의 이베이 비즈니스를 연 300만 달러 매출의 란제리 및 수영복 온라인 소매점으로 키워 냈다.

당신도 월마트, 페이스북, 크레이크리스트, 오퍼업(Offer Up), 아마존을 통해 식탁에서 상품을 팔 수 있다. 피드바이저(Feedvisor)가 시행한 최근 설문 조사에 따르면, 아마존의 모든 상품의 약 5분의 1은 연간 100만 달러 이상의 매출을 내고 있고, 이 숫자는 지속적으로 증가하고 있다.

당신이 서비스업을 하는 경우라면 어떤가? 그저 입소문 마케팅만 믿고 사업이 잘될 것이라 생각하는가? 그렇다면 자신에게 이 질문을 해 봐라.

'창문 유리를 교체하거나 새로운 동네에서 맛집을 찾을 때 주변 사람들에게 물어보는가? 아니면 휴대폰에 도움을 구하는가?'

놀랍게도 2017년 CNBC와 서베이몽키 스몰 비즈니스(SurveyMonkey Small Business) 설문 조사에 따르면, 소규모 비즈니스의 경우 35%만이 웹 사이트를 갖고 있고, 불과 40%만이 소셜 미디어에 포스팅을 한다고 나타났다. 그 많은 소규모 업체가 실패하는 이유다. 그들은 과거 아날로그 시대에 살고 있고 21세기 디지털 세계의 본질을 인정하지 않고 있다.

무엇보다도 디지털 세계는 소규모 사업체들이 다국적 대기업들과 공평하게 경쟁할 수 있는 장을 마련해 줬다. 틴더는 500만 회원들로부터 연간 12억 달러 이상을 벌어들이지만, 이는 로리 데이비스가 단돈 50달러와 트위터 계정 하나로 이플러트닷컴(eFlirt.com)이라는 데이팅 웹 사이트를 론칭하는 데 걸림돌이 되지 않았다.

거대 소비재 기업인 프록터 앤드 갬블은 질레트 면도기로 매년 72억 달러 이상 매출을 달성하지만, 마이클 더블린과 마크 러바인은 2011년에 달러 쉐이브 클럽(Dollar Shave Club)을 론칭했다. 5년 후 이 테크 스타트업 기업은 프록터 앤드 갬블의 최대 경쟁사인 유니레버에 10억 달러에 매각됐다.

이 세 사람이 경쟁력이 있었던 이유는 다국적 기업들이 사용하는 인터넷 같은 모바일 네트워크를 이용하면서도 확연히 저렴한 가격으로 소비자들에게 접근했기 때문이다. 전 세계적으로 공유되는 기술 인프라 때문에 거대 기업은 많은 혜택을 잃게 됐다. 모이제스 나임은 자신의 책《권력의 종말(The End of Power)》에서 "우리는 육체적 노동이 지능 중심으로, 북반구에서 남반구로, 서방에서 동방으로, 오래된 거대 기업에서 민첩한 스타트업으로, 오랫동안 권력을 장악한 독재자들에서 도시 광장과 사이버 공간의 시민들로 세계 권력의 이동이 이뤄지는 걸 목격하고 있다"라고 설명한다.

기회를 부로 전환하기 위한
경쟁력 높이는 법

다국적 기업들이 갖는 유일한 혜택이 있다면 더 많은 시간을 갖고 있다는 것이다. 다국적 기업에는 주당 40시간을 근무하는 수백 명의 직원이이 있다. 당신은 주어진 시간을 매 분 생산성을 높여 활용해야 한다. 기회를 부로 바꾸는 것은 결국 시간 관리에 달렸다.

시간 관리에 실패하는 이유는 자신이 얼마나 많은 시간을 낭비하는지 깨닫지 못하기 때문이다. 리서치 기관인 디스카우트(Dscout)의 한 연구에 따르면, 스마트폰 이용자들은 보통 하루에 2,617번 스마트폰을 확인한다. 이는 하루 중 90분을, 또는 1년 중 23일을 꽉 채워 스마트폰을 보며 시간을 낭비한다는 뜻이다. 다음으로는 TV를 꺼라. 미국인들은 평균 주당 33시간을 TV 앞에서 허비한다. 닐슨(Nielsen)에 따르면, 미국인들은 평균 하루 11시간 이상을 미디어를 시청하거나 이용하는 것으로 나타났다. 깨어 있는 시간의 대부분을 낭비하고 있다면 당신이 아직 성공하지 못한 건 당연하다.

이 장의 [자수성가 프로젝트]에서 빈이 다양한 소프트웨어를 소개할 것이다. 이 툴들이 당신의 일상에서 생산성을 향상시키는 데 도움을 주겠지만 이는 활용할 수 있는 도구에 지나지 않는다. 하루하루를 집중하고 효과적으로 쓰기 위한 비법은 계획 수립에 있다.

이전 장들에서 이미 언급했듯이, 당신의 하루는 사실 전날 밤에 시작된다. 당신을 계속 괴롭히던 고민거리를 적는 행위는 머릿속에 열려 있던 폴더를 비로소 닫는 절차인 셈이다. 끝나지 않거나 해결되지 않은 문제들은 당신에게 스트레스와 걱정을 안겨 준다. 무슨 일이 있어도 내일 끝내야 하는 다섯 가지를 목록화 하고 나머지는 선을 그어 지워 버려라. 끝내야 하는 것을 단호하게 결정하고 불필요한 것은 과감하게 처내라. 그다음에는 우선순위를 정해서 번호를 매겨라. 리스트를 만들어 적는 사람이 그렇지 않은 사람보다 일을 끝내는 비율이 90% 더 높은 것으로 나타났다. 이끌어야 할 팀이 있다면 팀원들에게도 같은 리스트를 요청해라.

다음은 당신의 생산성을 향상시킬 수 있는 최고의 팁 3가지다.

1) 모닝 스크럼(Morning scrum)을 해라

소프트웨어 개발에 참여하면서 알게 된 가장 효과적인 습관 중 하나가 모닝 스크럼이다. 커피와 도넛을 두고 여유롭게 테이블에 둘러앉아 하는 미팅으로 하루를 시작하는 대신 모두가 둥글게 서서 딱 15분간 어제 한 일, 오늘 할 일, 무엇이 일에 방해되는지 이야기하는 것이다. 이 시간에는 아무도 경과 보고서나 진행 업데이트 파일을 제출하지 않는다. 대신 그날 하루 어느 부분에서 도움이 필요한지 말한다. 이것으로 15분 만에 회사 전반의 애로 사항들이 해결된다.

2) 업무 시간을 배분해라

업무 시간 내내 수능 시험 때만큼의 집중력을 유지하는 사람은 많이 보지 못했다. 당신의 뇌는 살아 있고 숨을 쉬는 유기체, 그래서 피로를 느낄 수밖에 없는 유기체에 연결돼 있다. 한곳에 몰두하고 집중하는 능력에는 생물학적으로 한계가 있으며, 강도가 심해질수록 성과는 떨어지게 마련이다. 그러므로 사무실 문을 닫은 후 휴식 없이 50분간 일해라. 그리고 일어나 10분간 스트레칭을 한다. 간식을 섭취하고 물을 마셔라. 이 방식으로 당신은 12시간 동안 조금도 집중력을 잃지 않고 일할 수 있다.

3) 이메일 탭을 열어 두지 마라

모든 메시지 앱은 물론이고, 특히 휴대폰을 무음으로 설정해라. 당신에게 오늘 가장 중요한 다섯 가지 업무를 마친 후 잠깐 시간을 내 답변하면 된다. 모든 방해 요소를 한 번에 처리하면 누가 중요한 사람인지, 누가 시간만 잡아먹게 하는 사람인지를 파악해 우선순위를 정할 수 있다. 《원씽(THE ONE THING)》의 저자 게리 켈러는 "모든 일이 똑같이 중요한 것은 아니며, 성공은 가장 많이 하는 사람이 승리하는 게임이 아니다. 그런데 대부분의 사람이 매일 그런 식으로 행동하고 있다"라고 경고한다.

4) 경과 시간을 생각해라

제안서 작성, 예산 책정, 브레인스토밍 같은 복잡한 업무들을 처리할 때는 소요되는 시간을 현실적으로 계산해라. 당신의 일정에서 이 업무에 합당한 시간을 할당해 계획한다. 외근 시에는 이동 시간을 고려하는 것을 잊지 마라. 늦어서 헐레벌떡 미팅 장소에 도착하면 부신 피질이 코르티솔을 분비한다. 코르티솔이 과다하게 분비되면 스트레스와 불안, 우울증, 두통을 유발하고 심지어 기억력을 떨어뜨릴 수 있다.

5) 거절하는 법을 연습해라

당신이 모든 것에 예스(Yes)라고 답하는 예스맨이라면 노(No)라고 말하는 것을 배워라. 스티브 잡스는 "사람들은 집중해야 하는 것에 예스라고 말하는 것이 집중이라고 생각한다. 전혀 아니다. 집중이란 수백 개의 다른 좋은 아이디어에 노라고 말하는 것이다"라고 말하곤 했다.

6) 명확한 목표와 자율성을 동시에 위임하라

시간 관리의 가장 큰 장애물은 위임하지 않는 것이다. 1인 체제를 오래할수록 쥐고 있던 걸 내려놓는 게 더 힘들어진다. 위임을 할 때 효과적으로 소통하는 것은 당신의 몫이다. 프로젝트를 아주 명확하게 정의하고, 과정을 진행하는 중에 가능할 때마다 피드백을 줘라. 프로젝트 수행자가 자신만의 방법으로 진행하면서 창의성을 발휘할 수 있도록 해라. 가능하면 수행자가 의욕을 보이고 재능을 보이는 분야의 업무를 주도록 노력해라. 고마움을 표시하고 기대 이상의 성과 수행 시 성과급을 지급해라.

단, 당신이 정말로 즐기는 일은 절대로 다른 사람에게 위임하지 말라고 충고하고 싶다. 당신이 광고 에이전시를 설립한 크리에이티브 디렉터라면 직원과 예산을 관리하기 위해 회사를 차리지는 않았을 것이다. 당신은 창의적인 일을 하는 걸 즐기는 사람이다. 당신의 일을 재미있어한다면 이는 당신에게 계속 동기를 부여하고 더 즐겁게 일할 수 있다. 마이클 볼타지오와 수잔 페니거, 메리 수 밀리켄 셰프들이 자신의 식당에서 여전히 요리하는 이유다.

당신의 일과에서 복잡한 일들을 없애 버린다면 당신이 비즈니스를 시작하는 목적이 무엇인지가 가장 중요한 요소로 드러날 것이다. 당신은 목적을 성취함으로써 행복해질 것이고, 이는 당신을 영감을 주는 리더로 만들어서 모두가 당신과 함께 일하고 싶게 할 것이다. 그리고 모든 사람의 생산성을 향상시킬 것이다.

당신의 하루 계획이 잘 짜여졌다면, 테크 중심 회사를 운영하는 데 필요한 다음 단계는 백 오피스 일을 대체할 오피스 디지털 툴을 사용하는 것이다. 오늘날 주요 기업에서 많은 직원이 하던 업무의 대부분은 필요할 때 활용하고 쓸모가 없으면 버릴 수 있는 무료 소프트웨어나 앱으로 처리가 가능하다. 대기업들은 새로운 기회에 신속히 반응하지 못하는 이유는 회사 내에 위계질서가 깊숙이 자리 잡혀 있고 직원들이 연간 계획 주기에서 벗어나지 못하기 때문이다. 디지털톤토(DigitalTonto)의 그레그 사텔은 "다시 말해, 구 경제 관리자들은 체스를 했다. 기물을 상대편보다 한 칸 또는 두 칸 멀리 옮기면서 승리할 수 있다. 하지만 새로운 전략 게임은 온라인 RPG(role-playing game)에 가깝다. 새로운 기술과 유물을 획득하고 미션을 수행하고도 쉬지 않고 새 퀘스트를 찾는다"라고 설명한다.

[자수성가 프로젝트: 일의 효율]
최소 비용으로 최대 효과를 내라

디지털 비즈니스 전문가가 선정한 그로스 해킹 툴 22가지

빈은 기존의 비즈니스에 새롭게 접근하는 방식으로 세계 최고의 에이전시를 세웠다. 당신도 할 수 있다. 그로스 해킹 툴은 당신이 활동 범위를 넓히고, 고객 확보 비용을 줄이며, 시장에 즉각적인 피드백을 제공하고, 가상의 프리랜서와 전문가 인력 풀을 만드는 데 도움을 준다. 적은 자금 또는 무자금으로 운영하는 디지털 비즈니스는 빈 클랜시의 전문 분야다. 빈은 자금 부족을 겪는 기업가들에게 도움이 될 만한 수백 개의 온라인 리소스를 주의 깊게 보고 있다. 항상 새로운 것이 나오고 있는 현재, 일단 빈이 상위 22개로 꼽는 툴은 다음과 같다.

1) 슬랙(Slack)

당신의 팀이 꾸려졌으니 이제는 관리를 할 차례다. 초기에는 적절한 사무실 공간을 빌리는 게 너무 비쌀 것이다. 최고의 인재들이 당신과 같은 지역에 살지 않을 수 있다. 슬랙은 온라인상에서 협업을 할 수 있는 가상 오피스 허브다. 커뮤니케이션 채널과 툴, 파일을 모두 다룰 수 있다. 여러 개의 팀과 다양한 프로젝트를 관리한다면 슬랙은 모든 이의 시간과 돈을 아낄 수 있는 툴이다.

2) 워드프레스(WordPress)

10년 전에는 비즈니스 웹 사이트를 만드는 데 시간이 많이 들고, 복잡하며, 비용이 들었다. 웹 디자이너들은 개인 고객에게 이 커머스, 콘텐츠 게재를 할 수 있는 가장 기본적인 사이트를 만들고 수만 달러를 청구할 수 있었다. 문제는 새 브라우저, 운영 체제, 하드웨어, 바이러스 때문에 시시각각 발생하는 기술적인 문제를 해결할 웹 마스터 엔지니어를 비용을 주고 항시 대기시켜야 한다는 것이었다.

워드프레스는 사용하기 쉬운 템플릿을 제공해 누구나 사이트를 제작 및 관리할 수 있는 툴이다. 현재 인터넷상 웹의 42%가 워드프레스에서 만들어진다. 한 달에 4달러만 내면 워드프레스가 모든 기술적인 백엔드 문제들을 관리하고, 심지어 고객 센터의 실시간 채팅 상담도 제공한다. 초반에 나도 워드프레스를 이용해 웹 사이트(jaysamit.com)를 제작하고 상당히 만족했다.

3) 펙셀스(Pexels)

당신의 웹 사이트를 제작하고 마케팅 자료도 준비됐으니 이제 당신이 전하고자 하는 메시지에 숨을 불어넣어 줄 전문적이고도 퀄리티 높은 이미지가 필요하다. 펙셀스는 디자이너, 작가, 아티스트, 프로그래머, 기업가들에게 수십만 개의 아름다운 사진을 무료로 제공한다. 펙셀스 사용자들은 원하는 대로 사진을 수정하고 원하는 방법으로 로열티 없이 사용할 수 있다.

4) 캔바(Canva)

사진을 쌓아 두는 데는 한계가 있다. 갖고 있는 사진들을 시선을 끌 만한 소셜 미디어 포스트로 바꾸고 싶은데 디자인 편집 프로그램이 없거나 포토샵을 배우는 게 너무 귀찮다면 캔바의 드래그 앤드 드롭 툴을 사용해 전문적인 레이아웃을 구상하고 멋진 이미지로 만들 수 있다. 대용량의 이미지 라이브러리와 사진 필터, 아이콘, 모양, 무료 폰트를 제공하는 캔바를 이용해 1,000만 명이 넘는 사용자가 1억 개 이상의 디자인을 만들었다.

5) 포텐츠 콘텐츠 아이디어 제너레이터(Portent's Content Idea Generator)

당신의 사이트와 이메일에 사진이 등장하는 것만으로는 충분하지 않다. 클릭을 유도하는 마케팅 카피를 만들어야 한다. 시선을 끄는 기사 헤드라인이나 이메일 제목을 작성한다는 건 예술적이면서도 과학적인 작업이다. 포텐트 에이전시의 SEO 알고리즘인 콘텐츠 아이디어 제너레이터는 버즈피드(BuzzFeed)에 나올 법한 클릭을 부르는 제목을 곧바로 제공한다. https://www.portent.com/tools/title-maker에 '신참 기업가들을 위한 팁'을 입력했더니 '신참 기업가들과 제임스 프랭코가 가장 취약한 연결고리인 19가지 이유'라는 제목의 콘텐츠를 제시한다. 장담컨대 당신은 이 헤드라인을 클릭하고 말 것이다.

6) 레딧(Reddit)

최고의 콘텐츠라고 해도 적절한 청중을 적시에 공략해야만 효과적인 법이다. 당신의 타깃 시장이 누구인지, 당신의 청중이 현재 어떤 주제에 관심을 갖는지를 모르겠다면 레딧이 답이다. 레딧은 웹 콘텐츠와 소셜 뉴스 웹 사이트로 2억 3,400만 명의 독보적인 사용자들이 매달 콘텐츠에 '업(up)'과 '다운(down)'으로 투표를 한다. 독보적으로 넓은 범위의 사용자 참여를 자랑하는 레딧은 당신의 소셜 미디어 채널 콘텐츠를 위해 가장 최근 정보를 사용할 수 있는 보물창고다.

7) 리범프(Rebump)

당신이 아무리 강렬한 제목의 이메일을 보낸다 해도 사람들이 너무 바빠 이메일을 읽을 시간이 없는 경우가 있다. 그럴 때는 친절하게 팔로업 리마인더 메시지를 보내 주는 자동 툴인 리범프가 유용하다. 메일 수신자에게 마치 당신이 이메일을 다시 보낸 것처럼 메시지를 보내는 것이다. 리범프 사용자들은 자신이 보낸 이메일에 대한 답장을 받는 비율이 평균 30%라고 밝혔다. 다만 리범프로 같은 메시지를 10회 이상 보낼 시에는 당신의 잠재 고객이 적대감을 느끼는 걸 피하기 위해 약간의 유머를 곁들일 것을 제안한다.

8) 닌자 아웃리치(Ninja Outreach)

세상을 정복하기 위해서는 좋은 소셜 미디어 마케팅 그 이상의 것이 필요하다. 이제부터는 규모의 전쟁이다. 닌자 아웃리치를 통해서 곧바로 2,500만 명이 넘는 블로거와 소셜 미디어 인플루언서들에 쉽게 접근할 수 있다. 이 단 하나의 앱으로 잠재 고객들을 저장하고, 인플루언서 마케팅과 인맥 구축을 위한 지원 캠페인을 펼치고, 방문자 포스팅과 콘텐츠 프로모션, 디지털 PR을 관리한다. 백엔드에 관해서 닌자 아웃리치는 번거롭게 스프레드 시트를 사용하거나 SEO 팀을 고용할 필요 없이 당신의 모든 캠페인과 대화를 추적한다. 특정 분야 대한 검색만으로도 특정인의 이메일 주소를 알려 주는 기능도 있다.

9) 스트라이프(Stripe)

당신의 마케팅과 인플루언서 부대 덕분에 허겁지겁 지갑을 열 수천 명의 신규 고객들을 확보했는가? 스트라이프는 개인과 기업의 온라인 결제를 위한 아주 사용하기 쉬운 결제 프로세서다. 초기 세팅에도 많은 시간이 들지 않는다. 월별 기본 요금 없이 소액의 건당 거래비만 내면 모든 기술적 사안과 결재 사기 방지와 이 커머스를 운영하는 데 필요한 뱅킹 인프라 조건들을 처리할 수 있다. 100만 개 이상의 기업이 스트라이프를 이용하고 있는 상황에서 샌프란시스코에 본사를 둔 이 스타트업이 2021년 기준 가치가 950억 달러 이상의 가장 큰 핀테크 기업이 됐다는 것은 전혀 놀랍지 않다.

10) 인디드닷컴(Indeed.com)

혼자서는 세상을 정복하지도, 100만 달러 기업을 만들 수도 없다. 월 방문자 수만 2억 명이 넘는 인디드닷컴은 세계 1위의 채용 사이트다. 인디드닷컴은 1억 개가 넘는 이력서를 보유한 것 말고도 시장에서 통용되는 임금 기준을 알아보기에 좋다. 무엇보다도 가장 큰 장점은 구인

공고를 무료로 올릴 수 있다.

11) 팬텀 버스터(Phantom Buster)

비즈니스를 키우기 위해 사용할 수 있는 다양한 마케팅 툴이 모여 있는 만능 스위스 군용 칼과도 같다. 대표적으로 이런 기능이 있다.

- '비즈니스 이메일 파인더(Professional Email Finder)'는 모든 회사와 직원의 이메일 주소를 찾아낸다.
- '링크드인 네트워크 부스터(LinkedIn Network Booster)'는 링크드인 사용자 목록에 있는 사람들에게 초대장과 개인화된 메시지를 자동으로 보내 준다.
- '링크드인 메시지 샌더(LinkedIn Message Sender)'는 링크드인에 연결된 지인들에게 개인화된 메시지를 자동으로 보내 준다.
- '크레이그리스트 글로벌 서치(Craigslist Global Search)'는 전 세계의 모든 크레이그리스트를 한 번에 검색할 수 있게 한다.
- '크레이그리스트 페이지 스크래퍼(Craigslist Page Scraper)'는 크레이그리스트 페이지에서 나오는 모든 정보와 포스팅한 사람의 이메일 주소를 추출할 수 있게 한다.

12) 덕스 수프(Dux Soup)

링크드인과 비슷하게, 덕스 수프로 며칠마다 정기적으로 가망 고객에게 보내는 다이렉트 메시지 캠페인 같은 스마트한 링크드인 자동화를 실행할 수 있다.

13) 크리스털(Crystal Knows)

다른 사람들의 성격을 잘 이해할 수 있게 도와주는 툴이다. 크리스털은 소셜 프로필을 바탕으로 특정 인물의 성격 프로필과 이 사람과 교류하는 데 필요한 팁을 제공한다. 예를 들면 이 사람이 감성적인지 계산적인지, 이 사람이 캐주얼하게 이메일을 작성하는 것을 선호하는지 정중한 톤으로 작성하는 것을 선호하는지와 같은 정보들 말이다. 이 놀랄 만한 정보를 대부분 무료로 제공한다.

14) 핫자(HotJar)

소프트웨어의 보이지 않는 부분을 다루는데, 사용자가 당신의 웹 사이트를 이용하는 경로를 분석한다. 이를 최적화해 웹 사이트의 트래픽을 높이거나 사용자가 웹 사이트와 소통하는 방법을 개선할 수 있게 한다. 핫자는 웹 사이트 내 사용자가 어디에서 스크롤을 내리고, 어떤 것을 클릭하고, 어떤 것을 그냥 지나치는지에 대한 행동을 '히트 맵' 형식으로 보여 준다. 대단한 통찰력을 지닌 툴이라 할 수 있다.

15) 푸시크루(PushCrew)

상대방이 당신의 앱을 설치하지 않아도 사람들에게 푸시 알림을 보낼 수 있는 툴이다. 푸시크루를 당신의 웹 사이트에 설치하면 사이트 방문자들이 브라우저에 있지 않아도 그 사람들에게 새로운 행사나 새 블로그 글에 대한 알림을 보내거나 주문 진행 상황을 안내할 수 있다. 이 방법은 이메일보다 클릭률을 높이는 데 더 효율적이고 읽을 높일 수 있다. 특히 원클릭으로 가입할 경우 이상적이다. 가입을 위해 이메일을 따로 보낼 필요가 없는 것이다.

16) 포모(FOMO)

이 커머스에서 희소성을 만들기 위해 고안된 소프트웨어다.

'이 호텔에는 현재 딱 세 개의 룸이 남아 있습니다.'

'현재 85명이 이 호텔을 보고 있습니다.'

'런던에 사는 누군가가 지금 막 이 룸을 예약했습니다.'

소비자들에게 이런 메시지를 보여 주면서 그들이 룸을 예약할 확률을 높인다. 포모는 'Fear Of Missing Out(놓칠 것에 대한 불안)'을 의미하는 마케팅 기법을 활용하는 소프트웨어다. 누군가가 당신의 웹 사이트를 살펴보고 있을 때 그 사람에게 팝업 알림과 포모 메시지를 보내 준다.

17) 옵티마이즐리(Optimizely)

스플릿 테스트나 A/B 테스트 툴로도 알려져 있으며, 당신의 웹 사이트 방문자에게 두 가지 패턴을 무작위로 노출한 후 어떤 패턴에서 전환율이 높게 나오는지를 측정한다. 옵티마이즐리 외에도 유사한 툴로는 구글 옵티마이즈(Google Optimize), 비주얼 웹 사이트 옵티마이저(Visual Website Optimizer), 컨버트(Convert)가 있다.

18) 리드피더(Leadfeeder)

어떤 기업이 당신의 웹 사이트를 방문하는지, 어떻게 그들이 당신을 찾았는지, 어떤 것에 관심이 있는지를 보여 준다. 이를 바탕으로 당신은 그들의 이메일 주소를 찾아서 방문자를 다시 끌어들이기 위해 캠페인을 만들 수 있다.

19) 버퍼(Buffer)

하루 종일 너무 바빠 포스팅을 할 시간이 없다면 훌륭한 소셜 미디어 콘텐츠를 만드는 게 무슨 소용이 있겠는가? 버퍼는 게시 일정 관리와 실적 분석을 간소화하고, 데스크톱이나 모바일 기기로 당신의 모든 소셜 미디어 계정을 한 곳에서 관리할 수 있게 한다. 버퍼는 텍스트, 이미지, 동영상, GIF도 지원한다. 팔로워들의 참여를 최대화하기 위해 청중에게 답변할 수 있는 자동화 툴도 있다.

20) 수모(Sumo)

당신의 웹 사이트에 배너 및 다른 대상들을 배치해 더 많은 이메일 구독자를 끌어들일 수 있게 한다. 코딩이 필요 없는 간단한 세팅으로 이메일 구독자를 늘리는 데 도움을 줄 것이다.

21) 바이럴 룹스(Viral Loops)

좋은 마케팅 전략이란 당신의 현재 고객들이 앰버서더가 되어 추천을 통해 그들의 친구들을 새 고객으로 만드는 고객 소개 제도를 만드는 것이다. 페이팔과 드롭박스는 이 마케팅을 잘 활용한 케이스로, 비즈니스를 키우는 데 성공했다. 바이럴 룹스는 당신의 비즈니스에 적격인 소개 제도를 만드는 데 필요한 모든 것을 제공한다. 특히 페이스북 메신저에 유용하다.

22) 믹스맥스(MixMax)

이메일 수신자가 이메일을 읽었는지, 몇 번 읽었는지, 첨부 파일을 열었는지, 링크를 클릭했는지를 보여 주는 지메일 확장 프로그램이다. 이 통합 툴은 심지어 당신이 보낸 이메일이 다른 사람에게 전달됐는지 여부도 추적할 수 있다. 믹스맥스는 예약 전송도 가능해 당신의 이메일을 좀 더 멋지게 만들어 주며, 템플릿 사용을 위한 훌륭한 기능도 자랑한다.

시간이 없어서 망하지 않으려면 관리하라

처음부터 빈과 나는 서로 아주 솔직하게 의사소통을 했다. 애초에 잘난 체 같은 건 없었다. 안 좋은 소리를 할 때도 둘러서 말하거나 불만을 감추기에는 둘 다 너무 바빴다. 진정으로 효과적인 멘토링을 위해서는 양측이 솔직하고 숨기는 게 없어야 한다. 멘토링을 통해 배울 수 있는 것 또한 서로에서 도움이 돼야 한다. 나는 새로운 툴과 해크들을 즐거운 마음으로 배웠고, 빈은 반대로 자신의 시간을 더 효과적으로 사용하는 법을 배운 것에 기뻐했다.

고객의 관심을 끌기 위해 경쟁하는 수많은 디지털 채널 속에서 이 실험이 시작될 무렵 빈이 해결해야 할 주요 과제는 시간 관리였다. 소화할 수 있는 것보다 더 많은 기회가 주어지지 않았다면 시간을 최적화하는 트레이닝을 할 수 없었을 것이다. '세일즈는 낮에'라는 내 첫 번째 규칙은 긍정적인 마인드를 갖고 있지만 번아웃으로 휘청거리고 있던 빈의 공감을 얻을 수 있었다. 넘치는 이메일과 전화에 대응하다 보면 도무지 끝이 안 나는 두더지 잡기 게임을 하는 것처럼 시간을 낭비하기 마련이다. 기업가이자 동기 부여 연설가인 짐 론은 경고한다.

"당신이 주인이 되어 하루를 관리해라. 아니면 당신의 하루가 당신을 쥐고 흔들 것이다."

제9장

큰 사업을 따라다니면 된다

대기업 신제품의
하위 카테고리를 차지하는 방법

FUTURE
PROOFING YOU

Twelve Truths for Creating Opportunity, Maximizing Wealth,
and Controlling Your Destiny in an Uncertain World

공허를 자세히 들여다보다보면
그 공허가 당신을 향해 대답을 한다.

프리드리히 니체(독일의 철학자)

스마트폰과 함께 등장한
680억 달러 규모의 시장

새 아이폰 출시는 늘 빅 이벤트지만 아이폰X는 특히나 역대급이었다. 매장 앞은 아이폰 10주년을 기념해 출시된 제품을 손에 넣기 위해 텐트까지 동원한 수천 명의 애플 광팬으로 장사진을 이루었다. 사람들이 두근거리는 마음으로 차례를 기다리고 있을 때 플래그십 애플 스토어에서 한 남자가 나왔다. 그 남자는 1,000달러 상당의 아이폰에 휴대폰 케이스를 끼운 후 한 사람에게 힘껏 땅에 집어던지라고 했다. 밤새도록 신제품을 기다린 구매자는 그 남자가 제정신이 아니라고 생각하고는 요청을 거절했다. 하지만 자신에게서 눈을 떼지 않는 수많은 애플

팬과 TV 프로그램 취재진에 결국 반짝이는 새 아이폰을 콘크리트 바닥에 집어던졌다. 그런데 아무 일도 일어나지 않았다. 핸드폰에는 스크래치 하나 나지 않았다.

이 일화에 나오는 모우스 리미트리스(Mous Limitless) 케이스의 성능은 가히 놀랍다. 하지만 더욱 인상 깊은 점은 그 제품을 만든 팀이 자신들이 만든 첫 케이스 제품을 사무실로 받아 보기 전에 어떻게 백만장자가 됐느냐는 것이다.

애플은 2007년 아이폰을 출시함과 동시에 연간 680억 달러 규모의 휴대폰 액세서리 시장에 공백을 만들어 냈다. 아이폰과 안드로이드가 탄생한 지 10년이 지난 후에도 여전히 메워야 할 공백이 있었다. 사용자들이 고가의 스마트폰을 실수로 떨어뜨려서 파손되는 경우는 허다하다. 그런데 어느 누구도 떨어졌을 때 충격으로부터 스마트폰을 보호해 줄 콤팩트하고 매력적인 아이폰 케이스를 만들지 않았다. 얇은 케이스를 사용하면 액정이 깨지기 일쑤고, 그렇다고 투박한 군용 스타일의 케이스는 크고 무거워서 휴대하기에 불편했다.

영국 입스위치에 사는 거의 파산 상태였던 밀레니얼 세대 다섯 명은 휴대폰 시장에서 파생된 공백을 캐치하고는 환상적인 유튜브 동영상을 만들었다. 바로 45피트 높이의 크레인에서 떨어뜨려도 충격을 흡수하는 새로운 리미트리스 케이스의 저력을 보여 주는 영상이었다. 그들은 크라우드 펀딩 사이트인 인디고고(Indiegogo)를 통해 5만 명이 넘는 고객들로부터 무려 246만 9,907달러를 펀딩받았다. 또 하나의 공백이 유익

한 방법으로 메워진 셈이다.

성공한 신제품이나 신기술은 그것과 연관된 새로운 시장을 만들어 낸다. 헨리 포드가 1924 포드 모델 T를 대량 생산하기 전까지는 세차장이나 주유소가 존재하지 않았다. 조지 보상이 전기 기타를 발명하기 전에는 앰플이나 믹싱 콘솔, 트레몰로, 헤비메탈 로큰롤도 없었다. 마크 주커버그가 페이스북을 출시하기 전에는 소셜 미디어 전문가나 인플루언서도 없었다.

'내가 필요했던 거야'라며 지갑을 여는 물건들

전 구글 회장 에릭 슈미트는 "성공한 혁신가와 성공한 기업의 특징은 다른 사람이 보지 못한 빈 공간을 본다는 것이다. 그들은 사람들이 말하는 걸 그저 듣기만 하는 것이 아니다. 그들은 새로운 것을 만들어 낸다. 당신이 필요하다고 생각하지 못했던 것들, 그런데 막상 그것을 보게 되는 순간 '맞아, 저건 내가 필요했던 거야'라고 말하게 하는 것들 말이다"라고 말했다.

너무 많은 기업가가 완전히 새로운 산업을 만들려고 노력하기 때문에 힘이 들고 또 실패하는 것이다. 아이폰처럼 세상을 완전히 바꾼 파괴적인 혁신을 이끄는 제품을 개발하는 데는 수년이 걸리고, 정말 이루기 힘든 일이다. 반면 세상을 완전히 바꾸고 파괴적인 혁신을 이끄는 제품이 만들어 내는 공백을 메우면서 돈을 버는 것은 훨씬 쉽다. 미래에 끄떡없길 원한다면, 당신의 길잡이가 될 좌우명은 바로 이것이다.

'공백을 메워라.'

수백만 명이 인스타그램에 반려동물 사진을 올리는 것을 본 포 챔스 (Paw Champs) 팀은 660억 달러 규모의 반려동물 시장에서 공백을 포착했다. 사진을 찍을 때마다 반려동물이 스마트폰 카메라를 보게 하는 건 여간 어려운 일이 아니다. 이 점을 간파한 포 챔스 팀은 반려동물이 좋아하는 간식을 꽂아서 스마트폰에 장착 가능한 플라스틱 집게인 플렉시 포(Flexy Paw)를 만들었다. 이를 사용해 반려동물의 '포(Paw)펙트한' 정면 사진을 찍을 수 있다. 이로써 인스타그램 반려동물 폰 액세서리의 공백이 메워졌다.

끝없는 혁신의 시대에서 세계 최대의 기업들은 새로운 '머스트 해브 아이템(Must-have-item)'의 카테고리를 만드는 데 지속적으로 수십억 달러를 쓰고 있다. 애플, 삼성을 비롯한 제조사들은 이제 레거시 제품으로는 살아남을 수 없다. 최근에 소니 워크맨을 구매한 적이 있는가?

매년 1월이면 국제 전자 제품 박람회가 열리는 라스베이거스 컨벤션 센터는 미래 신제품을 찾으려는 17만 5,000명이 넘는 인파로 붐빈다. 해마다 새로운 세상을 약속하는 새로운 카테고리가 선보이고, 수십억 달러에 달하는 제품들이 팔린다. 불과 몇 년 전에는 구경할 수 없었던 새로운 제품군을 생각해 봐라. 3D 프린터, 스마트 스피커, 비디오 도어벨, 사물 인터넷(IoT) 기기, 와이파이 네트워크, 드론, 가상 현실 고글, 증강 현실 안경 등 이 신제품 하나하나의 도입은 명민한 기업가에게 두 가지 공백을 만들어 준다.

공룡 기업들이 세상을 바꾸면 그 틈에 많은 돈을 벌 수 있다

1) 거대 기업이 벽돌을 만들면 당신은 회반죽을 만들어라

당신이 채워야 할 첫 번째 공백은 내가 '회반죽' 제품이라고 부르는 것이다. 대형 다국적 기업들이 벽돌을 만든다면 당신은 그들의 시장을 지탱하기 위해 벽돌에 바를 회반죽을 제공하면서 백만장자가 될 수 있다. 업계의 거인들은 신제품에 쏟는 투자가 상당하기 때문에 제품의 주요한 기능에 초점을 맞춰야 한다. 그들이 소비자의 지출에 가장 큰 부분을 차지할 수 있는 영역이기 때문이다.

다국적 기업들은 마치 바닷속에서 모든 물고기를 잡아먹을 수 있는 육식 상어와 같다. 몸집이 훨씬 작은 당신은 똑똑한 레모라처럼 사고하고 행동해야 한다. 빨판상어로도 불리는 레모라는 등지느러미에 있는 흡착 판으로 상어의 배에 붙어서 상어가 먹고 남은 찌꺼기를 먹으며 기생하는 작은 물고기다. 상어와 레모라는 서로 공생하는 관계다.

애플은 7,380억 달러에 달하는 아이폰 시장에 매달리느라 아이폰 케이스 시장에 집중할 시간이 없었다. 마찬가지로 자동차 회사들은 개인 맞춤화를 위한 3,000억 달러 규모의 미국 부품 시장을 다른 플레이어들에게 내줬다.

무엇보다도 틈새시장을 충분히 크게 키워 낼 경우 당신의 스타트업이 최초의 시장을 만들어 낸 기업으로부터 상당한 금액에 매각될 수도 있다. 그럼 당신에게는 두 번째 기회가 주어지는 셈이다.

서퍼이기도 한 닉 우드만이 자신의 혁명적인 고프로로 액션 비디오 카메라 시장을 개척했을 때, 곧 다른 비디오카메라 제조사들과 만만치 않은 경쟁을 할 것을 알고 있었다. 빠르게 성장하던 이 회사는 현실적인 위협 앞에서 자신의 시그너처 카메라로 새로운 시도를 하는 데 모든 자원을 집중했다. 그 결과 서프보드와 오토바이 헬멧에 카메라를 장착함으로써 새로운 공백을 만들어 냈는데, 바로 동영상을 빠르고 간편하게 편집해서 사람들의 이목을 끄는 소셜 미디어 콘텐츠로 만드는 앱 시장이었다.

리플레이 앤드 스플라이스(Replay and Splice) 앱은 그 공백을 재빠르게 메웠고, 이는 고프로 사용자들에게 머스트해브 소프트웨어가 됐다. 고프로는 타 카메라 제조사들과의 경쟁에서 선두를 지키기 위해 동영상 편집 앱들을 자신의 사업으로 수직 통합하기로 했다. 2016년, 고프로는 동영상 편집 앱을 만든 스타트업인 스튜플릭스(Stupeflix)와 베모리(Vemory)를 1억 500만 달러에 인수했다.

이렇듯 역사적으로 볼 때 '회반죽' 기업을 인수하는 가장 바람직한 주체는 벽돌을 만드는 기업들이다. 거대한 새로운 생태계를 소유함으로써 기업들은 시장에 새롭게 진입하는 기업들이 자신들을 밀어내는 것을 방어할 수 있다.

2001년 애플은 아이팟과 아이튠즈라는 혁명적인 생태계로 디지털 음원 시장을 만들었다. 소프트웨어와 하드웨어 운영이 너무 순조롭게 흘러가자 애플은 시장 전체를 지배할 수 있을 거라 예측했다. 하지만 그 두 제품의 수직 통합에도 애플은 여전히 큰 공백을 남겼는데, 바로 헤드폰 시장이었다. 아이팟을 통해 음악을 들으면 들을수록 사람들은 애플이 제공한 싸구려 이어폰을 교체하고 싶은 마음이 들었다. 비츠 일렉트로닉스(Beats Electronics)는 비츠 바이 드레(Beats by Dre) 헤드폰으로 그 공백을 확실히 메웠고, 2013년 애플은 비츠 일렉트로닉스를 사상 최대 규모인 30억 달러에 인수했다. 이렇듯 거대한 새 제품군은 메워야 할 거대한 공백을 만들어 낸다.

2) 신제품을 사용하게 만드는 콘텐츠를 만들어라

대기업의 신제품이 만들어 내는 두 번째 공백은 시연 유스 케이스(use case)다. 대기업의 마케터들은 자사의 제품이 작동하는 것을 보여 주면서 제품을 즉시 설명할 줄 알아야 한다. 애플이 아이패드를 만들었을 때 소비자들에게 '화면 밀어내기'라는 새로운 콘셉트를 이해하도록 쉽게 설명해 줄 방법이 필요했다. 믿기 어렵겠지만 좌우로 밀어내기는 2012년 3월 전까지 존재하지 않았던 콘셉트다.

애플은 스와이프 중심의 게임을 만들려는 게임 회사를 찾아 업계를 샅샅이 뒤진 결과 로비오 엔터테인먼트(Rovio Entertainment)라는 파산 직전의 핀란드 회사를 찾아냈다. 애플 마케터들은 아이패드의 거의 모든 TV 광고에 게임 디자이너 야코 이살로가 디자인한 새 게임의 클립을 포함했다. 1억 달러 이상 가치의 마케팅 매체를 무료로 사용한 로비오의 '앵그리 버드'는 순식간에 역사상 가장 성공적인 모바일 게임 중 하나가 됐다. '앵그리 버드'는 모든 플랫폼을 통틀어 30억 번이 넘는 다운로드 수를 기록했을 뿐 아니라 수십억 달러에 달하는 라이센싱 제국을 만들어 냈다. 영화부터 TV용 애니메이션 시리즈, 책, 만화, 장난감, 의류, 음악, 심지어 앵그리 버드 탄산음료까지 있다.

제조사들이 신생 시장을 키우기 위해 어떻게 수백만 달러를 기꺼이 쓸 수 있는지를 보여 주는 좋은 예는 비디오게임 플랫폼이다. 직접 게임을 할 수 있는 콘텐츠가 제공되지 않는다면 누가 플레이스테이션이나 엑스박스를 사겠는가? 모든 새 제품군은 생존을 위해 공생적인 생태계를 요구한다. 다시 말해 공백을 메우는 것은 도입된 제품이 만들어 내는 빈 공간을 채우는 것이다.

어떤 게임 플랫폼이 인기를 얻으면 모든 개발자가 그 게임을 하는 사람들이 있는 곳에 몰리고, 동일한 하드웨어에서 게임을 작동하는 대가로 제작사에게 게임당 로열티를 지불한다. 그리고 새 플랫폼이 도입될 때마다 제작사들은 마중물을 붓기 위한 작업으로 하드웨어의 최신 사양을 부각하는 새 소프트웨어를 개발할 회사에 비용을 지불할 것이다.

1990년대 내가 PC 기반 CD-ROM 지원 비디오 게임을 디자인했을 때 아타리(Atari)가 아타리 재규어 CD 플랫폼을 위한 게임을 개발할 목적으로 연락해 왔다. 콤팩트 디스크 기술을 통합한 비디오 게임 시스템이 없었던 당시, 아타리는 시장을 장악하기 위해 새로운 생태계를 만들고 싶은 계산이 있었다. 재정 면에서 아타리의 대실패작이었던 재규어 CD는 아타리가 게임 콘솔 시장에서 완전히 발을 뺄 수밖에 없도록 만들었다. 하지만 아타리가 선제적으로 내가 디자인한 비드 그리드(Vid Grid) 게임 수 만개의 판매를 의뢰하면서 이는 내 커리어 중 가장 높은 수익을 가져다준 게임이 됐다. 몇몇 소수의 게이머만 할 수 있는 게임이었지만 말이다.

2022년까지 가상 현실과 증강 현실 시장이 만들어 내는 하드웨어 매출액이 2,000억 달러가 넘을 것으로 예상되는 가운데, 주요 테크 기업들은 소프트웨어 데모 버전을 만드는 데 수백만 달러를 쏟고 있다. 애플, 구글, 메타(페이스북) 같은 기업들에게는 그 어느 때보다도 많은 게 걸려 있다. 소비자들이 오늘날 모바일에 쓰는 시간만큼을 가상 현실에 쓰기 시작하면 광고와 이 커머스의 기회 비용은 1조 달러가 넘을 것이다.

세상에 등장한 모든 기술, 제품, 서비스가 끊임없이 융합된다

타화수분이 이루어지는 곳도 또 다른 공백을 찾기에 좋다. 자연에서 타화수분이란, 벌이나 바람이 꽃의 수술에서 나오는 꽃가루를 다른 꽃의 암술에 옮겨 가는 것을 의미한다. 꽃이 그 자리에 있는 동안 벌들은 꽃에서 나오는 꿀을 가져간다. 당신은 그 꿀벌이 돼라.

수학자 존 폰 노이만은 수학 분야와 인간의 전략과의 타화수분을 통해 게임 이론을 만들었다. 나중에는 물리학과 공학을 접목해서 원자 폭탄을 제조하는 맨해튼 계획과 컴퓨터 공학의 시초가 됐다. 미국 건축가인 버크민스터 풀러는 공학과 생물학의 타화수분을 통해 이동과 건축, 도시 디자인을 위한 해결책을 마련했다. 생명 공학의 전 분야는 생명체와 컴퓨터의 구분 없이 '코드는 코드일 뿐이다'라는 전제에서 발달했다. 이를 시작점으로 생물학과 디지털 컴퓨터 공학의 조합은 생물 정보학, 계량 유전체학, 합성 생물학 등을 만들어 냈다. 바이오데식(Biodesic)의 창업자 롭 칼슨은 "생물학적 체계를 다루는 데 우리가 사용하는 기술은 오늘날의 컴퓨터, 자동차, 비행기를 만들어 낸 것과 같은 속도로 발전하고 있다"라고 설명한다.

타화수분이 가능한 새로운 분야를 찾는다면 꿀벌에게 주어지는 기회를 찾을 수 있을 것이다. 일론 머스크는 자동차와 아이폰의 타화수분을 통해 테슬라 차량에 기술 혁신을 더했다. 모빌리티에 집중하는 두 업계인 만큼 접목하지 않을 이유가 없다. 결과적으로 타화수분이 빈번히 이뤄지는 상황에서 메워야 할 공백인지, 아니면 소리만 요란한 빈 수레인지를 구분하는 것이 쉽지 않을 수 있다.

글로벌 리서치 기업 가트너는 미래의 동향을 전망하고 기회를 잘 선별하기 위한 목적으로 매년 '가트너 하이프 사이클 보고서'를 발표한다. 언론이 이목을 집중한 신기술을 20년간 추적한 후 어떤 혁신 기술들이 관심을 받고 어떤 혁신 기술들이 사라지는지를 정확하게 보여 준다.

이 보고서는 모든 혁신이 다섯 계의 단계를 거친다고 가정한다. 처음으로 '기술 촉발(Technology Trigger)'은 실험실이나 대학교에서 새로운 돌파구로 각광받는 기술이다. 기업이 상용 제품을 만들기에는 충분히 입증되지 않은 기술이다. 기술의 잠재성이 너무나 높아져서 언론의 관심이 고조되면 '거품의 정점(The Peak of Inflated Expectation)' 단계를 지난다. 사람들의 실생활에서 실질적으로 구체화된 것이 없으면 신기술은 '환멸의 계곡(Trough of Disillusionment)'에서 상품화가 시들해진다. 업계에서 일찍이 관심을 보인 투자자들이 제품이 상용화되어 판매로 이어지기를 마냥 기다리는 상황이기 때문에 많은 스타트업이 이 시기에 실패를 경험한다. 본격적으로 제품이 천천히 시장에 발을 들이면 신기술은 '깨우침의 단계(Slope of Enlightenment)'를 거치고, 마침내 업계에서 주류로 인정받고 '생산성의 안정기(Plateau of Productivity)'에 들어서며 시장에서 본격적으로 수용된다.

나는 가트너의 보고서에서 사물 인터넷과 암호 화폐, 양자 컴퓨팅과 증강 현실 등 모든 미래 기술의 동향을 살펴봤다. 10년 전만 해도 인공지능(AI) 음성 인식은 황당한 꿈이었다. 하지만 오늘날의 인공 지능 로봇은 모든 소비자 상호 작용의 85%를 차지하고 있다. 공상 과학 팬들에게는 안타까운 이야기지만, 플라잉카는 아직까지 '기술 촉발' 단계에

머물러 있다. 한편 알리바바, 아마존, 심지어 도미노 피자가 드론 배달 서비스를 출시하면서 초경량 드론 배달 시스템은 '생산성의 안정기'에 막 진입했다.

가트너 사이클이 주시한 신기술 동향의 타화수분, 그리고 이와 관련된 공백을 참고하면 새로운 기회가 보인다. 이 책을 집필하고 있는 현재 나는 5G와 클라우드 컴퓨팅, 웨어러블, 인공 지능, 가상 현실의 접목이 가져다 줄 상시 접속, 상시 연결된 증강 현실 세상을 만날 생각에 상당히 들떠있다.

신기술이 만들어 내는 공백과 당신이 찾은 문제점을 연결하라

그럼 당신은 5G가 대두되는 이 새로운 세상에서 어떻게 틈새시장을 찾을 것인가? 제2장에서 이야기한 당신의 '돈이 있을 곳을 찾는 법, 하루 3가지 문제점 30일 챌린지'를 다시 봐라. 문제점으로 정했던 아이디어와 기회들을 살펴보고 신기술의 공백이 그 해답이 될 수 있는지 봐라. 증강 현실이나 가상 현실이 당신이 찾던 해결책이 될 수 있는가? 3D 프린팅은 어떤가? 드론으로 해결할 문제가 있는가?

기업가들이 공백을 메우기 위해 시작한 드론 비즈니스는 대규모 농장의 농작물 정보를 측정하고, 플로리다의 오렌지 과수원 상공을 날아다니며 상품 시장을 예측하고 부동산 판매는 물론 탐색 구조 작전을 돕는가 하면 쇼핑몰의 보안 서비스도 제공한다. 이 스타트업 기업들은 드론을 발명하지 않았다. 이들은 단지 서비스가 불충분한 틈새시장에 드론 기술을 적용했을 뿐이다. 기존의 해결책으로는 실현이 불가능하거나 비용 효과가 낮았던 공백을 메운 것이다.

  비즈니스의 모든 솔루션이 물리적 제품일 필요는 없다. 드론이 등장하기 전 회사들은 오일 파이프라인부터 송전선에 이르는 인프라 항공 검사를 위해 조종사를 고용하고, 높은 비용을 지불하며 항공기나 헬기를 전세 내야만 했다.

  예를 들어, 건물의 옥상이나 교량을 검사하는 경우는 위험한 기상 조건에서 사람이 케이블에 매달려 검사를 해야 하기 때문에 위험할 수 있다. 전력과 철도 및 에너지 산업에서 사용하는 스마트 검사의 세계 시장은 연간 270억 달러가 넘는다. 여기에서 수집된 데이터를 분석하는 데 드는 비용도 200억 달러다. 드론은 항공기보다 75%나 저렴한 방식으로 기존의 공백을 메웠을 뿐 아니라 엄두도 못 낼 만큼의 높은 비용 때문에 항공기 사용을 꺼리던 잠재적 사용자에게 저렴한 대안을 제공하면서 전체 시장을 확장시켰다.

  드론의 예시에서 보듯이 당신 또한 서비스 비즈니스로 공백을 메워서 백만장자가 될 수 있다. 그러므로 '하루 3가지 문제점, 30일 챌린지' 목록에 적힌 각각의 아이디어를 보며 이 기본적인 질문을 스스로에게 해 봐라.

'그동안 왜 아무도 이걸 안 했을까?'

문제점을 해결하는 데 기술이 아직 실현 불가능했거나, 비용이 너무 높았다는 것이 이유라면 관심을 갖고 집중해야 할 공백이다. 핏빗(Fitbit)은 1990년대에는 볼 수 없었다. 그 당시 제품에 들어가는 모든 부속품의 무게를 합하면 100파운드는 족히 넘었을 것이기 때문이다. 탄산음료 다섯 팩에 버금가는 무게를 들고 하루에 1만 보 정도를 걷는다고 생각해 봐라.

핵심 기술이 발달하면서 제품은 더 작아지고, 저렴하고, 빨라진다. 이러한 발전은 새로운 유스 케이스를 만들어 낸다. 빛 감지 및 측정을 뜻하는 라이다(LIDAR)는 위성으로부터 광대한 지역을 정밀한 지도로 생성하기 위한 목적으로 기상 서비스에 사용됐던 아주 고가의 레이저 측정 시스템이다. 2017년에 웨이모(Waymo)의 엔지니어들은 라이다 시스템의 가격을 7만 5,000달러에서 7,500달러로 낮출 수 있었고, 이로써 새로운 비즈니스의 사용 폭을 넓힐 수 있었다. 마이크로 칩의 밀도가 24개월마다 2배로 늘어나는 무어의 법칙(Moore's Law)을 따라 향후 10년 이내에 라이다 센서는 컴퓨터 칩만 한 크기로 소형화되고 가격도 그만큼 낮아질 것이다.

새로운 기술과 산업이 만들어 낸 공백은 현실 세계에 국한하지 않는다. 공백은 디지털 세계에도 존재한다. 링크드인의 탄생은 글로벌 업무 현장을 근본적으로 바꿔 놓았다. 이제는 더 이상 훌륭하게 쓴 이력서가 회사 인사 담당자들이 당신을 알아보는 수단이 아니다. 지금은 직장을 구하려는 사람이라면 누구 하나 빠짐없이 링크드인에 프로필을 등록해야 한다. 프로페셔널한 링크드인 프로필 크리에이터는 고용의 기회와 시장의 인력 수가 불확실한 상태일 때 탄생했다. 프로필 카피라이터 숀 마이어는 "사람들의 구직을 도와주면 결과적으로 그들은 당신에게 그만큼을 지불한다"라고 말한다.

당신이 어떤 앱을 매일 사용한다면 그 앱은 수백만 달러 규모의 공백을 만들어 냈을 가능성이 크다. 소셜 미디어 전문가들은 유명 인사와 주요 브랜드의 트위터, 인스타그램, 페이스북 계정을 맡아서 운영한다. 검색 엔진 최적화 전문가는 소규모 사업자들을 위해 구글 애드센스를 관리한다. 심지어는 비용을 받고 당신의 프로필을 최적화해서 인생의 영원한 사랑을 찾을 기회를 높여 주는 데이팅 사이트 전문가도 있다. 오늘날 사람들이 다른 활동보다도 스마트폰에 쓰는 시간이 늘면서 디지털 프리랜서 서비스가 수십억 달러 규모의 틈새시장으로 성장하고 있다.

이 공백을 알아본 업워크(Upwork)는 디지털 노마드 프리랜서들을 위한 최대의 온라인 사이트가 됐다. 연간 10억 달러 이상의 총수익을 올리는 이 서비스는 1,200만여 명의 프리랜서를 웹 사이트 개발, 소셜 미디어 마케팅, 그래픽 디자인, 프로젝트 매니지먼트에 이르는 모든 분야에서 외부 인력이 필요한 회사 500만 곳과 연결해 준다. 매년 300만 개 이상의 일자리를 제공하는 업워크는 비즈니스 규모를 축소한 회사들이 프리랜서를 찾으면서 생겨난 공백을 메운 셈이다.

이 사이트에서 여섯 자리 수 연봉을 버는 대니 마굴리스는 "처음에는 고객의 예산에 내 가격을 맞췄다. 하지만 몇 달이 지난 후에는 좀 더 공격적으로 가격을 책정해서 시간당 가격을 75달러에서 100달러, 125달러까지 올렸다"라고 말한다.

다른 사람이 너무 바빠서
하지 못한 일에 돈이 있다

어느 때는 번뜩이는 아이디어 하나만으로 아주 큰 공백이 생기기도 한다. 놀라운 통찰력을 가진 억만장자 일론 머스크가 신기술을 발표하면 모든 업계가 주목한다. 2012년 머스크는 처음으로 초고속 진공 튜브 열차를 계획 중이라고 했다. 머스크에 따르면, 압축된 캡슐에 앉아 있는 승객은 공기 베어링으로 구동되는 열차를 타고 워싱턴 D.C.에서 뉴욕까지 29분 만에, 로스앤젤레스에서 샌프란시스코까지 35분 만에 갈 수 있다. 현재 워싱턴 D.C.부터 뉴욕까지의 구간은 암트랙(Amtrak)의 고속 철도인 아셀라(Acela)로 총 2시간 45분, 로스앤젤레스부터 샌프란시스코까지의 구간은 상업용 제트기로 70분이 걸린다.

머스크가 하이퍼루프(Hyperloop)라고 명명한 이 미래의 대중교통 수단은 전 세계의 과학자, 기자, 엔지니어, 투자자, 여행객, 정부 관계자들의 상상력을 사로잡았다. 수천 개의 기사가 쏟아졌고, 유튜브에 올라온 그의 콘셉트 동영상은 수백만 명이 시청했다. 머스크가 하이퍼루프의 상업적 출시는 계획에 없고 하이퍼루프 기술을 오픈 소스로 공개하겠다고 밝혔을 때, 시장에는 어마어마한 공백이 만들어졌다.

일론 머스크가 공식 발표를 하고 몇 주 후, 전 세계의 기업가들은 하이퍼루프 시스템을 실현하기 위해 자금을 모으기 시작했다. 하이퍼루프 원(Hyperloop One)은 1억 6,000만 달러 이상의 자금을 모았고 핀란드, 스웨덴, 러시아, 두바이, 네덜란드에서 정부들과 사업 타당성 조사를 진행했다. 비밥 그레스타와 더크 알본의 하이퍼루프 운송 기술(HTT: Hyperloop Transportation Technologies)은 발 빠르게 점프스타터(JumpStarter)에서 크라우드 펀딩 캠페인으로 자금을 모았다. HTT는 크라우드 펀딩으로 엔지니어링을 확보하고 프랑스, 오스트리아, 슬로바키아, 헝가리, 인도, 중국 정부와 논의를 시작했다.

또한 스타트업 트랜스포드(Transpod)는 캐나다의 도로를 연구하기 위해 1,500만 달러를 마련했으며, 스타트업 젤레로스(Zeleros)는 스페인에서 하이퍼루프 개발을 추진했다. 네덜란드 스타트업인 하르트 글로벌 모빌리티(Hardt Global Mobility)는 바쁜 운송 항구 도시인 로테르담에 집중했다. 마치 하이퍼루프 기술이 대중의 관심을 충분히 받지 못했다는 듯이, r루프(rloop)라는 새 기업도 하이퍼루프 기술을 블록체인에 연계하는 노력을 하고 있다.

인간을 진공 튜브에 태우고 과연 시속 760마일(시속 1,200킬로미터)로 운행할 수 있을지, 그 가능성과 안전성은 아직 검증되지 않았다. 하지만 이 비즈니스의 모든 진공(공백)은 메워지고 있다. 그로부터 8년이 지났고 개발을 위해 수억 달러가 투입됐다. 내가 이 글을 쓰고 있는 지금까지 하이퍼루프를 타 본 사람은 아직 없다. 그럼에도 불구하고 언론의 이목을 끌며 운송 업계에 완전히 새로운 역사를 쓴 '하이프'의 형성은 충분히 성공적이었다고 할 수 있다.

잘되는 것만 믿지 말고 그다음을 준비하라

타깃과 시장에 초점을 맞춘 비즈니스가 승률이 높다

하이퍼루프 r루프 코인은 2018년에 나왔던 1,000개가 넘는 암호 화폐 중 하나에 불과했다. 비트코인의 가치가 불과 몇 달 사이 10배로 뛰었을 때, 빈의 월드 베스트 에이전시가 채우고 있던 공백인 가상 화폐 공개 마케팅을 위한 수요가 급증했다. 그때는 너도나도 암호 화폐 백만장자가 되고 싶어 했다.

2018년 2월, 〈포브스〉는 "비트코인 덕후에서 억만장자로 거듭난 비밀스러운 괴짜들과 통찰가들을 만나다"라는 제목으로 처음 암호 화폐 갑부 명단을 선정했다. "암호 화폐 세계에서 10억 달러는 하루아침에 만들어질 수 있다. 스피드가 생명이다"라고 확신했다.

고객이 느끼는 시장 진입 속도는 월드 베스트 에이전시의 강점이었다. 빈의 에이전시는 특별히 이 새로운 산업에 초점을 맞춘 유일한 에이전시였기 때문이다. 첫 암호 화폐 고객이 불과 몇 일만에 6,800만 달러를 성공적으로 유치하는 데 기여한 빈은 자신만의 고유한 알트코인을 출시하려는 수천 명의 기업가에게 고용해야 할 이유가 충분한 인물이었다. 투자자들의 주목을 끌기 위해 수많은 알트코인이 경쟁하는 상황에서 빈은 자신의 몸값을 원하는 대로 올릴 수 있었다.

알트코인은 보안과 증명, 모든 것의 혁신을 위한 블록체인 기반의 가상화폐다. 불과 몇 개월 사이에 가상 화폐 공개는 이를 위한 자금으로 현금 35억 달러 이상을 모았다. 수천 개의 알트코인이 가상 화폐 공개로 몰리는 상황에서 기업가들은 빨리 현금을 마련해 수월하게 돈을 버는 건 오래가지 않을 거라는 걸 알았다. 시장 진입 속도는 자신의 새 코인이 수십억 달러의 가치가 있는지, 휴지 조각에 불과한지를 말해 주는 기준이었다!

어마어마하게 많은 것이 걸려 있다 보니 빈이 제공하는 전문성과 서비스에 대한 수요는 아주 높아졌다. 빈에게 한 달에 고작 몇 백 달러를 가져다줬던 기술과 무료 툴들이 지금은 한 달에 5,000달러, 1만 달러, 심지어는 5만 달러를 가져다준다. 빈은 자신 앞에 펼쳐질 미래를 그려 볼 수 있었다. 남은 인생을 가상 화폐 공개 전문가로 살면서 어마어마한 액수의 돈을 벌 수 있게 된 것이다. 알트코인의 창시자처럼 빈도 영원히 수월하게 돈을 벌 수 있길 바랐다.

변화가 위기가 되지 않으려면

하지만 2018년 1월 30일 모든 게 중단됐다. 페이스북이 비트코인, 가상 화폐 공개를 포함해 모든 암호 화폐 광고를 전면 금지하겠다고 발표한 것이다. 너무 많은 사기꾼이 암호 화폐 시장에 뛰어들었고, 전 세계적으로 정부의 규제 기관은 국민들의 피해에 대한 우려의 목소리를 낸 모양이었다. 그해 3월에 구글도 역시 가상 화폐 공개, 월릿, 광고 플랫폼을 통한 모든 형식의 거래 어드바이스를 포함해 모든 암호 화폐 관련 콘텐츠에 대한 광고를 차단하겠다는 계획을 발표했다.

이게 바로 디지털 광고와 같이 고도로 집중된 시장이 갖는 문제점이다. 한 시장을 장악하는 800파운드 몸집의 고릴라들은 언제든지 원할 때 새끼 원숭이를 으스러뜨릴 수 있다. 만약 당신의 비즈니스 수익이 대부분 겨우 한두 개의 수입원에서 나온다면 조심하길 바란다. 그 유일한 수입원의 주요 고객을 잃게 되면 다음 파산 대상이 당신이 될 수도 있다. 2017년에 디지털 광고에 쓰인 880억 달러가 넘는 액수 중 90% 이상을 구글과 페이스북이 집어 삼켰다.

빈이 만약 고객을 더 이상 유치할 수 없었다면 그는 사업을 접고 이제 막 시작한 자신의 에이전시를 위한 다른 방법을 찾아야 했을 것이다. 빈의 경쟁사들 대부분은 폐업을 했지만 그 광고 금지라는 장벽 앞에서 빈은 무너지지 않았다. 성공으로 가는 길에서 만난 그저 울퉁불퉁한 길이었을 뿐이다. 빈은 이미 제로부터 비즈니스를 시작하고 장애물을 이겨 낼 수 있다는 걸 스스로 입증한 바 있다. 긍정적인 마인드셋을 유지한 그에게는 이미 플랜 B가 준비돼 있었다.

첫 미팅 때부터 나는 빈에게 수입원을 다양하게 구성할 필요가 있다고 강조했다. 수입원 채널이 다양하면 한 수입원이 삐걱거릴 경우 다른 수입원에서 상쇄할 수 있다. 암호 화폐 광풍이 불었을 때 빈은 중요한 암호 화폐 고객들을 관리하느라 너무 바쁜 나머지 다른 비즈니스를 관리할 시간이 없었다. 하지만 작은 규모의 기회들을 완전히 놓치지는 않았다. 너무 바빠서 관리할 수 없었던 프로젝트는 다른 사람들에게 소개하며 소개비를 받았다.

빈은 또한 세 번째 수입원을 출시하느라 바빴는데, 바로 온라인에서 자신의 디지털 마케팅 제품인 《에이스 더 게임》을 판매하는 것이었다. 월드 베스트 에이전시가 어려운 시기를 보낼 때 그는 자신이 그로스 해킹을 주제로 집필한 전자책 《에이스 더 게임》을 위한 소재에 대해 열심히 연구했다. 자신의 세일즈 깔때기가 대박을 낼 거라고 확신하고 있었기 때문에 출간을 미루고 싶지 않았다. 구글과 페이스북이 암호 화폐 광고를 금지하면서 빈을 불시에 공격했을 때 빈은 책 출간을 코앞에 두고 있었던 차였다. 운이 좋았다.

1세기 로마의 철학자 세네카는 "행운은 준비가 기회를 만날 때 일어나는 것이다"라고 말했다. 이 상황에 더할 나위 없이 딱 들어맞는 명언이다. 시간이 날 때면 《에이스 더 게임》을 위해 가장 최신의, 가장 훌륭한 무료 온라인 마케팅 툴을 찾으며 지난 몇 달을 보낸 빈은 이 툴을 사용해 암호 화폐 덕후들에게 다가갈 수 있을 거라 예상했다. 광고가 차단된 페이스북이며 인스타그램, 구글 애드센스, 유튜브의 채널을 통한 마케팅에 의존할 필요 없이 말이다.

이를 실현하기 위해서는 해야 할 일이 많겠지만 그는 준비가 돼 있었다. 가장 최고의 시나리오는 빈이 자신의 에이전시를 위해 수업 자료들을 성공적으로 사용함으로써 미래의 그로스 해킹 고객들에게 《에이스 더 게임》의 가치를 입증하는 사례 연구가 되는 것일 테다. 그렇게 된다면 이는 진정한 윈윈이 될 것이다. 빈도 나도 예상치 못했던 광고 금지라는 장벽에도 불구하고 빈의 두 가지 수입원은 함께 월드 베스트 에이전시로 흐르는 중요한 수입 물줄기 역할을 해냈다.

7개월 차 누적 매출: 65만 6,590달러

빈은 비록 일곱 번째 달에 세 자리 수 수익은 달성하지 못했지만, 극복해야 할 장애물을 고려했을 때 9만 5,504달러는 훌륭한 성적이었다. 흥미로운 건 지난 6개월 동안 죽어라 일만 해서 월초부터 지칠 대로 지쳐 있던 그에게 허를 찌른 구글과 페이스북이 오히려 그에게 활기를 불어넣었다는 것이다. 영국 출신의 사회 보장 연금 수령자의 자녀가 괴력의 다국적 골리앗을 무너뜨렸다. 그해 처음으로 그는 어느 누구도 자신을 무너뜨릴 수 없다고 느꼈다.

일곱 번째 달 수입이 9만 5,504달러로 누계 총 수입을 65만 6,590달러까지 끌어올렸다. 지금까지 빈의 지난 7개월 동안의 평균 판매액은 월 9만 3,798달러였다. 이제 100만 달러를 달성하는 목표를 이루기 위해 남은 5개월 동안 6만 8,682달러씩만 벌면 된다. 212일 전 그가 화이트보드에 휘갈겨 썼던 '1년 만에 100만 달러 달성'이라는 목표가 이제 성큼 다가온 것 같았다. 어느 때보다도 기분이 좋았다. 그는 압력이야말로 다이아몬드를 만든다는 것을 배웠다.

제10장

디지털 지구로 가면 된다

가상 현실이 창출할 비즈니스의
기회를 선점하는 법

FUTURE
PROOFING YOU

Twelve Truths for Creating Opportunity, Maximizing Wealth,
and Controlling Your Destiny in an Uncertain World

모바일이 승리하고 있다. 이미 큰 승리를 차지했다.

에릭 슈미트(전 구글 회장)

나이키, 이케아, 디즈니월드가
고객을 응대하는 방식

미국인의 발이 고통받고 있다. 미국족부의학협회가 시행한 한 여론 조사에 따르면, 10명 중 약 8명이 발의 통증을 호소하는 것으로 나타났다. 이런 만성적인 발 통증의 원인은 치수가 안 맞는 신발을 신는 데서 온다. 너무 큰 신발을 신으면 물집이 잡힌다. 너무 꽉 끼는 신발은 건막류와 발가락 꼬임을 유발한다. 티눈, 굳은 살, 망치족지 모두 맞지 않는 신발을 신는 데서 오는 발 기형이다.

우리가 신발 가게에서 볼 수 있는 발 아래에 넣고 발 치수를 재는 브랜녹 디바이스(Brannock device)는 1925년에 처음 선을 보였다. 그런데 자기

발에 맞지 않는 신발을 신는 사람이 60%나 되는 오늘날, 브랜녹 디바이스보다는 더 나은 방법이 분명 있을 것이다.

이를 해결할 방법이 스마트폰 앱에 있었다. 2019년 나이키는 발을 빠르게 스캐닝하여 발의 데이터 포인트 13곳을 높은 정확도로 수집하는 앱을 출시했다. 나이키는 컴퓨터 비전, 머신 러닝, 추천 알고리즘을 접목하여 브랜드 충성도를 높이면서도 고객 경험을 개선하는 앱을 만든 것이다. 발이 행복하면 고객도 행복하다. 이제 발이 모바일화 됐다.

반품 제품은 소매업자의 이익 마진을 빠르게 갉아먹는다. 반품되는 제품의 14%가 소비자가 집에 너무 큰 가구를 구입해서라는 걸 알게 된 이케아 또한 해결책을 모바일에서 찾았다. 많은 소비자가 공간에 맞지 않는 가구를 구입하며 배치에 어려움을 겪는 것이 이케아의 잘못은 아니지만, 어찌 됐건 이케아의 매출에 영향을 주는 요인이었다. 그래서 이케아 플레이스(IKEA Place)를 내놨다. 고객은 가구를 구매하기 전 이 앱을 이용해 집에서 몇 가지 사항을 미리 확인해 볼 수 있다. 가상 현실을 이용해 98%의 정확도로 만들어진 실제 사이즈의 가상 가구를 시험 배치해 볼 수 있는 것이다. 이제 소파가 모바일화 됐다.

디즈니월드에 있는 칠리 치즈 핫도그 가게 줄이 너무 길다고? 이제는 앱으로 음식을 선주문할 수 있다. 당신이 타고 있는 우버가 교통체증으로 발이 묶여 항공권을 변경해야 하는 상황이라고? 앱을 이용해 해결할 수 있다. 친구 다섯 명이 함께 저녁 식사를 할 수 있는 날을 잡아서 식당에 자동으로 예약도 하고, 각자 일정표에 표시를 하고 싶다고? 앱을 이용하면 된다.

모든 산업의 비즈니스는 지난 10년간 소비자가 이미 갖고 있는 기기들을 활용할 수 있는 앱 기반 솔루션 개발에 힘썼다. 하지만 스마트폰 앱의 시대도 이제는 끝나 가고 있다.

어느 분야로 뛰어들어도 모바일 비즈니스다

세일즈와 마케팅부터 배달까지, 백 오피스부터 공급 체인 관리까지 비즈니스의 모든 면이 모바일화되고 있다. 이 책 전체를 통틀어서 가장 분명한 진실은 세계가 모바일화되고 있다는 것이다. 경제도, 당신의 삶도 모바일화됐다. 당신이 어떤 분야에서 일을 하건 당신은 모바일 비즈니스를 한다는 사실을 인정해야 한다. 스마트 시티가 5G, 엣지 컴퓨팅, 사물 인터넷 센서를 선보임에 따라 모바일에 대한 우리의 의존성은 점점 더 높아질 것이다.

IDC에 따르면, 2025년까지 416억 개의 사물 인터넷 센서가 공간 컴퓨팅이라 부르는 풍부한 데이터 기반의 새로운 가상 세계에서 우리 일상과 함께할 것이다. 예전에는 사람이 정보와 사람 그리고 여러 사물을 끊임없이 찾아다녔다면 앞으로는 사물 인터넷이 우리의 니즈를 예측하고 우리의 모든 행동에 반응하는 환경에서 살게 될 것이다.

모바일 중심성은 우리의 도시와 집에서 그래픽과 데이터 오버레이로 확장될 것이다. 가상 현실은 2인 스타트업 기업이나 최대 다국적 기업의 구분 없이 모두에게 성공의 필수 요소가 될 것이다. 만약 내가 지금 회사를 차린다면 부의 최대화를 위한 가장 큰 기회는 가상 현실이라 본다. 지금까지 함께 살펴봤던 모든 진실은 지금 이 다시없을 기회의 한 조각을 어떻게 먹을 수 있을까를 중심으로 취합될 수 있다. 미래에 끄떡없을 사람이 되기 위한 가장 쉬운 방법은 이 기술 혁명이 주는 10억 달러 가치의 기회를 잡는 것이다. 오랫동안 지속된 수많은 문제점이 해결될 것이고, 수많은 새로운 공백이 만들어질 것이다.

오늘날 사용되고 있는 휴대폰과 태블릿의 수는 140억 개가 넘고, 2023년에는 이 수치가 168억 개까지 오를 것으로 예상된다. 미국 소비자들은 평균적으로 하루에 5.4시간을 스마트폰에 사용한다. 비즈니스 측면에서 볼 때 모바일의 중요성은 데이터에서 비롯된다. 올해에 사람들은 과거의 모든 해를 합한 것보다 더 많은 데이터를 만들어 낼 것이다. 당신이 이 글을 2021년에 읽든 2031년에 읽든 이 사실은 여전히 유효하다. 각 모바일 기기가 각 사용자의 위치를 자동으로 식별하기 때문에 모바일 마케팅은 제품과 서비스의 종류와 상관없이 모든 기업가에게 가장 표적화된 비용 대비 효율적인 툴이 된다. 구글의 데이터 센터에 있는 15엑사바이트에 달하는 개인 정보를 기반으로 의도적으로 위치를 분석하면서 기업은 막대한 광고 비용을 절감할 수 있고, 소비자는 필요한 제품과 서비스에 즉시 연결될 수 있다.

현실과 가상이 완전히 융합되는
미래를 준비하라

3년 후에도 휴대폰은 여전히 당신 주머니를 차지하고 있을 것이다. 다만 당신은 현실 세계를 덧입힌 헤드업 디스플레이를 제공하는 스마트 글래스나 스마트 콘택트렌즈를 착용하고 있을 것이다. 여행 중인 베이징에서 중국어 메뉴판을 못 읽어 난감하다고? 스마트 글래스가 당신이 선택하는 언어로 자동 번역해 줄 것이다. 호텔로 돌아가는 길을 못 찾겠다고? 인도를 따라 파란색 선이 나타나면서 도시를 가로지르는 길을 만들어 준다. 당신은 따라가기만 하면 된다.

고작 몇 가지 품목을 사러 4만여 개의 제품이 있는 마트 전체를 배회하는 시대는 이제 지났다. 증강 현실을 이용해 "케토 다이어트 할 때 먹기 좋은 음식을 보여 줘"라고 간단하게 한마디 하면, 마트 안에 있는 다른 나머지 제품들은 말 그대로 눈에서 사라진다. 상점이나 공항에 갈 때 지갑이나 사진이 부착된 신분증을 소지할 필요도 없다. 생체 정보 스캔을 통해 매끄러운 구매와 수월한 여행이 가능해 질 것이다.

우리는 이제 컴퓨팅의 네 번째 변화를 예고한다. 첫 번째 변화는 사람과 지능적인 기계를 연결한 개인용 컴퓨터의 개발이었다. 두 번째 변화는 사람과 거대한 지식 저장고의 연결을 구현한 인터넷이었다. 세 번째 변화는 모바일 컴퓨팅이었다. 모바일은 사람과 사람 그리고 정보와 연결했고 책상으로부터 벗어날 수 있는 자유를 선사했다. 이 세 가지 기술이 우리의 삶에 혁신적인 변화를 가져다주긴 했지만 2차원의 디지털 평면에서 운영된다는 한계는 여전히 존재한다. 다음 단계인 공간 컴퓨팅은 실시간으로 데이터와 함께 사람과 주위 환경을 연결하는 것이다.

이 멋진 새로운 세상을 위한 기폭제는 서로 함께 작동되는 기하급수적인 기술의 융합이다. 초당 1.4기가비트 검색을 제공하는 5G 덕분에 모바일 기기의 데이터 전송은 기하급수적으로 늘어날 것이다. 이는 현재 가장 빠른 4G 네트워크 속도보다 23배 빠른 속도로, 2시간짜리 영화를 3.6초 만에 다운받을 수 있다. 엄청난 수의 사물 인터넷 센서는 우리의 주위 환경, 공급 체인의 가용성, 근접성 옵션, 사교 생활, 의료 데이터를 지속적으로 클라우드에 제공할 것이다. 그럼 인공 지능은 시각, 소리, 촉각, 생체 자기 제어를 통해 우리와 계속 소통하고 있는 다양한 증강 웨어러블 기기에 정보를 보내면서 클라우드의 특정 데이터 세트를 실시간으로 해석할 것이다.

2022년에는 스마트폰을 보는 시간이 하루 6시간에 달할 것으로 예측되며, 이는 상시 존재하는 헤드업 디스플레이로 대체될 것이다. 깨어 있는 사람의 모든 시간은 데이터를 중심으로 흘러갈 것이다. 실제 세계와 가상 세계는 가상 현실이라 불리는 증강 인생을 만들며 우리 눈앞에서 완벽하게 융합할 것이다.

높은 존재감을 드러냈던 인터넷이 금세기 초에 모든 비즈니스를 사실상 파괴한 것처럼 지각 변동을 일으킬 공간 컴퓨팅으로 인해 공공 및 민간 부문의 재편이 예고된다. 애플, 페이스북, 구글, 넷플릭스, 아마존의 비즈니스 모델도 모두 파괴될 것이다.

'필요할 때 정보가 제공된다면 검색이 무슨 필요가 있을까?'

'모든 장소와 순간이 판매 잠재력을 보유한다면 이 커머스와 광고 산업에는 무슨 일이 일어날까?'

'어떤 새로운 형태의 엔터테인먼트, e스포츠, 상호 작용이 스마트 글래스를 활용해 소셜 네트워킹을 할 수 있을까?'

'정부와 기업은 개인 정보와 사생활을 어떻게 보호 또는 악용할 수 있을까?'

'얼마나 많은 비즈니스가 더 이상 쓸모없게 되고, 또 얼마나 많은 비즈니스가 새로 생겨날까?'

당신의 부는 이 질문의 답 속에 있다.

기술 혁명이 주는 수십억 달러의 기회를 선점하는 원칙

책 문두에서부터 말했듯이 성공을 위해 필요한 것은 단 두 가지, 통찰력과 끈기다. 당신이 미래를 준비하는 데 진지하다면 다음 원칙을 따라서 지금까지 배운 것을 행동으로 옮겨라.

가상 현실은 상상할 수 없을 만큼 빠른 시간 안에 기회를 창출하고 부를 최대화할 수 있는 찬스다. 가상 현실로 만들어질 수십억 달러를 최대한 활용할 비즈니스를 목적으로 브레인스토밍을 한다면 당신을 성공으로 이끌 4원칙이 있다. 바로 마인드셋(Mindset), 장애물(Obstacle), 공백(Void), 실행(Execution)의 머리글자를 딴 M.O.V.E. 원칙이다.

1) 마인드셋(Mindset): 더 좋아질 미래를 상상하라

긍정적인 성장 마인드셋을 유지하면서 당신의 인생이 증강 세계에서는 어떻게 지금보다 더 좋아질지 상상해 봐라. 긍정적인 관점으로 어떤 데이터와 어떤 이미지가 헤드업 디스플레이에 나타날지를 그려봐라.

이 미래 세계를 더 빨리 오래 살수록 더 많은 기회를 실현할 수 있다.

2) 장애물(Obstacle): 과거와 현재의 문제점을 보라

'하루 3가지 문제점, 30일 챌린지' 목록을 다시 봐라. 가상 현실이 어떻게 당신의 문제점을 해결할 것인가? 이전에는 해결이 불가능했는데 지금 순식간에 해결된 문제들이 있는가?

명심해라. 나는 현실에서 이미 우리가 하고 있는 것들을 덧입히는 공간 세계에 대해 말하고 있다. 해결책을 상상하기 위해 당신이 엔지니어일 필요는 없다.

3) 공백(Void): 다양하고 거대한 빈 시장으로 가라

인터넷과 스마트폰은 새로운 솔루션을 마련한 만큼 엄청난 공백 또한 만들어 냈다. 스마트 글래스, 5G 대역폭, 엣지 컴퓨팅이 모두 결합하면 또 어떤 공백을 만들어 낼까? 휴대폰 화면 사이즈에 더 이상 제한을 받지 않는다면 화면 그 이상으로 우리는 무엇을 볼 수 있을까? 모든 빈 공간은 자동차 쇼룸이나 스페셜 티 스토어로 새롭게 거듭날 수 있다. 관광지나 도시는 기기 사용자의 니즈에 따라 맞춤화될 수 있다.

앞으로 있을 변화는 너무나 커서 하나의 공백에만 집중해도 다음과 같은 결론에 이를 수 있다.

'어떤 주요 테크 회사가 당신이 개발하는 새 앱을 유스 케이스로 쓰는 대가로 당신에게 수백만 달러를 지불할까?'

4) 실행(Execution): 생각만 하지 말고 시작하라

당신의 비전을 탄생시킬 적합한 멘토와 파트너, 직원을 찾아라. 다음 장에서 어떻게 자금을 유치하고 가상 인력 풀을 구축하는지를 보여 줄 것이다. 아무도 이 새 시대를 위한 첫 번째 킬러 앱을 만들지 못했다. 당신이 못할 이유가 없다. 두려움은 잠시 잊고 당신의 슈퍼파워를 발휘해서 어느 누구도 당신을 멈출 수 없게 하라. 단언컨대, 당신이 하지 않으면 다른 누군가가 할 것이다.

구글, 애플, 메타 같은
테크의 거인들을 좇아라

증강 현실 기술로 가장 쉽게 접근할 수 있는 분야는 엔터테인먼트다. 먼저 사용자의 가상 현실 인터페이스에 진출을 시도한 비디오 게임과 라이브 체험으로 우리는 증강 세계에서 상호 작용하는 새로운 방법을 배우고 있다. 나이언틱(Niantic)의 포켓몬 GO는 1억 5,000만 명이 넘는 플레이어들이 참가하고 월 최고 매출 1억 달러 이상을 기록한 상업적 성공을 거둔 증강 현실의 첫 번째 사례다.

미래학자 톰 엠리치는 "구글, 페이스북, 애플 같은 개발 플랫폼 덕분에 향후 몇 년 안에는 스마트폰 증강 현실 붐을 보게 될 것이다. 그리고 이 체험들은 기업, 개발자, 소비자 모두에게 '증강 현실 보조 바퀴' 같은 역할을 할 것이다. 왜냐하면 머리 장착형 폼 팩터(form factor)의 도입을 준비하고 머리 장착형 기술은 더 스마트하고 소형화되며 비용 효율적으로 발전하여 광범위하게 도입될 것이기 때문이다"라고 내다본다.

마우스가 컴퓨터 인터페이스 디자인을 바꾼 것처럼 시리(Siri)와 알렉사(Alexa)는 컴퓨터와 대화하는 법을 수백만 명의 인간에게 훈련시키고 있다. 반면 챗봇은 너무 빠르게 발전한 나머지 곧 85%로 추정되는 모든 고객과의 상호 작용에 인간의 개입이 필요 없을 것으로 보인다. 교육, 기업 연수, 헬스케어 분야도 모두 증강 현실 기술로 혁신적인 변화를 겪을 것이다.

심지어 건설과 제조업 같은 산업의 공급 체인, 자동화, 안전 부서들에서의 변화가 예상되는데, 증강 그래픽을 사용해 청사진과 지하 파이프 위치 정보의 오버레이 작업을 통해서만 필수 정보가 제공될 것이다. 소방관들이 연기를 관통해 시야를 확보하거나 벽 너머까지 볼 수 있게 되면 건물의 안전한 출구를 파악할 수 있을 것이다. 공사 현장의 크레인 작업자들은 흔들리는 200피트짜리 크레인 기둥 꼭대기에서 일하는 대신 원격 사무실에 앉아 전 세계 도시에 있는 크레인들을 작동할 수 있게 된다.

큰 변화가 예고되는 분야 중 하나는 쇼핑이다. 연간 잠재 소비자 지출이 1조 달러 이상인 시장에서 10억 달러 가치의 기회는 이 새로운 증강 현실 분야의 곳곳에 자리 잡고 있다. 패시너드닷컴(Fashnerd.com)의 편집장인 무차네타 카푼데는 "소매업계는 증강 현실이 디지털 세계와 물리적 세계의 간극을 좁히면서 우리가 쇼핑을 하는 방법에 혁신을 일으키고 있는 분야다. 상점이 근본적으로 재창조되면서 소매점에게는 편리성과 개인화를 향상시킬 새로운 방법을, 소비자에게는 다시 구상된 스토어를 경험할 기회를 제공할 것이다"라고 말한다.

애플, 페이스북, 구글 같은 기업들에게는 10억 달러 규모의 하이테크 시장을 장악하는 데 많은 것이 걸려 있다. 연간 30억 달러 이상의 벤처 자금이 오늘날의 테크 거인들과 경쟁할 새 기업을 만드는 데 투자된다. 테크 거인들 또한 자신들의 안정된 미래를 보장하기 위해 수십억 달러를 쓰고 있다. 크기와 규모 면에서 인수 합병의 가속화와 함께 기술의 융합은 거인들의 충돌을 야기한다. 2018년에는 110억 달러였던 공간 컴퓨팅 산업 규모가 2023년에는 600억 달러 이상 확장될 것으로 예상된다. 이는 연평균 성장률이 40% 이상이다. 여기에서 당신의 몫은 얼마일까?

촉각 장갑부터 스마트 손목 밴드, 웨어러블 카메라, 이어폰, 스마트 의류까지 가상 현실 세계는 시각의 증강을 훨씬 뛰어넘는 수준으로 확장된다. 우리는 이미 3D 바이오 프린팅 기술로 피부, 뼈, 심장 조직과

각막을 만드는 발전된 증강 현실에서 살고 있다. 사용자들은 생체 정보를 실시간으로 분석이 가능한 웨어러블 기기로 건강을 체크할 수 있다. 개인의 특성에 맞춘 게놈 데이터가 더해지면 사람들은 더 건강하게 더 오래 살 수 있을 것이다. 로봇 보철과 신경 이식으로 인간의 능력을 더욱 향상시키고 확장시킬 것이다. 외골격 로봇과 강화된 시각은 회의실부터 전장에 이르기까지 모든 상황을 바꿀 것이다. 당신은 증강된 미래, 그리고 증강된 커리어의 미래를 살 것이다.

애플 CEO 팀 쿡은 "선진국, 가능하면 전 세계의 많은 사람이 매일 증강 현실을 경험하며 살 것이다. 마치 하루에 세 끼 밥을 먹는 것처럼 말이다. 당신의 일상에 그렇게 깊숙이 들어갈 것이다"라고 예견한다.

이 컴퓨팅 혁명으로 탄생하는 새로운 비즈니스와 서비스 및 제품을 위한 기회는 인터넷이나 모바일의 영향보다 훨씬 더 클 것이다. 어떻게 내가 미래에 대해 이렇게나 확신하느냐고? 두 가지 이유가 있다.

첫째, 미래를 예측하는 최고의 방법은 소프트웨어 개발자들과 가까이 지내는 것이다. 나는 마이크로소프트, 구글, 페이스북 등 업계를 이끄는 수많은 주요 기업과 가상 현실 분야에 대해 컨설팅을 한 경험이 있다. 주요 기업들이 이런 변화에 준비하고 또 이 변화에서 혜택을 받을 수 있는 방법을 모색하는 데 도움을 주면서 그들과 관계를 유지했다. 나이키의 신발 사이즈 추천 앱과 이케아의 가구 배치 앱은 스마트 글래스가 주류가 되기 전 현재 증강 현실이 주요 이슈라는 걸 보여 주는 예시다. 가상 현실은 이 불확실한 세계에서 내가 확신하는 단 한 가지다.

둘째, 난 항상 돈을 좇는다. 2017년 모든 벤처 캐피털 투자의 40%는 공간 컴퓨팅 솔루션에서 이루어졌다. 실리콘 밸리 투자자들은 왜 확신에 차서 이 공백을 메우려는 걸까? 이 분야가 가진 가능성이 얼마나 큰지를 알기 때문이다. 스마트폰은 앞으로 우리 주머니에서 잠만 잘 것이라는 내 예견이 맞다고 가정해 보자. 가까운 미래에는 애플이 스마트 글래스를 팔지 않는다면 폐업하게 될 것이다. 구글도 헤드업 디스플레이로 광고 수익을 얻을 수 없거나 검색 엔진으로 돈을 벌지 못한다면 문을 닫게 된다. 증강 현실 글래스가 소셜 미디어를 위한 인터페이스가 되고 페이스북 또한 그에 맞는 준비를 하지 않는다면 위협받게 된다. 많은 테크 거인이 가상 현실의 위협을 받고 있는 배경에서 페이스북은 메타로 이름을 바꾸고 떠오르는 이 분야의 패권 싸움에 수백억 달러를 투자하고 있다.

이렇게 테이블 위에 어마어마한 판돈이 올려진 상태에서 과연 누가 경쟁사들보다 먼저 선점하기 위해 고액으로 당신의 공간 컴퓨팅 스타트업 회사를 인수할까? 현재의 테크 거인들이 자신의 몸집을 유지하길 원한다면 새롭게 떠오르는 공백을 메우는 작은 회사들을 많이 인수할 것이다. 바로 벤처 캐피털들이 낙관적인 전망을 갖고 그렇게나 투자를 하는 이유다. 이 중 최고는 이 스타트업들의 대부분이 수익을 10원도 내기 전에 이미 매각될 것이라는 사실이다. 가상 현실은 역사상 최고의 부의 이동을 만들어 내고 일생일대의 기회를 제공할 준비가 돼 있다.

당신의 모든 상상이
돈으로 바뀌는 세상이 온다

컴퓨팅의 네 번째 혁명에 대한 나의 열정은 〈포춘〉에 이 주제에 대한 칼럼을 기고하는 것도 모자라서 본 주제를 포괄적으로 다루는 책 두 권의 서문에 이름을 올리는 것으로까지 이어졌다. 찰리 핑크의 《Convergence: How the World Will Be Painted with Data(융합: 데이터로 그리는 세상)》와 가브리엘 르네와 댄 메이프스가 공동 집필한 《공간 웹: 웹 3.0으로 연결된 인간, 기계 그리고 AI로 세상은 어떻게 바뀌는가 (Spatial Web: How web 3.0 will connect humans, machines and AI to transform the world)》가 바로 그 책이다.

컴퓨팅의 마지막 혁명을 떠올려 봐라. 스마트폰의 출현과 그에 따른 모바일 애플리케이션의 거대 생태계의 탄생 말이다. 왓츠앱, 인스타그램, 스냅챗, 트위터, 틱톡은 모두 10억 달러의 부를 창출해 낸 앱이다. 만약 애플이 처음 아이폰을 출시했던 2007년으로 돌아간다면, 현재 당신이 가진 모든 지식을 바탕으로 당신은 어떤 앱을 만들었을까? 그 선견지명으로 과연 얼마를 벌 수 있었을까? 수백만 혹은 수십억 달러? 타임머신을 타고 과거로 돌아갈 수는 없다. 하지만 적어도 이번에는 기회를 놓치지 않을 수 있다.

공간 컴퓨팅에서의 성공 기회는 당신의 상상 속에서만 한정돼 있다. 테크 거인과 전기 통신 기업들은 운영 체제, 인프라, 기기들을 구축하고 있다. 당신은 그들이 만든 툴을 이용해 문제를 해결하기만 하면 된다. 숲에 있는 모든 종의 곰팡이를 외우지 않아도 된다. 당신이 채집한 버섯이 식용 버섯인지 독버섯인지 스마트 글래스가 말해 줄 것이다. 심장 마비 증상이 올 때까지 기다렸다 병원에 가지 않아도 된다. 건강 징후를 관찰하고 당신이 속한 집단 내 다른 사람들과 비교 분석하는 스마트 워치는 당신이 심장 마비가 왔다는 걸 인식하기도 전에 자율 주행 자동차에게 당신을 병원으로 데려다주라고 한다. 그럼 당신의 주치의 또한 동시에 연락을 받고 당신에게 맞춤화된 조치를 응급실 직원에게 내린다. 그 직원은 당신이 병원에 도착하기 전에 당신의 진료 기록을 받을 수 있을 것이다.

스마트 도시는 교통 체증을 해결해 우선적으로 당신의 길을 터서 운전 시간을 완벽하게 줄인다. 또한 디지털 소액 결제 시스템으로 당신의 길을 터 주는 역할을 하는 다른 운전사들에게 자동으로 비용을 지불할 것이다. 반대로 당신이 바쁘지 않다면 상대방의 길을 터 주면서 부수입을 올릴 수도 있다.

병원에서 처리하는 모든 의료 절차는 그대로 당신의 블록체인 기반 의료 이력에 보관될 것이다. 공간 웹은 환자의 진료 성과를 높이면서 미국 헬스케어 비용을 절반으로 줄일 것이다. 현재 헬스케어 비용의 85%는 심장 마비와 당뇨가 차지하는데, AI와 웨어러블은 이 질병을 가진 환자의 문제를 예방하고 관리하기에 최적화된 기술이다. 공간 웹은 진료 횟수와 의료 검사 및 절차를 줄이고 의약품 처방전 요청을 줄이는 데 중요한 열쇠를 쥐고 있다. 헬스케어는 공간 컴퓨팅이 가진 힘을 보여 주는 하나의 작은 예에 불과하다.

이제 당신이 M.O.V.E. 원칙에 따라 미래로 움직여 진정한 부의 창출을 시작할 때다.

디지털 공급 체인은 물류 창고와 소매점 진열대에 장착된 센서들로 매끄럽게 연결될 것이다. 주문을 받은 다음 제조하는 적기 공급 생산 방식으로 개인의 맞춤 제품을 집으로 배달받아 볼 수도 있다. 테슬라 차량도 온라인으로 주문 제작할 수 있다. 이제는 사물 인터넷 센서들을 통해 주문한 차량의 조립과 발송 현황을 추적할 수 있을 것이다. 마치 아마존 상품처럼 말이다. 유지 보수를 담당하는 직원들은 건물마다 가상 화살표를 따라 가면서 수리가 필요한 설비를 파악할 수 있다. 백화점에 있는 모든 마네킹은 당신의 신체 사이즈에 맞춰, 당신이 최근에 구입한 의류에 어울리는 최신 패션 액세서리를 착용하고 있을 것이다.

주택 구매자들은 관심 있는 집들을 가상으로 둘러보고 현재 집에 있는 가구를 새 집에 어떻게 배치할지를 구상할 수 있다. 그뿐만 아니라 이미 집의 각 방이나 창문의 치수 데이터를 가진 업체들을 통해 카펫과 차양이나 커튼 등 관련 제품을 구매할 수도 있다.

디지털 상품을 판매하는 것이 특정 장소에 한해 허가될 수 있고, 인공 지능 스마트 계약을 통해 수많은 새 상품과 서비스 구매에 대한 지불을 소액 결제로 할 수 있게 된다.

이렇게 수조 달러의 가치를 지닌 새로운 회사들과 혁신적인 제품들 덕분에 우리는 더 개선된 생활을 누릴 수 있을 것이다. 내가 그렇게 흥분했던 이유를 이제 이해할 것이라 생각한다. 나는 당신이 앞으로 만들어 내는 세상에 살기를 원한다.

공간 웹은 우리의 삶을 향상시킬 유망 기술이다. 만약 투자 유치와 미래 준비에 실패한 회사들은 코닥, 라디오쉑, 블록버스터의 길을 갈 것이다. 증강된 삶의 진정한 잠재력은 우리가 필요한 정보를 적시적소에 제공받을 때 비로소 나타난다. 매일 넘치는 정보 속에서 잘 운영되는 사회라 함은 지식을 기계적으로 암기하는 것이 아니라 현재 필요로 하는 지식에 쉽게 접근할 수 있는 것이 핵심인 사회다. 아무쪼록 공간 컴퓨팅이 지식 창조, 접근성, 보급 간에 심화하는 불균형을 해결하길 기대한다.

애플 CEO 팀 쿡은 "간단히 말해서, 증강 현실이 우리가 기술을 사용하는 방법을 계속 바꿀 것이라고 생각한다. 이미 우리는 일하고, 놀고, 연결하고, 학습하는 방식이 변화한 경험을 하고 있다. 기술적으로 아주 어려운 도전이 요구되는 증강 현실 기술은 시간이 좀 걸릴 것이다. 하지만 언젠가는 일어날 것이다. 아주 혁신적인 방법으로 벌어질 것이고, 마침내 현실화되면 그때는 이 기술 없이 도대체 어떻게 살았는지 의문이 들 것이다. 오늘날 휴대폰이 없는 삶을 상상도 못하는 것처럼 말이다"라고 예견한다.

[자수성가 프로젝트: 사업가의 정신력]
목표 달성 속도를 유지하라

8개월 차 누적 매출: 75만 5,234달러

"더 이상 실패할 수 없는 상황이 되면 절대 실패하지 않습니다."

자신의 생일을 축하하는 자리에서 빈은 내게 말했다. 여덟 번째 달 수익 결산을 위해 만났을 때 빈은 그의 목표 10만 달러에 약간 못 미친 '겨우' 9만 8,644달러 매출에 실망했다. 나는 생각하길, 불과 몇 달 전에만 해도 1년에 10만 달러를 버는 것도 상상하지 못했을 텐데, 지금은 매출 목표에 1.3%가 못 미쳤다고 불만스러워하다니! 여정의 3분의 2를 지나온 시점에서 빈은 마치 이 프로젝트의 목표를 향해 17마일 마라톤을 처음 뛰어 본 사람 같았다.

사업은 마라톤이다

그는 많이 지쳐 있었고 절대적인 휴식이 필요했지만 그는 정신력으로 결승선까지 밀어붙였다. 75만 5,234달러라는 누적 수익을 달성한 경기에서 승리해 자신을 축하해 주고, 코앞에 있는 휴가를 즐기고 싶었다. 그런데 이 속도를 과연 유지할 수 있을까?

소개비와 《에이스 더 게임》으로 창출되는 수입이 어느 정도 일정하게 들어오는 반면, 에이전시 수입은 대부분 매달 목표액을 빠듯하게 달성하는 상황이었다. 남은 4개월 동안 매월 달성해야 할 목표인 6만 1,191달러는 그동안 해 온 것에 비하면 훨씬 부담이 적긴 하지만 그렇다고 식은 죽 먹기는 아니다. 빈은 여전히 마라톤을 뛰고 있다. 넘어야 하는 산이 더 이상 없는 마라톤이길 바랄 뿐이다.

제11장

비즈니스의
목적을
알면 된다

현명하게 계약하는 법부터
자금 관리와 재투자까지

FUTURE
PROOFING YOU

Twelve Truths for Creating Opportunity, Maximizing Wealth,
and Controlling Your Destiny in an Uncertain World

자본은 더 많은 부를 얻기 위해 바치는 부의 일부다.

알프레드 마샬(영국의 경제학자)

지금 얼마를 받는지보다
계약 조건이 더 중요하다

뉴욕에 살던 한 소년이 텍사스로 이사를 가기 전에 텍사스에 있는 한 농민에게 100달러에 당나귀 한 마리를 사기로 했다. 그 농민은 소년이 텍사스주 라레도에 도착하는 오는 월요일에 당나귀를 배달하기로 했다. 월요일 아침, 소년의 집을 찾은 농민이 말했다.

"미안한데 나쁜 소식이 있어. 당나귀가 죽었단다."

"그럼 제가 드린 돈을 돌려주세요." 소년이 말했다.

"그럴 수가 없구나. 벌써 다 써 버렸단다." 농부는 난처한 표정으로 대답했다.

"그럼 그 죽은 당나귀를 주세요."

"내 얘기를 잘 못들은 거 같은데, 당나귀는 죽었어. 죽은 당나귀로 도 대체 뭘 할 셈이야?" 농부는 다시 말했다.

"추첨을 통해서 팔려고요."

"죽은 당나귀를 갖고 추첨을 할 수는 없어!" 농민은 고함을 질렀다.

"아네요. 할 수 있어요. 죽었다고 얘기 안 하면 되죠." 소년은 말했다.

농민은 좋을 대로 하라며 죽은 말을 내려놓고는 떠났다.

한 달 후 농민은 시내에서 우연히 그 소년을 만났고 당나귀에 대해 물었다.

"팔았어요. 추첨 티켓 한 장당 2달러로 500장을 팔아서 총 898달러를 벌었어요"라며 소년은 으쓱대며 말했다.

"항의한 사람은 아무도 없었니?" 농민은 놀라서 물었다.

"딱 한 사람, 당첨된 그 사람만 항의했어요. 그래서 그 남자한테 2달 러 돌려줬죠"라며 소년은 웃으며 말했다.

27세 영화 학교 졸업생이 1971년에 만든 감독 데뷔 작품은 실패였다. 그는 다음 영화로 고등학교를 막 졸업한 청춘들의 이야기를 준비했는 데, 또 실패할 경우를 대비해서 두 번째 영화 개봉 전에 세 번째 영화를 팔기 위해 노력했다. 그는 자신의 세 번째 영화로 손에 땀을 쥐게 하는 SF 시리즈를 대규모 예산을 들여 만들고 싶었다. 〈외계로부터의 9호 계 획〉 같은 SF 영화는 적자를 내기 쉬운 장르였고, 실력이 검증되지 않은 젊은 감독의 계획에 관심을 보인 할리우드 스튜디오는 딱 한 군데뿐이었다. 20세기 폭스(20th Century Fox)가 그 감독에게 각본 5만 달러와 제작 5만 달러는 나중에 추가하고 겨우 5만 달러를 제시했을 때, 그는 속편 제작권을 받는 조건을 받아들인다면 계약하겠다고 했다. 20세기 폭스 스튜디오는 속편이 제작되는 일은 결코 없을 거라 생각하고, 조지 루카스에게 속편 제작권을 주는 데에 동의했다. 1977년 〈스타워즈〉가 역대 최고의 매출을 올리고 미국 아카데미 시상식의 여섯 개 부문에서 수상하자 폭스 스튜디오 경영진은 속편 제작에 필사적이었다.

루카스는 모든 〈스타워즈〉 시리즈에 대한 캐릭터 상품화권을 갖는다는 조건으로 제작하고 싶다는 의사를 밝혔다. 이번에도 '스튜디오는 장난감이라고 해야 얼마나 많이 팔 수 있을까' 생각하고 루카스에게 상품화권을 로열티 프리 라이센스 조건으로 제공했다. 〈스타워즈〉 시리즈는 320억 달러 이상 가치의 캐릭터 피규어, 게임, 옷, 침대 시트, 의상, 광검, 이웍 빌리지 플레이 세트 공식 굿즈 제품들을 팔았고 루카스는 억만장자가 됐다. 조지 루카스가 시대를 초월해 많은 사랑을 받는 영화를 만든 건 사실이지만, 그를 갑부로 만든 건 그와 그의 변호사 톰 폴락의 거래 방법 덕분이었다. 아니면 오비완 케노비가 한 말처럼 "내 경험에 비추어 보면 세상엔 운 같은 것은 없다."

뉴욕 스포츠 팬인 28세의 브랜던 슈타이너는 흙으로 수백만 달러 비즈니스를 만들었다. 거짓말 안 하고 수십 개의 양동이에 담긴 흙으로 말이다. 1987년 브랜던은 8,000달러와 맥 컴퓨터, 인턴 한 명으로 야구 사인 볼 사업을 시작했다. 그가 뉴욕 양키스는 물론 모든 스포츠의 최고 선수들과 독점 계약을 따낼 수 있었던 건 그의 거래 방법 덕분이었다. 선수들은 사인 볼의 매출 100%를 받았다. 어느 야구 선수가 이 보다 더 좋은 조건을 요구하겠는가? 그렇다면 브랜던이 멍청이란 말일까? 천만에. 그는 사업 천재다.

브랜던은 단돈 19센트를 들여 수집가들이 선수 사인 볼을 안에 넣어 진열할 수 있는 플라스틱 큐브 케이스를 만들어서는 40달러에 팔아 돈을 벌었다. 사인 볼의 매출 홈런이 이어지자 브랜던은 야구 경기장에 있는 흙을 양동이에 담아 준비했다. 그러고는 경기장 흙이 묻은 사인 볼을 플라스틱 큐브 케이스에 넣어 추가로 100유로를 받고 팔았다. 그 후로 슈타이너 스포츠는 사인된 스포츠 수집품을 100만 개 이상 팔았고, 현재 연간 4,000만 달러 이상의 매출을 기록하고 있다.

텍사스주에 거주하는 바바라 러셀 피츠와 메리 러셀 사라오 자매는 일과 육아의 균형을 잡기 위해 애쓰는 바쁜 워킹맘들이었다. 어느 날 저녁, 9학년인 메리의 딸이 학교 과제를 하던 도중 몇 번이나 망쳐서 남은 포스터 보드를 다 써 버리게 됐다. 메리는 밤 10시에 포스터 보드를 사러 상점으로 달려갔다. 이번에는 딸이 실수 없이 제대로 했으면 하는 마음에, 딸이 삐뚤지 않게 단어를 쓰고 그림을 그릴 수 있도록 포스터 보드 위에 야드 자로 옅게 격자 선을 그렸다. 다음 날 메리는 바바라에게 전화를 해서 새 제품에 대한 아이디어를 이야기했고, 그렇게 해서 '고스트 라인(Ghostline)' 포스터 보드가 탄생했다.

행정 직원과 학교 교사로 일하는 이 자매는 포스터 보드 회사를 차리기 위한 특별한 노하우나 자본이 없다는 걸 잘 알았기에, 학교에 납품하는 대형 제조업체들에 자신들의 아이디어를 논의했다. 한 업체 대표는 그들이 고스트 라인 특허를 신청하면 업체에서 로열티를 지불하겠다고 제안했다. 그런데 몇 개월이 지나도 업체로부터 아무런 소식이 없자 메리가 알아본 결과, 그 업체가 자매의 아이디어를 훔쳐서 그 발명품을 판매하고 있었다는 사실을 뒤늦게 알게 됐다. 그 업체를 상대로 싸울 여력이 안 됐던 자매의 꿈은 그렇게 산산이 부서졌다.

하지만 자매는 포기하지 않고 그 도둑 회사의 경쟁사와 윈윈 거래를 성사시켰다. 카롤리나 패드(Carolina Pad)는 자매에게 고스트 라인 특허권을 독점으로 허가하는 조건으로 회사가 소송비를 지불해 줄 것을 제안했다. 지금까지 자매는 메리가 딸의 포스터 보드에 그렸던 얇은 선으로 1,500만 달러 이상을 로열티로 벌어들였다. 어느 저녁 식탁에서 나온 영감 치고는 나쁘지 않은 결과다.

조지 루카스, 브랜던 슈타이너, 러셀 자매가 창출한 부의 공통점은 거래 구조가 독창적이었다는 것이다. 스티븐 스필버그를 억만장자로 만들어 준 것은 영화 제작이 아니라 유니버설 테마파크의 입장권 매출이었다. 맥도날드의 창립자는 햄거버 판매가 아닌 부동산으로 돈을 벌었다. 세일즈포스(Salesforce)의 마크 베니오프는 소프트웨어를 제품이 아닌 서비스로 봤기 때문에 억만장자가 될 수 있었다.

마이크로소프트와 IBM의
역사를 바꾼 계약

사업을 시작하면 어떻게 비즈니스 기회를 형성하는지가 얼마나 버는지보다 심지어 더 중요하다는 사실을 금방 깨닫게 될 것이다. 자본 거래를 구축하는 창의적인 방법을 숙달한다면 백만장자 혹은 억만장자, 그리고 미래에 끄떡없을 당신이 될 수 있다.

현재 당신이 시간당 급여를 받고 일하고 있다면 평생 부자가 될 수 없다. 1년에 적어도 100만 달러를 벌기 위해서는 시간당 500달러 이상을 받는 풀타임 일이어야 한다. 10억 달러를 시간 조망 이론으로 보면 규모의 차이를 쉽게 이해할 수 있다. 시간 조망 이론이란, 인생을 보는 시각으로 시간 관념이 어디에 초점을 맞추느냐에 따라 미래가 달라진다. 100만 초가 불과 12일 전이라면 10억 초는 무려 32년 전이다.

내 주위에는 커리어상 어떤 변화를 일으키기에는 너무 늦은 상황에서 이런 현실에 불만을 토로하는 변호사 친구들이 셀 수도 없이 많다. 커리어를 시작할 때는 의사, 변호사, 회계사 같은 전문직의 친구들이 일반적인 대학 졸업생들보다 훨씬 더 많이 벌지만, 대부분 이들의 시간당 임금은 다소 빨리 최고치를 기록한다. 이처럼 임금 생활자 세계에서 꼼짝 못하는 이들이 부를 축적하는 유일한 방법은 자신의 사업을 하는 데 투자하는 것이다. 이 부분에 뒤에서 더 자세히 다루겠다.

당신이 온라인 마케팅을 기획하기 위해 채용되거나, 소프트웨어를 만들거나, 새로운 제품을 발명하기 위해 채용되건 아무런 상관이 없다. 중요한 건, 열심히 일한다고 부자가 되는 것은 아니라는 사실이다. 스마트하게 일하는 것이 핵심이다. 제대로 구축된 거래는 당신을 세계 최고의 갑부로 만들어 줄 수도 있다.

1980년 IBM이 자사의 첫 PC를 개발할 때 기업은 자사의 기계를 작동시킬 운영 체제가 필요했다. 종종 회자되는 것처럼 빌 게이츠는 시애틀 컴퓨터프로덕트의 급조된 더러운 운영 체제(QDOS: Quick and Dirty Operating System)를 인수한 후 PC-DOS라 불리는 운영 체제 라이센스를 IBM에 판매했다. 그런데 마이크로소프트가 새로운 수입 기록을 달성한 것도, 빌 게이츠를 억만장자로 만들어 준 것도 IBM으로부터 받은 로열티가 아니었다.

빌 게이츠는 변호사였던 그의 아버지와 함께 사업 수완을 발휘해서 IBM과의 계약서에 마이크로소프트가 PC-DOS를 MS-DOS라는 이름으로 다른 하드웨어 제작업체에게 판매할 수 있다는 내용의 조항을 넣었다. 점점 더 많은 개인용 컴퓨터 제조업체가 IBM의 하드웨어를 모방했고, MS-DOS는 전 세계 컴퓨팅 플랫폼을 주도하는 표준이 됐다. 테크 역사가 마르셀 브라운은 "컴퓨터 역사에 중요한 획을 그은 계약서에 이 사소해 보이는 조항이 없었다면 PC의 역사는 상당히 다르게 흘렀을 것이다"라고 말한다.

스마트한 거래 구조를 협상하는 법을 알기 위해서는 당신의 비즈니스 성공과 개인적 부의 창출에서 자본이 하는 역할의 중요성을 먼저 이해해야 한다. 백만장자가 되려고 노력하는 사람이라면 누구나 부자가 되는 데 가장 중요한 영향을 끼치는 재정적 발전에 세 가지 단계가 있다는 걸 명심해야 한다.

이번 장에서는 부의 창조를 위한 이 세 가지 구성 요소인 거래 구조, 자금 조달, 이익 재투자에 대해서 살펴볼 것이다.

백만장자들을 배출한 페이스북과 구글의 거래 구조

거래 구조는 당신이 비즈니스를 하면서 각각의 협상마다 개입해 영향을 준다. 직원을 고용하거나 납품업체와의 계약서를 쓸 때, 또는 새로운 고객과 계약을 맺으면서 일련의 조건을 정할 때 당신은 재정상의 운명을 결정지어야 한다.

비즈니스를 막 시작하는 기업가로서 일회성 수입이 아닌 지속적인 수입원 창출이 당신의 목표가 돼야 한다. 자신에게 배팅하고, 당신의 성과에 대해 보상받을 기회를 있는 대로 잡아라. 나는 지금도 나의 도움을 필요로 하는 기업들이 연락해 오면 동종 업계 대부분의 컨설턴트가 받는 고액의 월 비용 대신 해당 기업의 지분 일부를 받는 것을 선호한다. 내가 수백만 달러 기업을 만드는 데 중요한 역할을 할 수 있다면 그 기업이 만들어 낸 가치의 일부를 받을 자격이 있다고 나는 믿는다.

그 가치 창조에 일조한 대가로 말이다.

많은 고객은 이 방식에 동의하는데, 이 구조는 양측의 목표와 궤를 함께하기 때문이기도 하다. 즉 협업이 성공할 경우에만 양측 모두 돈을 번다는 것이다. 지금까지 나는 60개 이상의 회사에서 땀의 지분을 획득했다. 물론 회사가 실패해서 수천 달러의 컨설팅 비용을 못 받은 적도 있지만, 내가 합류하기 전에는 가치가 거의 또는 전혀 없었던 컨설팅 대가로 받은 지분이 훗날 성장해 수백만 달러를 벌게 해 준 스타트업도 있다.

이 방법을 사용한 최고의 협상은 1999년 한 스타트업이 나에게 컨설팅 서비스를 받는 대가로 지분 50%를 제공하겠다고 제안했을 때였다. 90일 뒤 우리가 나스닥에서 기업 공개를 통해 주식을 상장했을 때 기업의 주식 가치는 4억 4,000만 달러였다. 이렇듯 당신의 리스크는 늘 유한한 반면, 당신의 보상은 무한 잠재력을 갖는다.

페이스북이 사업을 막 시작했을 때 초대 사장 숀 파커는 페이스북의 사무실을 멋지게 꾸미려고 노력했는데, 그는 본사 신사옥 전체 벽을 아티스트 데이비드 최의 그래피티로 가득 채우고 싶었다. 그는 "내 몸값은 점점 올라가고 있었고, 나는 '예상하겠지만 건물 전체 벽을 작업하려면 여섯 장, 6만 달러는 받아야겠어요' 이렇게 말했다"라며 그때를 회상했다. 스타트업 자금을 지키길 원했던 파커는 그에게 6만 달러를 주식으로 지불했다.

2012년 페이스북이 기업 공개를 통해 주식을 상장했을 때 그가 보유한 스톡옵션의 가치는 2억 달러에 달했다. 현재 이 그래피티 화가가 보유한 주식 가치는 거의 10억 달러에 달해서, 그는 전 세계에서 역사상 최고의 부자 화가가 아닐까 싶다.

당신이 회사를 직접 차리지 않더라도 페이스북 직원들이 받은 엄청난 혜택을 누릴 기회는 아직 있다. 작은 스타트업에서 풀타임으로 일하거나 어떤 프로젝트를 진행한다면 보수의 일환으로 회사 주식을 받을 것을 항상 요청해라. 그 스타트업이 앞으로 얼마나 성장할지는 아무도 모른다.

구글의 역사는 팰로앨토에 있는 한 교사 차고에서 작업을 하던 두 사람에 의해 시작됐다는 걸 기억해라. 2004년 구글이 기업 공개를 했을 때 1,000명이 넘는 구글 직원은 백만장자가 됐다. 이들이 협상했던 스톡그랜트와 스톡옵션의 가치는 직원당 500만 달러 이상이 됐다. 심지어 구글의 사내 마사지사인 보니 브라운도 백만장자가 됐다.

대부분의 테크 산업 백만장자들은 창립자도 투자자도 아니다. 그들은 주식을 받는 조건으로 낮은 급여를 받고 일하는 직원들이다. 마이크로소프트는 적어도 1만 2,000명의 백만장자, 최소 3명의 억만장자 직원을 배출해 낸 것으로 추산된다. 스톡옵션에 대해서 또는 어떻게 주식계약을 하는지 잘 모른다면 계약서를 손봐 줄 변호사에게 비용을 내고 도움을 받는 것이 좋다. 거주지에 따라 주식 관련 과세 내용이 다를 수 있으니 당신의 회계사와 이야기하는 것도 잊지 마라.

매출의 일부도, 주식도 거래에 포함되지 않는다 해도 당신의 성과에 대해 최대한으로 보상받을 수 있는 다른 몇 가지 방법이 있다.

1) 성과 상여금

사전에 고객과 당신의 성과가 일종의 매트릭스를 충족하거나 초과 달성 시 상여금을 받을 수 있도록 계약을 체결해라.

이런 종류의 성과 상여금을 협상할 때마다 나는 상당히 높은 목표를 정한 후 말도 안 되는 상여금 금액을 계약에 포함시킨다. 어떤 제품이 대박을 터뜨릴지는 아무도 모른다. 〈샤크 탱크〉에서 소개된 스크럽 대디(Scrub Daddy)가 5,000만 달러 이상어치의 수세미를 팔지 누가 상상이나 했겠는가?

2) 연속 보너스

두 번째는 어느 고객도 거절하지 않을 것이다. 당신의 성과 덕분에 회사가 엄청난 성공을 이루었다고 잠시 상상해 봐라. 기업의 이름이 알려지면 당신과 똑같은 업무를 할 수 있는 사람을 더 저렴한 비용으로 고용할 수 있다. 자사에 수백만 달러를 벌게 해 준 납품업체, 공급업체 그리고 직원들에 대해 기업이 얼마나 불충성한지를 알면 놀랄 것이다.

이런 상황을 방지할 유일한 방법은 처음 계약서에 성과 연장 조항을 넣는 것이다. 당신이 상호 합의한 목표를 달성하거나 초과 달성하는 한 계약이 1년 더 연장된다는 것이다. 이 조항을 마련함으로써 미래 경쟁자로 인해 당신이 저평가되어 당신의 고객을 뺏기는 상황도 방지할 수 있다.

　새로운 업무를 맡거나 다음 프로젝트 수행에 동의하기 전에 당신이 가장 높게 혜택을 받을 수 있는 방법으로 목표를 설정하도록 어떻게 고용주와의 관계를 형성할지를 고심해라. 반대로 직원을 고용하거나 납품업체를 정할 시에는 그들이 목표를 초과 달성하고 그들에게 최대의 혜택을 줄 수 있는 재정적인 합의를 마련해라. 타호 호수 전부를 가지는 것보다 태평양의 절반을 소유하는 게 낫다는 것을 기억해라.

서명을 잘못하면 당신이 아니라 다른 사람이 부자가 된다

　다음 단계로 넘어가 이제 당신이 사업을 시작할 때가 되면, 기업가들이 직면하는 가장 큰 도전은 회사를 론칭하고 키우는 데 필요한 돈을 마련하는 법을 이해하는 것이다. 자금 조달은 두 번째 단계로 기업가들이 어떻게 계약 조건을 마련하고 어떻게 자금을 갖고 일하는지에 초점을 맞춰야 하는 단계다.
　텀시트란, 계약서에 기재할 투자 조건을 구체적인 용어로 주고받는 것이다. 너무 많은 신참 기업가들이 벤처 캐피털리스트나 엔젤 투자자와 텀시트 계약 체결 시에 계약으로 인한 장기적인 영향을 확실히 이해하지 못한 채 무턱대고 서명을 한다. 그건 비즈니스를 시작한 첫날부터 당신이 본인의 회사를 잘 알지도 못한 채 그냥 누구에게 주는 셈이나 마찬가지다.

막 사업을 시작하려는 당신에게 첫 회사는 당신 인생에서 최고의 혜택을 가져다줄 아이디어일 수도 있다. 사업의 성공을 위해 수년간을 열심히 일했는데 당신만 빼고 모두가 부자가 된다면 비참할 것이다. 나는 벤처 캐피털 회사들로부터 수백만 달러의 자금을 받아서 성공을 거두고 그들과 파트너십을 형성해 수백만 달러를 추가로 벌어들였지만, 그들을 '대머리 독수리 자본가(vulture capitalist)'라며 비난하는 창립자도 많다.

2011년 자신의 스타트업 겟 새티스팩션(Get Satisfaction)의 창업자 레인 베커는 벤처 캐피털로부터 1,000만 달러 투자를 유치했을 때 더할 나위 없이 기뻤다. 그러나 4년 후 회사가 매각됐을 때 벤처 캐피털과 나중에 합류한 투자자들이 수백만 달러를 챙긴 반면 그는 한 푼도 받지 못했다. 벤처 캐피털 투자의 복잡한 텀시트 때문에 베커는 자신의 회사 경영권을 빼앗긴 것이다.

그 일이 있고 난 후 베커는 한 인터뷰에서 "벤처 캐피털과의 게임에서 우리는 졌다. 체스 게임 정도로 알고 있었던 게임이 사실은 〈왕좌의 게임〉이었다"라고 말했다. 베커는 "벤처 캐피털을 통한 투자 유치는 세상에서 가장 최악의 상사와 일하는 것과 같다. 수많은 의견을 내면서 도가 지나친 영향력을 행사하는 그들은 실제로 업무에 얼굴 한 번 내비치지 않는다"라는 내용의 게시물을 트위터에 올렸다.

베커가 서명한 그 특정 문서를 검토해 보지는 않았지만, 벤처 캐피털

거래에서 독소 조항이 될 수 있는 한 예를 들어 보겠다. 이익을 높이기 위해 수년 동안 벤처 캐피털 회사들은 세 배의 청산 우선권을 적용한다는 조항을 계약서에 포함시켰다. 이는 창업가와 직원들보다 먼저 벤처 캐피털이 초기에 투자한 원금의 세 배에 해당하는 금액을 가져간다는 뜻이다.

예를 들어, 벤처 캐피털이 당신의 기업에 1,000만 달러를 투자했고 한 달 후에 기업의 매각 대금이 3,000만 달러일 경우 벤처 캐피털은 재빠르게 2,000만 달러의 이득을 챙길 수 있는 것이다. 반면 당신 주머니로 들어오는 돈은 전혀 없다.

혼란스러울 수 있는 부분이 또 하나 있는데, 당신이 세운 그 회사 주식에 대한 베스팅 조항이다. 베스팅이란, 회사의 상황에 따라 스톡옵션 조건을 걸고 해당 조건을 달성하기 전까지는 주식의 일부만 부여하는 것이다. 어떤 투자자들은 창립자를 곁에 두기 위한 목적으로 회사에 대한 소유권을 포기하고 베스팅 기간을 총 4년으로 잡을 것을 요구한다. 그래서 벤처 캐피털이 당신 회사의 지분을 10%만 가지는 방식으로 투자했더라도 회사 지분의 90%는 이사회의 몫으로 돌아가게 된다. 마찬가지로 당신 회사가 첫 해에 1억 달러에 매각되면 당신 손에 들어오는 결실은 아무것도 없을 가능성이 크다.

오늘날 싱글 및 더블 트리거(single trigger and double trigger) 베스팅 조항 덕분에 이 문제가 어느 정도는 개선됐지만, 이는 계약법의 세부 사항을 살피는 수고가 필요하다. 한마디로 말하면 정통한 투자자들은 자신의 이익을 극대화할 수 있도록 계약서를 작성하는 변호사를 두고 있다. 당신 또한 당신의 이익을 챙겨 주는 경력 많은 변호사를 고용해야 할 필요가 있다.

지난 몇 년간 나는 사기당했다고 생각하는 순진한 창립자들의 끔찍한 경험담을 많이 들어 왔다. 이에 일의 진행 과정에 대해 배울 수 있는 온라인 리소스 몇 가지를 소개한다.

1) SAFE 표준 계약서

소액 엔젤 투자 유치를 위해서는 벤처 인큐베이터인 와이 콤비네이터(Y Combinator, ycombinator.com/documents)의 웹 사이트에 올라와 있는 조건부 지분 인수 계약인 SAFE(Simple Agreement for Future Equity) 표준 계약서를 참고하면 된다. 이 양식에 기재된 조건들은 꽤 중립적인 성격을 띠며 양측 모두에게 좋은 의도로 협상할 시작점이 될 수 있다. SAFE 표준 계약서로 표준 조항 협상에 드는 시간을 줄이고 이미 많이 사용됐던 계약서의 초안을 작성하는 데 드는 변호사 비용을 아낄 수 있다.

2) 더 펀디드 커뮤니티

두 번째 리소스는 특별히 창립자들의 니즈에 초점을 맞춘 사이트이다. 파운더 인스티튜트(Founder Institute)의 CEO 아데오 레시가 만든 더 펀디드(The Funded, thefunded.com)는 2만 명 이상의 CEO 및 창립자가 벤처 캐피털리스트들을 평가하고 다양한 재정 문제를 논의하는 커뮤니티다. 창립자로서 당신은 벤처 캐피털 비즈니스가 어떻게 운영되는지 배울 필요가 있다. 너무 많은 창립자가 비즈니스 운영으로 바쁘다 보니 정작 자신들의 이익 창출에는 신경을 못 쓴다. 성공한 기업을 세워 부를 얻는 것도 기업을 잘 유지할 수 있어야 가능하다.

모든 수를 써서 자금을 유치하라, 이 방법은 제외하고

반면 대부분의 벤처 캐피털 회사는 창립자들에게 단순히 돈이 아닌 그 이상을 제공하며, 스타트업 성공의 보이지 않는 조력자인 경우가 많다. 풍부한 경험을 가진 벤처 캐피털리스트는 성장의 여러 단계를 거치는 동안 창립자를 이끌어 주고 전략 파트너들을 소개하는가 하면 매입사와의 엑시트 협상에 도움을 준다.

나는 우리 회사의 이사회에 참석해서 당시에는 내게 낯설었던 비즈니스 세계의 여러 면을 시간을 내어 설명해 준 벤처 캐피털리스트들의 도움을 많이 받았다. 론 콘웨이, 빌 걸리, 비노드 코슬라, 프레드 윌슨, 벤 호로위츠, 마크 서스터 같은 벤처 캐피털리스트들의 멘토링이 없었다면 몇몇 세계 대형 테크 회사의 창립자들은 지금 그 자리에 없었을 것이다. 프레드 윌슨은 "젊은 기업가들이 가진 장점은 불가능하다는 것을 모른다는 것이다. 그래서 그들은 놀라운 용기로 대담하게 시도해서 결국 해내고 만다"라고 언급했다.

세상에서 누구보다도 당신만큼 당신의 사업 분야를 잘 아는 사람은 없겠지만, 그렇다고 신출내기 기업이 앞으로 맞닥뜨릴 모든 도전을 헤쳐 나가기 위한 노하우를 갖고 있다는 뜻은 아니다. 당신 회사가 성장하면 시설 임대, 은행 신용 한도 조정, 국제 유통 계약, 미국 증권 거래 위원회 조사, 소송 해결을 위한 합의를 해야 하는 상황이 온다. 벤처 캐피털리스트 중 상당수가 과거에 스타트업 창업가였기 때문에 책임자와 고용주로서 당신이 마주하게 될 압박감과 도전을 잘 이해한다. 실패할 확률이 평균 90%인 위험성 높은 벤처 기업에 투자하는 것이 유일한 임무인 벤처 캐피털리스트는 당신이 목돈을 빨리 마련할 수 있는 유일한 방법일지 모른다. 당신이 앞으로 관계를 맺을 상대를 이해한다면 벤처 캐피털리스트는 신뢰할 수 있는 조언자이자 친구가 될 수 있다.

나는 새 CEO들을 도와서 어떻게 하이테크 스타트업을 설립하고, 어떻게 스타트업 액셀러레이터들과 협업하는지 조언한다. 사업 경험이 전혀 없었지만 스타트업을 위한 멋진 아이디어를 가진 20대 한 학생이 있었다. 주요 벤처 캐피털 회사 사무실이 모두 모여 있는 실리콘 밸리의 샌드힐로드로 그 여학생을 데려가 아이디어 피칭을 도왔다. 일주일 후 그 학생은 시리즈 A 투자 라운드에서 900만 달러의 투자금을 유치했다. 지금까지 벤처 캐피털은 그녀의 회사에 4,000만 달러 이상을 투자했고 그녀는 여전히 회사 경영을 맡고 있다. 벤처 캐피털리스트 마크 안드레센이 "벤처 자금을 마련하는 것은 스타트업 창립가가 할 수 있는 가장 쉬운 일이다"라고 한 말을 명심하길 바란다.

당연히 당신이 투자자들의 도움을 받지 않고 회사를 설립한다면 회사 매각 시 당신이 보유할 수 있는 회사 가치는 더 높아질 것이다.

온라인 가구 판매 기업인 웨이페어(Wayfair)는 시작부터 수익을 올렸다. 이 회사의 성공 비결은 구글 광고에 어마어마한 돈을 쓰는 대신 창립자가 인기 검색어와 연관 있는 수백 개의 도메인을 저렴하게 구매한 것이었다. 10년 동안 높은 매출을 올린 이 기업은 성장 변곡점을 찍은 후 주식 가치 40억 달러로 기업 공개를 하기 직전에 벤처 캐피털로부터 1억 6,500만 달러의 자금을 유치했다.

또한 팔 수 있는 건 아무거나, 어디에서나 팔면서 투자자의 도움을 받는 걸 늦춘 창립자들도 있다. 자존심을 내세우지 말고 당신이 할 수 있는 모든 방법을 써서 자금을 유치해라.

브라이언 체스키를 비롯한 에어비앤비 공동 창립자들은 신용 카드로만 스타트업의 자금을 댔다. 신용 카드가 순식간에 초과 한도를 넘자 그들은 월별 청구서를 내기 위해 2만 달러를 급하게 마련해야 하는 상황에 놓였다. 2008년 미 대선이 한창이었다. 에어비앤비 팀은 '오바마 오즈(Obama O's)'와 '캡틴 맥케인(Captain McCain)'으로 각각 이름을 붙인 두 종류의 시리얼 상자를 고안해 소비자들이 수집할 수 있게 했다. 자신들의 비좁은 집에서 접착제로 1,000개의 시리얼 상자를 붙이는 작업을 한 결과, 하루 만에 4만 달러 상당의 시리얼을 팔았다.

양초와 방향 제품 웹 사이트인 센시(Scentsy)는 현금이 부족할 때마다 지역의 물품 교환 시장에서 재고품을 팔았다. 재고품을 고객들에게 직접 판매함으로써 간절히 필요한 현금을 재빨리 투입할 뿐 아니라, 회사 직원들은 고객들과 직접 이야기를 나누면서 자사의 제품이 무엇이 좋았고 싫었는지에 대한 피드백을 받는 좋은 기회가 됐다. 자기 자본으로 유연하고 소박하게 시작한 이 이 커머스 사이트는 현재 연간 5억 달러 이상의 달콤한 매출을 기록하고 있다.

나는 신용 카드로 스타트업 자금을 조달하지 말 것을 신신당부한다. 내가 20대에 높은 이자율과 위약금으로 부채의 늪에 빠졌던 경험은 고통스러운 물고문과도 같았다. 하지만 많은 창립자에게는 소액의 초기 비용을 해결할 수 있는 가장 빠른 방법일지도 모르겠다.

대학생이었던 마이크 캐논 브룩스와 스콧 파퀴하르가 호주 시드니에 아틀라시안(Atlassian)을 공동 창업했을 때, 그들은 지리적 거리만큼이나 실리콘 밸리 입성은 꿈도 못 꿨다. 할 수 있는 한 자력으로 회사를 꾸려왔던 아틀라시안 팀은 '지라(Jira)'라는 프로젝트 관리 소프트웨어 제품으로 매출을 올리기 전에 신용 카드로 1만 달러의 회사 자금을 마련했다. 5,000만 달러 이상의 탄탄한 매출에도 불구하고 아틀라시안이 벤처 캐피털 자금을 유치하기까지는 8년이라는 시간이 걸렸다. 아셀 파트너스가 6,000만 달러의 성장 자본 투자를 완료하고 4년 후 아틀라시안은 주식 가치 43억 7,000만 달러로 나스닥에 기업 공개를 통해 주식 상장을 했다.

경고성 이야기를 하나 더 하자면, 신용 카드 이자율보다 더 최악은 고금리 담보 대출이다. 이자율과 수수료를 포함해 어떤 대출은 연 이자율이 1,000%까지 되기도 한다. 참전 용사 엘리엇 클라크는 의료 응급 상황이 있은 후 2,500달러의 고금리 담보 대출을 받았다. 5년 후 5만 달러라는 엄청난 이자를 지불해야 하는 상태에서 결국 그와 아내는 집을 잃게 됐다. 어떠한 경우에라도 이 무자비한 약탈적 대출 방법으로 스스로를 매장하지 마라.

자금 조달을 통해 얻을 수 있는 교훈은 비즈니스에 뛰어들기 전에 당신의 비즈니스가 무엇인지 이해하고, 투자자들을 상대하기 전에 비즈니스의 성장을 위해 감수해야 할 것이 무엇인지를 확실히 이해해야 한다는 것이다. 친구와 가족에게 자금을 조달받는다고 해도 바쁜 창립자에게 투자자들과의 소통은 또 하나의 업무다.

오늘날 많은 유튜브 스타처럼, 그래픽 아트 강사 린다 와인먼도 무료로 더 많은 학생에게 강좌를 제공하기 위해 온라인 동영상을 사용했다. 수강생을 모집하고 콘텐츠 라이브러리를 구축하면서 그녀의 사이트는 구독 기반 서비스로 전환했다. 빠른 확장과 온라인 시장 확보를 위해 자금이 필요했던 린다는 벤처 캐피털로부터 1억 300만 달러를 투자받았다. 다른 콘텐츠 기업들을 인수하면서 자신의 강좌 라이브러리를 확장할 기회가 있었던 린다는 사모 투자 전문 회사인 TPG 캐피털(TPG Capital)로부터 1억 8,600만 달러를 추가로 투자받았다. 그녀의 고성장 전략은 성과를 냈고, 2015년 린다닷컴(Lynda.com)은 15억 달러로 링크드인에 매각됐다.

창립자가 어떤 지분도 포기하지 않으면서 자금을 마련하는 또 다른 방법은 킥 스타터(Kick Starter), 고펀드미(GoFundMe), 인디고고 같은 크라우드 펀딩 사이트에서 제품을 사전 홍보하는 것이다. 크라우드 펀딩으로 1만 5,700달러라는 소규모 후원을 받아 론칭한 카즈 어게인스트 휴머니티(Cards Against Humanity) 게임은 첫 해에 1,200만 달러의 매출을 기록했다. 크라우드 펀딩은 브랜드를 알려서 후원을 받을 수 있는 팬이 확보될 때 가장 좋은 결과를 낼 수 있다. 커맨드 파트너스(Command Partners)의 대표 로이 모레혼은 "크라우드 펀딩 페이지를 만들기 전에 먼저 크라우드를 확보해라"라고 제안한다.

크라우드 펀딩으로 심지어 억만장자가 될 수도 있다. 이 역대 최고의 크라우드 펀딩 성공 스토리는 가히 현실을 뛰어넘는다. 팔머 럭키는 자신이 만든 가상 현실 헤드셋 '오큘러스 리프트(Oculus Rift)'를 위해 투자금으로 25만 달러를 목표했다. 킥 스타터의 문을 두드렸을 때만 해도 그는 앞으로 무슨 일이 벌어질지 상상조차 못했다. 기업 지분은 모두 유지한 채 240만 달러 이상의 후원을 받았을 뿐 아니라, 2년 후 페이스북은 팔머 럭키의 스타트업을 현금과 주식 지불 방식으로 23억 달러에 인수했다.

2012년 미국이 도입한 신생 기업 지원법인 '잡스법(JOBS: Jumpstart Our Business Startups Act)'은 스타트업의 자금 조달 비용과 규제를 현저히 낮췄다. 2015년에 법제화된 크라우드펀드 법(Crowdfund Act)이라 불리는 이 잡스법의 3장(Tide III)은 이 간소화된 규제를 사용하면서도 기업의 자금 조달 한도액을 5,000만 달러까지 올렸다. 2015년부터 2018년까지 107개의 회사가 새로운 레그 A+(Reg A+) 조항을 적용받아 총 15억 달러의 자금을 조달했다. 크라우드엔진(CrowdEngine), 스타트엔진(Startengine), 시드인베스트(SeedInvest) 같은 회사들은 기업가들이 이 새로운 규정 절차를 이용하는 데 도움을 줄 수 있다.

모든 스타트업은 위험성을 갖고 있다. 하지만 각각의 거래가 어떻게 구성돼 있는지와 어떤 조건에서 자금이 조달되는지를 주의 깊게 살펴본다면 창업자들은 성공을 위한 기회를 최대화할 수 있다. 당신의 재정적 발전에서의 마지막 단계는 최종 수익을 어떻게 할지를 이해하는 것이다.

당신이 잠자는 동안에도 돈이 들어오게 만들어라

워런 버핏은 말했다.

"당신이 잠자는 동안에도 돈이 들어오는 방법을 찾아내지 못한다면, 당신은 죽을 때까지 일해야만 할 것이다."

닥터 드레의 사진 두 장이 나오는 유명한 인터넷 밈이 있다. 하나는 그가 커리어를 막 시작했을 때 찍은 사진이고, 다른 하나는 억만장자가 된 후 찍은 사진이다. 첫 번째 사진 속 그는 자신이 가진 온갖 금빛 액세서리를 목에 걸치고 눈부시게 치장한 20대 힙합 아티스트의 모습을 하고 있다. 자신의 회사 비츠(Beats)를 30억 달러에 매각한 후에 찍은 두 번째 사진 속에는 부를 가늠할 수 없도록 수수하게 차려입은 49세의 노련한 중역이 있다. 로버트 키요사키는 자신의 베스트셀러 《부자 아빠 가난한 아빠》에서 "얼마나 버느냐는 중요하지 않다. 얼마나 모을 수 있느냐가 중요하다"라고 조언한다.

100만 달러를 버는 가장 확실한 방법은 커리어 초기에 일찌감치 사업을 위해 자본을 투자하는 것이다. 이것이 자본주의라 부르는 이유다. 내가 처음으로 100만 달러짜리 수표를 손에 넣었을 때 가장 먼저 한 일은 할리우드 매직(Hollywood Magic)으로 달려가 20달러짜리 카드 트릭을 산 것이었다. 그다음 한 일은 남은 돈을 투자한 것이었다. 초기에 획득한 수입을 필요하지 않은 것을 사는 데 쓰지 마라. 왜냐하면 당신의 수입원이 언제 말라 버릴지는 아무도 모르기 때문이다.

프로 축구 선수들은 북아메리카 프로 미식 축구 리그에서 뛰고 꿈을 이루기 위해 10대 때부터 열심히 일한다. 그런데 〈스포츠 일러스트레이티드〉에 따르면, 은퇴를 하고 2년 후 이 NFL 선수의 78%가 파산을 하거나 재정적 압박을 받는다고 나타났다. 프로 농구 선수들의 상황도 크게 다르지 않다. 60%가 프로 세계를 떠난 후 5년 안에 파산을 한다. 통산 상금으로 4억 달러 이상을 획득한 헤비급 권투 선수인 마이크 타이슨은 2003년 겨우 37세 나이에 파산 선언을 했다.

이 선수들이 범한 최대 실수는 자신들이 열심히 땀 흘려 일한 만큼 자신의 돈은 그렇게 열심히 일하게 하지 않았다는 것이다.

금융 전문가 찰스 자페는 "당신을 부자로 만드는 것은 당신의 연봉이 아니라 당신의 소비 습관에 달렸다"라고 말한다. 또한 운용 자산 규모가 260억 달러에 달하는 배런 캐피털(Baron Capital)의 창립자인 억만장자론 배런은 "적은 돈을 꾸준하게 오랫동안 투자해서 그 돈으로 노후를 준비해야 한다. 바로 이것이 부자가 되는 방법이다. 역사적인 주식 수익률을 기준으로 볼 때 매년 5,000달러를 30년간 투자하면 89만 달러의 가치를 갖는다"라고 말한다.

투자를 빨리 시작할수록 장기적으로 수익을 더 많이 낼 수 있을 것이다. 초기 투자라 하면 시장을 이기려는 적극적 투자나 기가 막힌 주식을 선별해 투자하는 것을 말하는 것이 아니다. 복리의 힘을 활용하는 것이다. 투자를 시작한 첫해에 원금으로 돈을 번다. 그리고 불어난 원금을 재투자해서 더 많은 돈을 번다. 시간이 흐르면서 이자에 이자가 붙으며 돈이 더 불어난다. 수학적으로 볼 때 매달 딱 1%를 버는 투자를 하면 1년에 단리로 12%를 받을 수 있지만, 복리로 할 경우에는 실제로 12.68%를 받을 수 있다. 시작하기에 결코 늦은 때는 없다. 투자 천재 워런 버핏은 자신의 900억 달러 재산의 99%를 50세 이후에 벌었다.

30달러로 한 달을 살았던 일론 머스크처럼 지금 필요 없는 걸 사지 않으면 잠을 자도 돈이 들어온다. 불로 소득을 만들어 내 더 이상 일할 필요도 없게 되고 미래도 보장될 것이다. 당신이 갖고 있는 비상금을 당신이 고용한 직원이라고 생각해 봐라. 처음에는 새 직원을 관리하고 생산력을 높이는 데 많은 에너지가 든다. 하지만 시간이 지나면서 이 직원은 모멘텀을 형성해 가시적인 성과를 보여 결국에는 당신의 수익력을 뛰어넘을 수 있다. 당신이 일을 할 수 없거나 일을 하기 싫을 때도 그 직원은 당신이 살아 있는 동안, 그리고 그 이후에도 계속 돈을 번다.

밴더빌트, 멜런, 허스트, 록펠러 가문들이 세대를 이어 끄떡없는 가문이 된 배경에는 이익을 재투자한 데 있었다. 그리고 앞으로도 올바른 경영 관리가 지속되는 한, 미래 세대들에게도 미래에 끄떡없을 가문이 될 것이다.

어떤 투자 전략을 선택하든, 절대 한 바구니에 계란을 모두 담지 말 것을 명심해라. 당신의 부가 성장함에 따라 주식, 채권, 부동산 등의 자산군과 자국, 주요 해외 시장, 신흥 시장 지형에 따라 당신의 재산을 다양화해라. 분산 투자를 많이 할수록 당신의 전반적인 부는 2008년 서브프라임 모기지 사태나 2020년 팬데믹 같은 중요한 위기 사태로부터 영향을 덜 받을 것이다.

돈을 얼마나 더 쉽게 많이 벌지 고민하라

실력이 있다면 과감하게 고객의 리스크를 줄여 줘라

월드 베스트 에이전시 운영 초기에 내가 빈에게 코칭한 것처럼 직무상 저작물에 대해 고용주가 저작권을 보유하도록 계약을 맺는 새로운 고객은 지속적인 수입원이 될 잠재력이 있다. 빈이 만드는 마케팅 캠페인은 고객들의 재정적 성공에 중요한 요소다.

고객과 에이전시의 전형적인 관계를 보면 온라인 마케팅 캠페인을 만들고 관리하는 업무로 빈은 월 2만 달러에 고용될 수 있다. 예를 들어, 빈이 새 인스타그램 셀러브리티의 립스틱을 위한 마케팅을 진행해서 수백만 개의 립스틱이 팔렸다면, 그 결과 빈의 고객은 빈의 전문성 덕분에 수천만 달러의 이윤을 챙길 수 있을 것이다. 고객에게 굉장히 유리한 거래처럼 들린다. 하지만 이 시나리오에서는 고객 또한 모든 리스크를 감수하는 것이기 때문에 고객은 모든 보상을 받을 자격이 있다. 만약 빈이 3개월 동안 준비한 마케팅 캠페인이 매출로 이어지지 않는다면 고객은 아무런 성과 없이 6만 달러를 날리는 셈이다. 빈은 돈을 벌지만 고객은 어쩌면 파산할 수도 있는 상황이다.

이는 수많은 작은 브랜드가 피하고 싶은 리스크다. 하지만 빈이 제품에 대한 확신이 있고 그 제품을 마케팅할 자신이 있다면, 그가 만들어 내는 매출의 일부를 대가로 고객에게 그 리스크를 분담할 것을 제안할 수 있다. 빈은 온라인 사용자 클릭 깔때기를 만들고 있기 때문에 팔린 제품 수와 최고의 투자 수익률(ROI: return on investment)을 낸 판매 경로를 정확하게 알려 주는 데이터를 갖고 있다. 빈은 석 달치 금액에 해당하는 6만 달러는 포기해야 하겠지만, 그보다 10배 많은, 또는 그 이상을 수수료로 벌 수 있다. 새 고객이 가져다주는 기회로 빈이 리스크를 감수하는 보장된 금액은 늘 한정된 반면 최대 잠재력은 사실상 무한하다. 빈은 수익성이 더 좋은 보상을 위해 자신의 시간을 걸 필요가 있다.

수입원이 많을수록, 분산 투자할수록 장기적으로 안전하다

빈이 이익 재투자 계획을 들고 나를 찾아왔다. 암호 화폐 분야에서 그가 얼마나 성공적인 비즈니스를 하고 있는지를 고려해, 그는 암호 화폐 데이 트레이더가 되려는 계획을 세웠다. 하지만 나는 그에게 그 방법은 투자할 때 사람들이 가장 많이 하는 실수라며 경고했다.

어느 특정 분야에서 주 100시간을 일한다면 이미 당신은 그 분야에서 수익을 창출할 잠재력과 시간 면에서 전력을 다하고 있다는 뜻이다. 당신의 삶은 이미 경제의 특정한 분야에 집중돼 있는 것이다. 그렇기 때문에 투자를 다양화해서 당신이 힘들게 번 자본이 완전히 다른 분야에 분산될 수 있도록 하는 분산 투자가 중요하다.

빈은 암호 화폐 분야에서 주요 플레이어들에 대한 그의 개인적 지식이 자신의 투자 리스크를 최소화하는 데 도움을 줄 것이라 믿었다. 암호 화폐 거래에 대해 투기하지 말도록 내가 그를 설득하는 데 성공했는지 모르겠지만, 2017년 12월 17일 코인당 1만 9,666달러였던 비트코인이 하루 만에 8,094.80달러로 급락하면서 59%의 가치를 잃었을 때 그는 내가 한 충고의 의미를 확실히 이해했다.

투자에 관해 이야기하는 책은 차고 넘친다. 하지만 특별히 내가 빈에게 전해 주고 싶었던 투자 조언은 투자 다양화는 미래에 끄떡없을 사람이 되기 위한 종합적인 전략이라는 것이다. 빈은 그의 계약서를 구상하는 작업을 현명하게 하고, 불로 소득을 늘 함께하는 동료처럼 여기며 계속 돈을 일하게 할 필요가 있었다. 당신의 수입원이 많으면 많을수록 당신이 장기적 목표를 이룰 수 있는 가능성은 더 커진다.

9개월 차 누적 매출: 84만 7,445달러

우리가 실험을 시작한 지 9개월 째, 빈의 지속적인 수입원은 네 가지로 늘어났다. 수입의 가장 큰 부분을 차지한 건 '월드 베스트 에이전시'의 고객들이다. 에이전시 사업에서 빈은 특정 고객이나 비즈니스 분야에 너무 많이 의존하지 않기 위해 조심했다. 고객 다양화는 페이스북과 구글의 가상 화폐 공개 금지라는 고비를 넘기고 새 고객들을 위해 새롭게 부상하는 분야를 구상해야만 하는 상황을 만들어 줬다.

에이전시로 벌어들인 6만 3,240달러에 더해 전자책 《에이스 더 게임》으로 2만 4,970달러를 벌었다. 그로스 해킹 책을 위한 세이즈 깔때기의 일환으로, 빈은 개인 맞춤형 멘토링 구독자들을 위한 상향 판매 전략을 만들었다. 이 방법으로 7,000달러의 추가 수익을 냈다.

빈이 실수를 범한 분야는 제휴 업체 소개비였다. 자신이 처리할 수 없던 일을 다른 납품업체에 소개만 해서 2만 4,800달러를 받았던 그 전달에 비해 소개비 소득은 제로였다. 고객 제품에 내려진 페이스북의 금지령을 대응하는 데 너무 많은 시간과 노력을 들였기 때문이다. 빈은 여전히 소규모 프로젝트는 거절하지만, 자신의 네트워크에 있는 사람들에게 프로젝트를 소개하는 일은 하지 않았다.

그동안 많은 일이 있었지만, 아홉 번째 달 역시 총 수입 9만 5,211달러라는 우수한 성과를 기록했다. 빈은 1년 중 4분의 3을 지나 왔고, 목표인 100만 달러로 가는 길의 85%를 걸어왔다. 84만 7,445달러를 이미 확보해 놓은 빈은 이제 남은 3개월 동안 매달 평균 약 5만 달러씩만 벌면 백만장자가 될 수 있었다.

나의 다음 목표는 아름다운 남캘리포니아 여름을 뒤로한 채 빈이 남은 여정을 잘 마무리할 수 있도록 집중하게 하는 것이었다. 순풍에 돛을 단 빈은 이제 매달을 제로에서 시작할 필요 없이 자신의 목적지까지 순항하고 있었다.

제12장

시간, 공간, 사람의 한계를 허물면 된다

새로운 시대에 필요한
새로운 일 방식

FUTURE
PROOFING YOU

Twelve Truths for Creating Opportunity, Maximizing Wealth,
and Controlling Your Destiny in an Uncertain World

시장에서 승리하기 위해서는 먼저 직장에서 승리해야 한다.

더그 코넌트(전 캠벨 수프 컴퍼니 CEO)

전설 같은 거대 기업도
허리띠를 졸라매며 시작했다

캘리포니아주 우드사이드의 떡갈나무 숲에 자리 잡은 베어 크리크의 좁은 지류를 따라가다 보면 식당 하나가 있다. 세계적으로 명성이 높은 우드사이드의 벅스 레스토랑이 유명한 이유가 무엇인지 아는가? 현지인들만 아는 시그너처 메뉴인 BBQ 베이컨 버거나 보데이셔스 핫 퍼지 파이가 아니다. 천장에 이것저것 다양하게 매달려 날아다니는 기계들, 아이스크림콘을 들고 있는 사람 크기만 한 자유의 여신상, 입구에 있는 산란하는 언어를 표현한 대형 목조 조각품 같은 와일드한 인테리어로 유명한 것도 아니다. 제이미스 맥나이번의 이 괴짜 식당이 유명한 이유는 다름 아닌 실리콘 밸리 스타트업 역사에서 전설적인 역할을 한 장소이기 때문이다.

세쿼이아캐피털, 그레이록 파트너스, 아셀 파트너스(Accel Partners), 멘로 벤처스(Menlo Ventures), 클라이너 퍼킨스(Kleiner Perkins), 앤드리센 호로비츠(Andressen Horowitz), 드레이퍼 피셔 주베트슨(Draper Fisher Jurvetson) 등과 같은 주요 벤처 캐피털 회사 본사가 모여 있는 실리콘 밸리의 샌드힐 로드에서 4마일 밖에 안 되는 곳에 위치한 이 식당은 사무실이 없던 많은 스타트업들이 초기에 미팅을 했던 곳이다.

핫메일, 넷스케이프, 페이팔, 테슬라 등 많은 기업이 이곳에서 벤처 캐피털리스트들과 미팅을 했다. 이 식당의 전설적인 역할이 얼마나 상징적인지는 벤처 캐피털리스트 빌 드레이퍼의 책에서도 엿볼 수 있는데, 그의 책 《The Startup Game: Inside the Partnership between Venture Capitalists and Entrepreneurs(스타트업 게임: 벤처 캐피털리스트와 기업가 간의 파트너십 속으로)》는 '벅스 레스토랑에서 아침 식사'라는 제목의 챕터로 시작한다.

스타트업의 탄생이 시작된 장소는 비단 식당뿐만이 아니다. 세계적인 기업이 된 HP, 디즈니, 아마존, 구글은 모두 작은 차고에서 시작됐다. 델, 워드프레스, 스냅챗, 드롭박스, 페이스북은 모두 기숙사 방에서 탄생했다. 양키캔들(Yankee Candle), 마사 스튜어트 리빙(Martha Stewart Living), 에픽게임즈(Epic Games)의 포트나이트(Fortnite), 언더아머(Under Armor) 모두 지하실에서 시작됐다. 심지어 마이크로소프트는 뉴멕시코주 앨버커키에 있는 한 모텔에서 만들어졌다.

이처럼 현재는 누구나 아는 수십억 달러 가치의 회사들도 그 시작은 허름한 장소에서였다. 임대료와 간접 비용을 아끼기 위해 많은 스타트업은 식당과 집, 공유 공간에서 최대한 작업하면서 얼마 갖고 있지 않은 자본을 지켜 낸다.

일을 하는 것이 중요하지
일하는 장소가 중요한 것이 아니다

비즈니스 세계가 코로나19 팬데믹을 계기로 정확하게 알게 된 한 가지 사실이 있다면, 21세기에는 크고 비싼 회사 사무실이 더 이상 필요하지 않다는 것이다. 코로나19 팬데믹이 미국을 덮쳤을 때 회사들은 운영에 차질이 없게 하고, 자사의 직원들을 보호하기 위한 방안을 모색해야만 했다.

보험 회사 네이션와이드(Nationwide)는 자사의 대부분인 약 3만 2,000명의 직원이 재택근무를 할 수 있도록 신속히 전환했다. 네이션와이드의 CEO 커트 워커는 "우리는 회사가 가진 기술적인 능력을 수년간 연구해 왔고, 그 연구에 들인 투자는 업무의 98%를 재택 근무 모델로 신속하게 전환이 필요했을 때 마침내 결실을 맺었다. 동료들과 기술 팀은 상당수의 직원이 재택근무를 하면서도 우리 회사의 회원들과 파트너들을 세심하게 케어할 수 있음을 입증했다"라고 말했다.

아마존, 페이스북, 구글, 마이크로소프트는 전 직원에게 재택근무를 할 수 있는 선택권을 부여했다. 트위터의 CEO 잭 도시는 이 결정에서 한 발 더 나아가 원한다면 사무실에 나올 필요가 전혀 없이 평생 원격 근무를 할 수 있다고 직원들에게 알렸다. 질병 통제 예방 센터에 따르면, 46%의 회사가 2020년부터 팬데믹 기간 동안 일종의 원격 근무 정책을 시행한 것으로 나타났다.

팬데믹과 동시에 원격 근무자들에 용이하게 적응하는 회사가 많아짐에 따라서 글로벌 은행 바클레이스의 CEO 제스 스탤리는 "직원 수천 명이 집중적으로 모여 있는 사무실은 이제 과거의 일이 될 것"이라고 예측한다. 이와 궤를 같이해, 모건스탠리의 CEO 제임스 고먼도 앞으로 자사의 사무실 수요는 훨씬 적을 것이라고 내다봤다. 대부분의 회사가 2020년 팬데믹에서 살아남았다면, 회사 본사의 강력한 시대는 이제 사라졌다.

'원격 근무'라는 이름의 지니가 이미 병 밖으로 나온 현상황에서 대부분의 직원들은 앞으로도 일하는 시간과 장소를 자신이 선택할 유연성을 지킬 수 있는 방법을 모색하고 있다. 이런 상황은 여느 스타트업에게는 직원들이 재택근무를 할 수 있게 허용함으로써 경쟁력 있는 혜택으로 작용한다.

당신은 이제 자유롭게 일하려는 전 세계 인력 풀에 접근할 수 있다. 고용인은 풀타임으로 일하면서도 전 세계를 여행할 수 있고, 인생을 즐기기 위해 퇴직을 기다리지 않아도 된다. 오늘날 급여자들의 니즈가 어떻게 변화하는지를 이해한다면 당신은 톱 인재 영입을 위한 경쟁에서 우위를 차지할 수 있다.

아틀라시안에 있는 탤런트 프로그램즈(Talent Programs)의 장 니츠키 벨링턴은 "원격 근무는 특혜나 편의 제공이 아니다. 원격 근무는 일을 하는 하나의 방식으로, 이를 잘못 이해하는 사람들은 확실히 알아 둘 필요가 있다. 원격 근무를 능력이 탁월한 고성과자들을 치하하는 차원에서 제공되는 것으로 여겨서는 안 된다"라고 경고한다.

팬데믹 기간 동안 재택근무를 한 직원들 가운데 미국 근로자 5명 중 3명은 코로나 종식 후에도 원격 근무를 계속하고 싶다는 의사를 밝혔다. 아울랩스(Owl Labs)에서 실시한 연구에 따르면, 80%의 직원은 부분적으로라도 재택근무를 하길 원하는 것으로 나타났다. 재택근무를 하는 사람이 늘어나는 상황에서 부업으로 추가 수입을 내려는 대기업 직원들을 활용할 수도 있다. 99디자인스(99designs)는 스타트업에게 수천 명의 그래픽 아티스트를 연결해 줬다. 이 중 다수는 광고 에이전시에서 풀타임으로 근무하고 있다. 이처럼 아주 숙련된 전문성을 갖춰 높은 보수를 받는 인재들에게 접근이 가능하고, 필요 시에만 고용해서 해당 비용을 지불하면 된다.

그들이 서명했을 고용 계약서에 위배되는 건 아닌지 궁금해할 수 있겠다. 다수의 그래픽 아티스트, 엔지니어, 연구원, 영업자는 부업을 할 수 있도록 허용된다. 가상 인재 군단을 등에 업은 당신의 가상 회사는 막대한 간접 비용과 높은 급여로 시름하는 대기업을 능가할 수밖에 없다. 올바른 관리 툴만 있다면 가상 인력은 아주 효율성이 높아 수백만 달러의 자금을 마련할 필요도, 회사 소유권에 손상을 입힐까 우려할 필요도 없다.

텔레커뮤팅(telecommuting)이라 불렸던 통신 통근은 1970년대 초에 시작된 개념이다. 인터넷이 없었던 그 시대에 재택근무의 문제점은 전화기가 소통할 수 있는 유일한 기기였기 때문에 모든 서류는 우편이나 사람을 통해 몇 번이고 보내고 받아야만 했다는 것이다. 커뮤니케이션 툴과 관리 툴이 발전한 오늘날, 이제 사람들은 일을 하는 것이 중요하지 일을 하러 어느 장소로 가는 것은 중요한 게 아니라는 것을 인식하기 시작했다.

갤럽의 미국 노동 현황에 대한 여론 조사에 따르면, 더 나은 삶을 위한 욕구가 얼마나 커졌는지 35%의 직장인은 풀타임으로 원격 근무가 가능하다면 이직할 의향이 있다는 것으로 나타났다. 밀레니얼 세대는 이런 욕구가 더 커서 47%가 이직할 의향이 있는 것으로 나타났다. 또한 같은 조사에 따르면, 밀레니얼 세대에게 유연한 근무 환경은 아주 중요한 요소다. 학자금 상환이나 등록금 환불을 받는 것보다 더 나은 고용 장려책으로 간주되는 것으로 나타났다. 인재를 영입하기 위해 대기업들과 경쟁해야 하는 상황이라면 좀 더 유연한 자세로 직원들의 니즈를 수렴하는 데 즉각적인 대응을 해라.

78%의 미국 근로자들이 재택근무를 할 수 있다면 급여 삭감도 감수할 수 있다는 생각을 하는 현 상황에서 분산된 근로자들을 보유하는

것은 경쟁력 있는 혜택임에 틀림없다. 이 새로운 혜택을 잘 활용하고 뉴 제너레이션 온라인 툴과 앱을 유용하게 사용하는 가상 회사들은 전 세계에서 번창하고 있다. 소프트웨어 개발 회사인 스코픽 소프트웨어(Scopic Software)는 사무실 하나 없이 200명 이상의 직원을 둔 회사로 성장했다. 베이스캠프(Basecamp), 버퍼(Buffer), 클레버테크(Clevertech), 아티큘레이트(Articulate) 모두 100% 원격 근무를 시행함으로써 고객들에게는 더 나은 서비스를, 직원들에게는 양질의 삶을 제공할 수 있다는 사실을 깨달은 회사들이다.

원격 근무의 긍정적인 가능성과 절감되는 비용들

분산된 인력을 보유함으로써 누릴 수 있는 장점은 직원들의 사기 진작뿐만이 아니다. 인튜이트(Intuit)는 사무실 공간, 전기, 시설, 사무실 가구가 덜 필요하기 때문에 고용주가 원격 근무자당 1만 1,000달러 이상을 절약할 수 있다고 추정한다. 끊임없는 동료들의 방해에서 자유로워진 원격 근무자들은 하루에 더 많은 업무를 수행한다는 연구 결과도 많다. 2020년 해리스 여론 조사에 따르면, 65%의 원격 근무자들이 사무실보다 집에서 생산성이 더 향상되는 것으로 나타났다.

원격 근무의 더 큰 장점은 당신이 얻을 수 있는 인력 풀의 규모다. 예전에는 인력 풀이 당신의 사무실에서 통근 거리 내에 거주하는 직원들에 한정돼 있었다면, 이제는 전 세계에 있는 최고의 직원을 고용할 수 있게 된 것이다. 허브스팟(HubSpot)의 CPO 케이티 버크는 "장소에 구애받지 않고 어디에나 있는 인력에 접근하기를 원하는가? 아니면 특정 시장에 한정돼 있는 인력을 원하는가? 전자를 원한다면 적어도 재택근무라는 가능성을 열어 둬야 한다. 문자 그대로, 그리고 비유적으로 전 세계에 있는 인력을 끌어들이고 붙잡아 둘 가능성을 제시한다"라고 말한다. 미국 비자 취득이 점점 더 어려워지는 상황에서 해외 인력이 미국으로 이민을 하지 않아도 미국 기업에 취업할 수 있게 됐다.

이런 유연성을 제공한다면 당신은 더 나은 인재를 고용할 수도 있다. 고용인들은 원격 근무의 가능성을 중요하게 생각하는 만큼 그들의 회사에 대한 충성심을 높이고, 이직률은 낮추고 생산성을 향상시키는 결과를 낸다. 고용주가 원격 근무로 얻는 혜택은 가치를 따져 계산해 보면 얻은 것의 절반에 불과하다.

최근 연구에 따르면, 고용인은 기존의 출퇴근을 포함한 업무 시간의 절반만 사용해 재택근무를 하면서 연간 2,500달러에서 4,000달러를 절약하는 것으로 나타났다. 또한 출퇴근으로 낭비했을 시간을 아끼게 되면서 연간 11일의 근무일을 절약한다. 뉴욕 같은 대도시의 경우에는 그 차이를 확연히 느낄 수 있다. 하루 평균 출퇴근에 드는 시간인 81.6분을 뉴욕시의 최저 임금으로 계산했을 때 근로자 한 명당 연간 5,324달러의 임금 및 생산성 손실을 보는 셈이다. 교통 체증, 만석 열차, 도시 소음을 벗어난 원격 근무자들은 스트레스를 덜 받고 가족과 친구들과 시간을 더 많이 보낼 수 있다고 밝혔다.

출퇴근 생활은 환경에도 악영향을 끼치는데, 해로운 화학 물질과 온실가스가 공기에 배출되기 때문이다. 직장인들은 하루 중 다른 시간보다 출퇴근 시간동안 두 배가 더 많은 공기 중 미세먼지에 노출된다. 이는 산화 스트레스가 유발되는 원인으로, 지속적으로 노출될 경우 호흡기 질환이나 심장병, 암을 유발할 수 있다.

듀크대학교의 토목 환경 공학과 교수인 마이클 버진은 "우리는 혼잡한 출퇴근 시간대에 이중으로 노출 타격을 받을 가능성이 높다는 것을 알아냈다. 연구진이 밝혀낸 것처럼 이 화학 물질이 인체에 그만큼 해롭다면 출퇴근자들은 심각하게 자신들의 운전 습관을 재고해야만 한다"라고 말했다.

또한 원격 근무는 회사들이 탄소 발자국을 줄이는 가장 쉬운 방법 중 하나다. 텔레워크 리서치 네트워크가 시행한 한 연구에 따르면, 원격 근무를 할 수 있는 여건에 있는 미국인의 단 40%만이라도 시행을 한다면 미국은 연간 2억 8,000만 배럴의 석유를 아낄 수 있다. 이는 900만 대의 차량을 영구적으로 도로에서 사라지게 하는 것과 맞먹는 효과다. 그러므로 새로운 인재를 고용할 때 환경을 보호하려는 근로자들의 욕구를 경쟁력 있는 혜택으로 활용해라.

게다가 재택근무를 하면 고용주와 고용인 모두 세금을 절감할 수 있다. 다수의 지역 사회는 통근자의 교통 체증을 줄이기 위한 인센티브를 마련하고 있고, 경우에 따라 고용인은 주세 또는 연방세에서 재택근무에 따른 비용을 공제받을 수도 있다. 또한 유연한 근로 환경은 한부모 또는 연로한 가족을 돌보는 고용인, 장애가 있어 근무지로의 출퇴근이 어려운 고용인에게 편의를 제공할 수 있어서 일터에서 더 포괄적인 다양성을 제공할 수 있다.

원격으로 인력을 잘 활용하면 당신의 스타트업은 변하는 시장 환경에 재빨리 대응할 수 있다. 적은 자본으로 새로운 제품과 서비스를 론칭하고, 새로운 영토를 확장하는 데도 리스크를 줄일 수 있을 것이다. 하지만 당신의 가상 회사가 제대로 관리되지 않는다면 이러한 혜택은 누릴 수 없다.

시간, 공간, 사람의 한계를 뛰어넘기 위한 5가지 기술

원격 근무를 도입하는 데는 계획과 준비가 필요하다. 누구의 사무실을 들르거나, 함께 커피 타임을 갖고, 동료들의 생일을 축하하는 등 기존의 사무실 환경에서 사용되던 많은 관리 기술을 원격 근무자들에게는 사용할 수 없다. 게다가 글로벌한 원격 근무자들을 관리하려면 다양한 시차와 문화 또한 염두에 두어야 한다.

분산된 팀을 성공적으로 관리하고 활용도를 높일 수 있는 원격 근무자 관리를 위한 5가지 기술을 추천한다.

1) 직원을 신뢰하고 원하는 바를 투명하게 전달하라

당신이 신뢰하는 사람을 고용한다면, 당신이 고용한 그 사람을 신뢰해라. 만약 당신이 직원의 업무에 시시콜콜 간섭한다면 당신은 사람을 잘못 뽑은 것이다. 가장 성공한 원격 근무자는 자기 주도적인 직원이다. 그러므로 과거에 원격 근무에 대한 경험이 있거나 자신의 사업을 해 본 적이 있는 사람을 찾아라. 목표 지향적인 사고방식을 가진 직원일수록 자신의 발전을 관리하고 난관에 부닥쳤을 때 어떻게 도움을 요청하는지 잘 안다.

직원의 성과를 측정하기 위해 일정한 매트릭스를 사용한다면 당신이 직원에 거는 기대치가 투명할 필요가 있다. 직원들은 점쟁이가 아니기 때문에 당신이 표현하지 않으면 모른다. 그러므로 당신이 기대하는 정확한 업무에 대해 자세히 설명해라. 사무실에서 일할 때처럼 업무의 진척 사항이나 문제 사항을 손쉽게 확인할 수 없기 때문에 당신 팀의 각 구성원들과 일대일 시간을 지속적으로 가질 필요가 있다. 이 미팅은 단순히 당신의 궁금증을 해결하는 자리가 아니다. 당신과 당신 회사가 각 직원의 니즈를 어떻게 지원할 수 있는지에 대한 솔직한 피드백을 받을 수 있는 기회다.

하버드 경영 대학원 교수인 앤서니 메이요는 자신의 온라인 강의 '리더십 원칙(Leadership Principles)'에서 이렇게 조언했다.

"분산돼 있는 팀원들에게 성공적인 출발에 대한 확신을 주는 한 가지 방법은 공식적인 론칭 프로세스에 참여하게 하는 것이다. 대면 미팅이 불가능하다 해도 서로 다른 장소에 있는 사람들의 협업을 이끌어 가기 위해서는 신중하고 계획적으로 팀을 론칭하고 모두가 동의한 규칙에 따르는 것이 중요하다."

이러한 과정을 통해 팀원들은 의미 있는 방법으로 서로를 알아 갈 것이다. 그리고 이는 미래에 효과적으로 협업할 수 있는 토대를 마련하는 데 도움을 준다.

2) 공동의 목표를 설정하고 계속해서 강조하라

시간이 허락할 때마다 공동의 목표에 대한 개념을 팀원들에게 주입해라. 회사가 임무 지향적일수록 팀원들 사이에서 공유와 협업에 대한 의식이 길러진다. 동료들끼리 점심 식사를 함께하거나 매일 복도에서 담소를 나누거나 하는 기회가 유기적으로 생기지 않는 상황에서는 전 직원들 간에 커뮤니티를 형성하는 것이 중요하다. 상금이 걸린 가상 보물찾기나 상식 콘테스트를 개최해도 좋다. 모든 사내 회의는 얼굴 없이 하는 것보다는 비디오 화상 회의로 진행하는 것을 장려해라.

당신의 회사가 상근자와 원격 근무자가 일하는 하이브리드 근무 형태를 취한다면 커피 자판기 옆에 라이브 비디오 채팅 라인을 켜 둬라. 원격 근무자들이 휴식 시간을 갖는 본사 직원들에게 말을 걸고 인사를 할 수 있다. 지구 반대편에서 원격 근무를 하는 사람들에게는 특히나 유용한 방법일 수 있다. 로스앤젤레스에서 하루를 시작하는 직원과 바르샤바에 하루를 마무리하는 직원이 각자 있는 곳은 다르지만 함께 커피 한 잔을 할 수 있는 것이다.

노우 유어 팀(Know Your Team)의 CEO 클레어 루는 "일반 회사에서는 충분히 소통하는 리더가 아니어도 상관없을지 모르지만, 원격 회사에서 만큼은 소통에 적극적일 필요가 있다. 물리적으로 직접 사람을 대면하지 않고, 정보가 기존 방식으로 확산되지 않기 때문에 메시지를 전달해야 하는 힘든 일을 리더가 해야 한다"라고 말한다.

또한 우승이나 승진 같은 좋은 일을 회사 차원에서 함께 축하하는 자리를 마련해라. 공동의 목표를 가진 팀에서 한 팀원이 성공하면 팀원들 모두가 성공한다. 하나의 목표를 가짐으로써 직원들이 목표를 향해 전진하고, 외부 경쟁에 맞설 수 있도록 직원들을 결속한다. 적어도 1년에 한 번은 재미있고 이국적인 장소에서 대면 국제 콘퍼런스를 개최해라.

내가 세계적인 음반사인 EMI에서 일했을 때 스페셜 마켓(Special Markets)의 회장 엘리 오쿤은 매년 그의 부서를 위한 매출 목표와 도전 목표를 정했다. 매출 목표를 달성할 경우 통상적으로 임금 인상과 보너스가 나온 데에 더해, 도전 목표를 달성할 경우 전 부서 직원과 그들의 가족과 애인에게 하와이로 포상 휴가를 보내 줬다. 엘리의 계획은 직원들에게 동기 부여 역할을 톡톡히 한 결과, 거의 매년 팀이 하와이로 휴가를 떠났다.

3) 당신의 감정 지능을 계발해라

전통적인 근무지에서는 비언어적 소통이 이루어진다. 매일 사무실로 출근을 할 경우에는 보는 것만으로 동료의 기분 상태를 알 수 있다.

'스트레스를 받고 있나?', '어디가 불편한가?', '오늘은 평소와 다른 복장을 했나?'

반면 원격 근무자들을 관리하기 위해서는 몇 가지 새로운 소통 기술과 감정 지능 기술이 필요하다. 적극적으로 자기 계발에 관한 온라인 강의를 듣거나 원격 근무자들을 관리한 경험이 있는 사람으로부터 코칭을 받아라.

당신의 팀이 세계적으로 확산되는 상황에서 현지의 관습을 인식하고 다른 사람들이 있는 곳과의 시차를 염두에 둬라. 마지막으로 모든 국가의 공휴일이 같다고 속단하지 마라. 문화적 다양성을 잘 이해할수록 직원의 충성심은 더 높아질 것이다. 베이스캠프(Basecamp)의 CEO 제이슨 프라이드는 "원격 근무를 도입하면서 얻게 되는 혜택 중 하나는 결과물 자체가 직원의 성과를 측정하는 기준이 된다는 것이다."

4) 건전한 워라밸 형성을 장려하라

회사에 출근을 해서 저녁에 퇴근하는 전통적인 리듬이 없는 상황에서 당신은 직원들의 경계선을 지킬 필요가 있다. 직원들이 일하는 시간대가 언제이고, 연락이 닿지 않는 시간이 언제인지에 대한 정보를 팀과 공유하도록 권장해라. 반대로 직원들은 원격 근무를 하는 곳에서도 회사 사무실에서 일하는 것처럼 환경을 조성할 필요가 있다. 자녀들과 다른 가족 구성원과도 경계선을 정해서 자신의 근무 시간을 존중하도록 해야 한다.

내가 첫 회사를 집에서 운영했을 때 아이들은 유치원에 다니고 있었다. 그때 아이들과 한 놀이가 있었는데, 전화가 울릴 때마다 '누가 더 조용히 오래 버틸까?' 하는 게임이었다. 그 어린아이들도 아빠가 늘 같이 놀아줄 수는 없다는 것을 이해하는 법을 배웠다.

그리고 업무를 마치는 시간을 정해서 반드시 지키도록 해야 한다. 그래야 번아웃을 방지할 수 있다. 누구나 해야 할 집안일들이 있지만 반드시 통근 시간으로 썼을 시간에 처리해야 한다. 적절한 일정 관리와 한계를 정한다면 원격 근무자들은 소중한 사람들과 더 많은 시간을 보내고 스트레스를 줄일 수 있을 것이다.

5) 원격 관리 도구에 투자해라

원격 근무 덕분에 사무실의 간접비 항목에서 아낄 수 있는 금액이 수천 달러에 달하는 상황에서 그 금액의 일부를 원격 관리 소프트웨어에 투자하는 것이 필수라 하겠다.

인력이 분산되어 일하는 형태가 이제 주류가 됨에 따라 모든 업무를 지원하는 수백 개의 도구가 개발되고 있다. 협업, 워크 플로 자동화, 콘텐츠 관리를 위한 프로젝트 중심 툴들이 선을 보였다. 시간 관리, 생산성 분석, 시차 반영 스케줄러를 위한 관리 툴들도 있다. 탄탄한 보안 시스템을 자랑하는 클라우드와 공유 드라이브를 효율적으로 사용할 수 있고, 비밀번호 관리 프로그램은 공유 소프트웨어 라이센스와 앱들의 접근을 추적할 수 있다. 가상 개인 네트워크, 가상 콜센터, 콘퍼런스콜 소프트웨어는 회의를 추적 및 기록하는 데 도움을 준다. 심지어 신입 사원들의 입사 교육과 프리랜서들의 청구서 처리를 위한 소프트웨어도 있다.

내가 뽑은 원격 근무 팀들을 위한 매우 유용한 툴로는 두 가지가 있다. 크리스프(Krisp)는 소음 제거 기술을 활용한 앱으로 줌, 슬랙을 포함해 대부분의 화상 회의 플랫폼에 적용이 가능하다. 회의 참석자의 주변 잡음이 제거되면 생산적이고 더 즐거운 분위기에서 미팅을 할 수 있다. 직원들로부터 솔직한 피드백을 얻는 것은 생각만큼 쉽지 않다. 침프 오어 챔프(Chimp or Champ)는 익명으로 매주 직원의 행복도를 측정하는 툴이다. 문제를 파악하지 못한다면 사기를 높일 수도 없다.

가상 회사를 설립하면 혜택이 많이 있는 반면 위험도 있다. 모든 사람이 원격 근무에 적격일 수는 없다. 많은 원격 근무자가 상근자인 동료들과 단절된 기분이 들고, 결과적으로 자신의 일에 만족하지 않는다며 불만을 호소한다. 소프트웨어 제작사인 버퍼가 진행한 한 연구에 따르면, 원격 근무자들의 19%가 원격 근무의 힘든 점으로 외로움을 꼽았다.

원격 근무를 처음으로 한 직원들은 적응 기간이 필요하다. 다수가 전 세계를 여행하면서 코스타리카의 열대 우림에서 또는 태국 푸켓의 해변가에서 일할 수 있을 거라는 환상을 갖고 원격 근무에 뛰어든다. 한적한 동네 카페에서 시험 삼아 일을 해 보는 것도 처음 원격 근무를 접하는 사람에게 좋은 방법일 수 있다.

또한 원격 근무자들은 성과를 내야 하기 때문에 더 많은 압박감을 느끼기도 한다. 많은 원격 근무자들은 조금 쉬어 가는 대신 근무 시간을 초과해서 일하고 쉽게 번아웃을 경험한다. 소통과 시간 관리가 그만큼 중요한 이유다. 건전한 워라밸 형성을 장려하는 회사에서 근무하는 대부분의 원격 근무자들은 예전의 9시부터 5시까지 일하는 근무 모델로 다시는 돌아가고 싶지 않다고 밝혔다.

워라밸이란 무엇인지 생각하라

새로운 시대에 맞는 일 방식이란

자수성가 프로젝트 초반부터 빈은 원격 근무자들을 활용하면서 모든 혜택을 누렸다. 첫 번째로, 빈은 에이전시를 운영하기 위한 사무실은 한 번도 임대해 본 적이 없기 때문에 연관된 모든 비용을 아낄 수 있었다. 자신의 아파트에서 일을 했기 때문에 원격 근무자들만 고용할 수 있었다. 그는 높은 비용을 들이지 않고 숙련된 인재를 동유럽과 아시아에서 고용할 수 있었다.

경영 경험이 부족했던 빈은 직원들의 향상을 추적할 수 있는 방법을 빨리 배워서 효율적으로 업무를 수행하지 않는 직원들은 다른 사람들로 대체해야 했다. 또한 시간이 날 때마다 풀타임 직원보다 특정 프로젝트를 수행할 인재를 고용하려고 애썼다. 그들의 성과가 좋을 경우에는 더 많은 일을 맡겼다. 그렇지 않을 경우에는 재빨리 해고해서 비용을 아꼈다.

불행하게도, 쉬지 않고 10개월을 달려온 빈에게 워라밸은 딴 세상 이야기였다. 빈은 번아웃에 빠졌고 감정 소모가 심한 상태였다. 그동안 친구를 만나거나 연애도 못했고 심지어 영화관에도 못 갔다. 그는 영국에 있는 가족을 몹시 그리워했다. 내 생각에 주 7일, 24시간 일에 매달린 그를 버티게 한 유일한 힘은 이 여정도 끝이 있다는 사실이었다.

10개월 차 누적 매출: 94만 2,016달러

최고 중 최고는 열 번째 달 수입을 9만 227달러로 연초 누계 총 수입 94만 2,016달러를 달성했다는 것이다. 목표 달성까지 남은 두 달 동안 매달 2만 8,992달러씩만 벌면 되는 상황이었다. 에이전시 고객들로부터 지속적인 수입원을 구축해 놓은 빈은 의뢰가 취소되지 않는 한 회계 장부에 들어올 다음 달 수익으로 이미 6만 달러를 보장해 놨다는 걸 알고 있었다. 빈은 예상보다 2개월 앞서 목표 달성에 성공했다. 지금이라도 일을 그만두고 이미 진행 중인 프로젝트들만으로 100만 달러를 달성하거나 아니면 일을 계속해서 자신의 목표금액을 초과하는 돈을 벌어들일 수도 있다.

나는 "10개월 만에 목표를 달성하다니 충격적인 결말이다. 결국 네가 일을 냈구나!"라고 그에게 이메일을 썼다.

이 실험을 시작한 이래 처음으로 그는 자유로움을 느꼈다. 전속력을 다해 계속 가든지, 달리던 관성으로 결승선까지 가서 멈추든 빈의 자유였다. 실험이 끝나면 여행하고 싶은 곳을 상상하며 수개월을 보낸 빈은 결국 끝까지 가 보기로 결정했고, 남은 2개월 동안 일을 계속하기로 했다. 그는 챔피언이었다. 챔피언은 멈추지 않는 법이다.

제13장

가치가 최상급일 때 팔면 된다

가장 안전하고 여유롭게
자금을 회수하는 전략

FUTURE
PROOFING YOU

Twelve Truths for Creating Opportunity, Maximizing Wealth,
and Controlling Your Destiny in an Uncertain World

언제 카드를 쥐고 있을지
언제 카드를 접을지
언제 자리를 떠나 일어날지를 알아야 되겠지.

돈 쉴리츠(작사가), '더 겜블러(The Gambler)'에서

해고된 창립자가
복수심에 저지른 최악의 거래

지금까지 미래에 끄떡없을 부자가 되는 법과 비즈니스 수립에 초점을 맞췄다면, 지금부터는 좀 더 포괄적인 시각으로 당신과 당신의 비즈니스, 당신의 새 회사가 사회라는 배경에서 어떤 역할을 할 수 있는지 이해해 보는 시간을 갖고자 한다.

시작부터 에릭 베이커의 이야기를 하자면, 모든 기업가의 로망처럼 들린다. 스탠퍼드대학교 재학 시절 중 베이커는 스텁허브(StubHub)를 공동 창업한다. 미국 온라인 티켓 거래 비즈니스였던 이 회사는 연간 수천만 장의 티켓을 판매하며 이벤트 티켓 산업의 최대 2차 시장으로 빠르게 성장했다. 급성장하는 여느 비즈니스가 그렇듯이 두 공동 창업자는 회사에 대한 각자 다른 비전을 갖고 있었고 베이커는 자신의 회사에서 해고를 당했다. 화가 난 베이커는 온라인 티켓 거래에 대한 자신의 비전을 여전히 고수한 채 런던으로 가서 유사한 서비스인 비아고고(Viagogo)를 유럽에 론칭했다. 비아고고는 단번에 성공을 이뤘고 빠르게 성장했다. 그러는 동안 그를 해고했던 이사회는 스텁허브의 매각을 결정하고 이베이가 스텁허브를 3억 1,000만 달러에 인수했다.

이 매각으로 에릭 베이커는 부자가 됐지만 그는 자신이 세운 회사가 남의 손에 들어가는 것에 슬퍼했다. 베이커가 유럽에 기반한 이벤트 티켓 비즈니스는 승승장구했고 2019년 11월 27일 해고된 창립자라면 모두 꿈꾸는 복수를 마침내 하게 된다. 비아고고가 이베이로부터 스텁허브를 40억 5,000만 달러에 인수한 것이다. 베이커는 거래를 공식적으로 발표하는 자리에서 "내게는 자식 같은 회사 두 곳을 모두 가질 수 있어 개인적으로 기쁘다"라고 말했다. 하지만 그의 행복은 오래가지 않았다.

2020년 2월 거래가 완료되던 즈음, 그리고 라이브 이벤트 업계 또한 막을 내리던 즈음에 세상은 완전히 변했다. 코로나19 팬데믹의 여파로 전 세계의 극장과 경기장이 문을 닫았고, 두 기업은 매출의 90% 이상의 손실을 봤으며, 대부분의 직원들을 일시 해고를 해야만 했다. 언론 매체들 사이에서 파산설이 돌았고, 신용 평가 기관인 무디스는 기업의 신용 등급을 '부정적(negative)'으로 낮췄다. 노아 키르슈는 "거래가 성사되고 몇 달 안에 거래를 판단하는 경우는 드물다. 그런데 이 경우는 명백하

1년 안에 부자 되는 법

다. 베이커의 스텁허브의 인수는 역사상 최악의 거래로 기록될 것이다"라고 〈포브스〉에 적었다.

우리의 통제 밖에 있는 사건들은 기업가를 순식간에 히어로에서 빈털터리로 바꿀 수 있다. 10억 달러에 페이스북을 인수하겠다는 야후의 제안을 거절하고 수백억 달러를 더 벌어들인 마크 주커버그 같은 창립자들의 성공 스토리가 있다면, 평생 후회할 만한 결정을 한 창립자들의 예는 수천 개가 넘는다. 모든 거래에는 항상 두 가지 면이 있다. 입장을 바꿔 보면 스텁허브를 넘긴 이베이의 이사회는 참 현명한 선택을 했다고 할 수 있다. 그렇지 않았다면 순이익에 큰 손실을 내고 수십억 달러의 자산은 곧 쓸모없어졌을 것이다.

야후는 어리석게도 446억 달러에 인수를 하겠다는 마이크로소프트의 제안을 거절했다. 2010년 60억 달러에 인수하겠다는 구글의 제안을 거절했던 한때 각광받던 그루폰(Groupon)은 지금 기업 가치가 겨우 5억 달러에 불과하다. 지나고 나서 말이지만, 2003년에 프렌드스터(Friendster)가 자사를 인수하겠다는 구글의 주식 제안을 거절했어야 했다고 생각하는 사람이 있을까? 지금 프렌드스터의 가치는 10억 달러를 맴돈다.

창립자들 대부분은 자금을 마련하고 회사를 설립하는 데 모든 에너지를 쏟는다. 투자한 시간과 돈에 대한 수익률을 최대화하는 방법에는 거의 관심이 없다. 많은 창립자가 회사를 자기 자식이라 여겨서 회사와의 이별을 상상하지 못한다. 어떻게 엑시트 협상이 이루어지는지, 이를 위해 어떤 단계를 거치는지 이해하는 것만이 창립자가 미래에 끄떡없을 수 있는 유일한 방법이다.

첫 스타트업을 세운 후 지난 40년간 나는 엑시트의 양쪽 모두를 경험해 봤다. 대기업에 회사를 매각한 적도, 소규모 스타트업을 인수한 적도 있다. 기업 공개와 대등 합병을 추진한 적도 있다. 이득을 보는 측에도 있어 봤고, 손해를 보는 측에도 있어 봤다. 역대 최고로 복잡했던 거래를 성사시킨 적도 있는가 하면, 수개월의 기업 실사 후 버려진 적도 있었다. 그래서 이번 장에서는 이 모든 과정을 설명하고 내가 그동안 쌓아 온 지식을 동원해 당신을 훈련시키려 한다. 그럼 당신은 긍정적인 결과를 낼 수 있는 최고의 기회를 얻을 수 있을 것이다.

나는 아주 제대로 인생 수업을 받은 적이 있다. 30대 초반에 내가 세운 스타트업이 첫 비디오 게임을 출시하고 불과 몇 개월 후, 확실히 자리를 잡은 한 회사가 자사 주식의 3분의 1에 우리 스타트업을 인수하겠다는 제안을 해 왔다. 내 자식과도 같은 회사의 경영권을 잃고 싶지 않은 마음에 나는 그 제안을 고사했다. 우리에게 33%의 지분을 제안했던 액티비전 블리자드(Activision Blizzard)는 현재 610억 달러의 가치를 지닌 기업이 됐다. 나는 커리어에서 많은 성공을 이루었지만 25년이 지난 지금 고백하건데, 그때 범했던 10억 달러짜리 실수에 아직까지 아쉬움이 남는다.

그 초기 경험에서 얻은 평생 교훈은 일찍 매각하는 것을 두려워하지 말라는 것이다. 아주 소수의 스타트업만 기업 공개를 한다. 폐업하지

1년 안에 부자 되는 법

않고 살아남은 기업 중 97%는 매각된다. 많은 경우, 당신의 회사가 아주 초반에 받는 제안들이 사실은 최고로 좋은 조건의 제안일 가능성이 크다. 벤처 캐피털의 지원을 받은 회사들에 대한 테크크런치(TechCrunch)의 분석에 따르면, 40%의 스타트업이 시리즈 A 투자 라운드에서 투자금을 유치한 후 매각되며 나머지 회사들은 대부분 폐업한다. 이유는 간단하다. 벤처 캐피털은 핫하다고 생각되는 분야에 투자하기 때문이다. 주요 벤처 캐피털로부터 지원받는 첫 자금이 발표된 후 스타트업이 받는 관심은 시장을 주시하고 있던 다른 기업들에게 경보음과도 같은 영향을 준다. 신생 기업이 새로 마련한 자금을 현명하게 사용한다면 그 기업의 가치는 몇 달 만에 무서운 속도로 성장할 수 있다. 주요 기업이 그 신생 기업과 같은 시장 진입을 필요로 한다면, 스타트업을 빨리 인수하면 할수록 인수 기업은 더 많은 시간과 돈을 아낄 수 있다.

왜 대기업은
신생 기업을 인수하는가

인수 과정을 완벽하게 이해하기 위해서는 상장 기업 CEO의 동기를 이해하는 것이 중요하다. CEO들이 터무니없는 액수의 돈을 버는 것처럼 보이지만, 실은 대부분이 보통 정도의 기본 연봉을 받고 회사에 이익을 가져다주고 회사 주식 가치를 높이는 데서 큰 동기 부여를 찾는다. 아주 엄격한 매트릭스로 평가되는 경영자 보상 제도 때문에 대부분의 CEO들은 짧은 생각으로 보상을 받는다. 이러한 사고방식의 문제점은 많은 CEO가 지금 당장 재빨리 이익을 내기 위해 장기적인 연구 개발에 드는 비용을 삭감한다는 것이다. 대부분의 상장 기업 CEO의 근속 기간이 5년 이하인 걸 감안하면, 그들의 업무는 긴 호흡이 필요한 마라톤이라기보다는 13주짜리 분기별 단거리 경기에 가깝다.

대기업들은 신제품에 거액의 투자를 하지 않는 대신, 기본적으로 지분 취득 형식으로 구성된 연구 개발 위탁 업체를 보유하고 있다. 구글은 광고 사업을 만드는 대신 더블클릭(DoubleClick)을 31억 달러에 인수했다. 또한 비디오 공유 플랫폼을 만드는 대신 유튜브를 16억 5,000만 달러에 인수했다. 세상이 데스크톱에서 휴대폰으로 옮겨 갔을 때, 구글은 안드로이드를 만드는 대신 안드로이드를 인수했다. 구글이 여전히 건재한 이유 중 하나는 200건 이상의 인수를 통해 제품과 서비스를 획득한 덕분이다.

CEO들이 스타트업을 인수하는 데는 또 다른 여러 가지 이유가 있다. 경쟁사들이 자신의 영역에 진출하는 걸 방지하기 위해 방어 목적으로 스타트업을 인수할 수 있다. 어떤 회사는 당신이 가진 인재를 영입하기 위한 목적으로 당신의 스타트업을 인수하기도 한다. 인재 인수를 뜻하는 어크 하이어(acq-hire) 이야기다. 자사 주가가 지지부진한 CEO들이 자신들의 회사가 큰 변화를 단행하는 것처럼 언론에 보이게 할 언론 효과를 노리고 인수를 하는 경우도 있다.

결론적으로 벤처 캐피털이 유망 분야에 투자했다면 확실히 자리를 잡은 다른 회사들도 지금까지 언급한 이유로 그 분야에 관심을 가지는 건 명백한 사실이다.

 아직 매출이 발생하지 않은 한 스타트업의 이사회 임원으로 있었던 적이 있었다. 그 스타트업에 900만 달러의 자금 유치가 발표된 지 불과 며칠 후 한 회사가 1억 달러에 인수하겠다는 제안을 했다. 20대인 두 공동 창업자가 평생을 경제적으로 큰 걱정 없이 살 수 있을 기회였다. 나는 있는 힘을 다해 왜 그 제안이 엄청난 거래이고, 왜 그 제안을 받아들여야 하는지를 설명했다. 하지만 그들은 머릿속에 있는 10억 달러 꿈을 접지 못한 제안을 거절했고 나는 이사회에서 물러났다.

 다음 해에 경쟁사들이 우후죽순 생겨났고 그 공동 창업자들은 사업을 유지하기 위해 자금을 추가로 유치해야만 했다. 수익을 못 내는 회사에 계속 현금이 투입되자 회사 지분은 축소되기에 이르렀다. 그 회사가 속한 분야는 이제 더 이상 산업의 관심을 끌지 못하고 성장은 둔화됐다. 8년 후에는 더 이상 출구 전략을 기대할 수 없게 됐다. 만약 그 공동 창업자들이 첫째 달에 받았던 제안을 수락했더라면 S&P500 인덱스 펀드에 투자된 그 1억 달러는 지금 적어도 1억 5,900만 달러의 가치가 됐을 것이다.

 그 안타까운 경우를 본 후로부터는 나는 스타트업 창업자들이 새로운 회사를 론칭하기 전에 매번 그들에게 물어본다.

 "현재 당신의 아이디어는 얼마의 값어치를 하는가?"

 이 질문을 하는 목적은 엄청난 금액이 온라인상에서 회자되기 전에 그들이 정말로 원하거나 필요한 액수를 알아보기 위해서다. 1,000만 달러면 당신의 인생이 바뀔까? 2,000만 달러면 미래에 끄떡없을 당신이 되기에 충분할까? 1억 달러로 살 수 없었던 것 중 10억 달러로 살 수 있는 것은 무엇이 있을까? 벤처 캐피털로부터 투자받은 스타트업 중 75%는 실패한다. 손 안에 든 그 새가 얼마나 커야 당신의 욕구를 충족할 수 있을까?

시스코에 3억 달러 이상에 매각된 유비쿼시스(Ubiquisys)의 전 CEO 크리스 길버트는 "매각은 비즈니스 초반부터 시작되며, 리더십이 발휘될 수 있는 유일한 기능이다. 당신의 회사를 인수하는 주체에 대해 전략을 세워라. 유일하게 CEO만 할 수 있는 일이다. 왜 당신의 회사가 매각되어야 하는지를 지속적으로 어필해라"라고 조언한다.

어떤 제안을 고려하기 전에 당신 회사의 론칭과 매각에 대한 당신의 개인적 목표와 동기를 이해해야 한다. 다 늙은 후에 부자가 되고 싶은가? 아니면 지금 인생을 즐기고 싶은가? 당신이 회사를 설립한 이유가 어떤 문제를 해결하고 싶어서인가? 아니면 부자가 되고 싶어서인가? 인수 기업이 당신의 회사를 더 크게 성장시킬 자원을 보유하고 있는가? 아니면 단순히 인재를 들이기 위한 목표로 인수를 하는 것인가? 당신의 목표와 목적이 머릿속에 확실히 자리 잡을수록 어떠한 거래를 제안받든 쉽게 평가할 수 있을 것이다.

회사를 매각하는 것은 시도 때도 없이 당신을 방해하는 신경 쓰이는 일이고, 당신이 회사 경영에 할애하는 시간의 상당 부분을 잡아먹기 때문에 거래 단계에 들어가기 전에 마음의 준비를 확실히 해야 한다. 아마존에 9억 7,000만 달러에 매각된 트위치 인터랙티브(Twitch Interactive)의 공동 창업자 저스틴 칸은 "당신 회사의 일상적인 운영은 점차적으로 중단된다. 당신이 회사 매각과 수용할 수 있는 액수를 받을 수 있다는 가능성에 확신할 때만 매각 절차에 들어가야 한다"라고 경고한다.

한 스타트업을 가치화하는 것은 과학이라기보다는 예술에 더 가깝다. 회사는 매각되는 것이지 인수되는 것이 아니기 때문에 인수 기업은 회사의 미래 현금 유동 및 이익, 전략적 가치를 평가한다. 최고 재무 책임자, 투자 은행가, 벤처 캐피털리스트 및 많은 기업 전문가들은 거래 금액을 책정하기 위해 사용자당 비용이나 기업의 순가치 같은 다양한 매트릭스를 고안할 것이다.

사업의 새로운 시작, 엑시트를 위해 준비하라

기업 성장 전문가들을 보유한 주요 테크 회사가 많이 모여 있는 실리콘 밸리에서는 특히나 당신의 회사를 인수하는 데 많은 관심을 보인다. 유효기간이 상세하게 명시된 텀시트 계약이 아닌 이상은 대체적으로 간단하게 구두로 이루어진다. 제안이 갑자기 하루아침에 나오는 경우는 드물다. 대부분은 대화로 시작된다. 잠재 인수 기업의 고위급 의사 결정자에게 당신과 당신 회사를 어필할수록 가능성은 더 높아진다. 당신의 멘토나 주요 투자자와 편하게 나눈 대화가 그들의 주요 인맥 사이에서 언급되면서 제안의 시발점이 되는 경우가 있다. 진지하게 관심을 보이는 사람이 있다면 신속하게 대처해라. 모든 거래는 타이밍이 생명이다.

내가 한 상장 기업의 CEO로 있을 때, 우리 회사보다 규모가 훨씬 큰한 경쟁사가 그때 당시 시가 총액보다 40% 높은 액수로 인수를 제안해왔다. 회사 주주들에게 너무나 좋은 기회였기 때문에 나는 하루빨리 수락해서 거래를 끝내고 싶었다. 하지만 매각을 진행하던 경영진이 그 회사 CEO의 눈 밖에 나면서 기업 실사 과정을 몇 개월 동안이나 끌었고결국 매각은 불발됐다.

당신의 목표가 언젠가 회사를 다른 회사에 매각하는 것이거나, 기업공개를 하는 것이라면 초반부터 프로페셔널하게 일을 처리해야 하며, 실사에 필요한 자료들은 언제라도 준비가 돼 있어야 한다. 기업 실사없는 매각은 없다. 회계 장부가 문제없이 제대로 작성돼 있을수록 일은더 순조롭게 진행될 것이다. 당신의 캡테이블은 업데이트가 이루어졌는가? 세금신고는 했는가? 당신의 회사 직원들 모두 비밀 유지 계약과경쟁 금지 조항을 체결했는가? 첫 법인 계좌를 개설할 때부터 정확한기록을 보관하고, 부가 소프트웨어를 사용해라. 이러한 추가 과정을 여유 시간이 있는 초기에 해결해 놓으면, 당신이 비즈니스가 한창 잘돼서너무 바쁠 때 시간을 벌 수 있고 별도의 서류 작업으로 인한 걱정을 덜어 줄 것이다.

어떠한 실사 자료든 공유하기 전에 당신과 당신 회사를 보호해야 한다. 비양심적인 가짜 인수 기업은 당신의 고객이나 핵심 직원을 훔쳐가거나, 당신의 소스 코드를 재설계해서 당신의 가격 구조를 이해하려는 목적을 노릴 수도 있다. 당신 회사를 인수하려는 기업에게 항상 비밀 유지 계약에 서명할 것을 요구해라. 나중에 위반 시에는 법정에서 손해 배상 청구 소송을 할 수 있다. 2017년에 한 배심원단이 오큘러스가 제니맥스(ZeniMax)의 비밀 유지 계약을 위반했으며 5억 달러의 배상금을 지불하라고 결정한 적이 있다.

기록 보관 외에, 모든 인수 기업이 보관하려는 세 가지 정보가 있다. 첫째, 회사가 사용하는 지적 재산권(IP)의 소유자가 당신인가? 너무 전문적으로 들어가지는 않겠지만, 스타트업이 자사의 소유가 아닌 '차용한' 코드를 사용한 게 밝혀지면서 매각이 무산되는 경우가 많다. 다음으로, 인수 기업은 당신 팀의 역량을 평가하고 싶어 한다. 행정보상 컨설턴트인 펄 메이어 앤 파트너스(Pearl Meyer & Partners) 샌프란시스코 사무소의 상무 이사 세크하르 푸로히트는 "몇몇 회사는 개개인의 직원을 고용하는 기회를 잡는 대신 인재 인수를 선택하고 제품은 버린다"라고 말한다. 만약 인수 회사가 당신 회사의 제품과 서비스를 보고 인수를 할 경우엔 당신 고객들은 매각 후에도 떠나지 않게 붙잡아 둘 필요가 있을 것이다.

당신만큼 당신 회사에 대해 잘 아는 사람은 없을 테지만 당신은 인수 합병 전문가가 아니다. 세무와 법률 자문이 필요할 것이다. 전문가를 빨리 영입할수록 당신은 절차에 대해 더 많은 통제력을 가질 수 있다. 인수 기업의 텀시트는 간단해 보이지만 이 과정을 몇 번이고 거쳐간 사람이 아니고서는 당신을 보호할 수 있는 어떠한 항목이 텀시트에 누락됐는지 알기 어렵다. 당신의 매각 가격이 1억 달러 이상이라면 투자 은행가를 고용하는 것을 고려해도 좋다. 보통 전체 거래액의 1~2%를 갖고 가는 투자 은행가들은 비용이 높기는 하지만, 어떻게 거래를 구성하는지에 대해서는 자신들의 전문 분야인 만큼 웬만한 변호사보다 더 잘 알고 있다. 미국 법무부 독점 금지법 부서가 AT&T의 T-모바일(T-Mobile) 인수를 저지했을 때 T-모바일은 60억 달러의 위약금을 받았는데, 그 비용은 은행가들이 거래에 포함시킨 조항이었다. 매각 취소에 대한 수익으로는 나쁘지 않은 보상이다.

최대한 투명해라. 니콜 무노즈 컨설팅(Nicole Munoz Consulting, Inc.)의 창업자 니콜 무노즈는 "처음 이야기가 나올 때부터 각 서류 준비 과정까지 매각 과정이 구체화되는 동안 상대 회사에 대해 분명하고도 투명성 있는 자세를 취해라. 매각과 매수 둘 다 어려운 절차지만 분명하고 투명한 과정은 아주 중요하다"라고 말한다. 많은 잠재 인수 기업들은 거래 가능성에 대해서 쉬쉬하길 원하지만 그렇다고 당신이 회사 경영진과 주요 투자자들에게 그것을 비밀로 해야 한다는 말은 아니다. 비밀은 불신을 키우게 되고, 그럼 내부 루머가 돌기 시작하고, 결국 건전하지 못한 직장 내 정책을 유발한다. 매각 절차를 성공적으로 이끌기 위해서는 창립자는 거래를 위한 합의를 도출해 내야 한다. 주주 소송으로 인해 잠재적 거래가 무산되는 것은 당신이 바라는 바가 아니다.

마지막으로 거래가 완성 단계에 접어들면 핵심 비즈니스 파트너와 고객들에게 공동으로 발표할 계획을 인수 기업과 논의해라. 추후에 불만스러운 고객이 있다거나 기습당한 느낌을 받은 사람들 때문에 비즈니스를 잃는 불상사는 당신이 바라는 바가 아니다. 그들의 의견을 미리 구한다면 두 회사 간의 매끄러운 인수 합병이 이루어질 것이다.

매각 과정에서 명심해야 할 마지막 요소가 있다. 인수 기업은 유리한 입장에 있다. 매각 과정 초반 텀시트를 서명할 때 당연히 당신은 손에 들어올 수백만 달러를 어떻게 쓸지에 대해 상상의 나래를 펼친다. 많은 창업자가 배우자나 가족에게 매각 계획을 알렸을 것이다. 당신 머릿속에는 이미 성사된 거래이며, 당신 마음속에는 엑시트 협상을 생각하고 있다. 이를 잘 아는 인수 기업은 거래 성사가 예정된 날 전날 밤 시장 조건의 변동에 자사의 이사회가 우려를 표했다는 사실을 알린다. 그리고 합의된 가격에서 3,800만 달러를 내린다.

이는 바로 트래블스케이프(TravelScape) 공동 창업자들이 겪었던 일로, 공식적으로 거래 성사를 발표하기로 한 전날 밤에 통보를 받았다. 몇몇 행실이 바르지 못한 기업들은 한 달 동안이나 부자가 될 생각에 들떠서 거래를 준비한 상황에서 거래 테이블을 떠날 회사는 없을 거라고 믿는다. 그리고 대부분의 기업가들은 이런 압박 전술에 굴복한다. 트래블스케이프의 공동 창업자 톰 브라이틀링과 팀 포스터는 거래 테이블을 떠났고, 다행히 나중에 더 높은 금액으로 자신들의 회사를 매각했다.

인수 기업의 속도에 따라서는 심지어 간단한 거래들도 성사되는 데 오랜 시간이 걸리기도 한다. 터너 미디어(Turner Media)가 블리처 리포트

(Bleacher Report)를 2억 달러에 인수했을 때는 장장 8개월이라는 시간이 걸렸다. 블리처 리포트의 공동 창업자 브라이언 골드버그는 "처음에는 불가능한 것처럼 보인다. 그리고 아주 약간의 가능성은 있겠다는 생각이 들고, 그 가능성이 조금 더 커져서 해 볼 만하겠다는 생각이 든다. 그리고 거의 확신이 드는 단계에 다다른다. 매일 밤 이 거래가 성공적으로 이루어질 것이라는 생각이 들다가도 한순간 갑자기 아주 사소한 이유로 거래가 무산될 수도 있다는 생각을 하며 잠이 든다"라고 말한다.

성사시키기 가장 쉬운 매각은 전화기가 울릴 때다. 핵심 산업 리더들과 대화를 하고, 언론에 당신 회사의 성과를 알리고, 다른 사람들이 당신에게 쉽게 접근할 수 있게 하는 등 비즈니스 활성화가 이루어진다면 자연스레 제안들이 당신을 찾을 것이다. 당신이 정말로 원하는 것이 무엇인지를 충분히 생각해 봤고, 자격을 갖춰 준비가 돼 있다면 매각 과정은 신속하고 순조롭게 진행될 것이다.

스스로에게 보상하라

11개월 차 누적 매출: 103만 3,802달러

빈은 자신의 회사 매각에 초점을 맞추지 않고, 계획을 1년간 더 보류하기로 했다. 시간 소모가 많은 코칭은 그만뒀다. 빈은 콘퍼런스 연설비즈니스를 만드는 데 집중했고, 대중들을 상대로 연설 월드 투어에 참가하기 시작했다. 실험이 끝난 후 얼마 동안의 휴식을 계획하고 있었기에 직원 수를 줄이고 그의 핵심 마케팅 운영비 또한 줄였다.

빈은 103만 3,802달러의 수입을 기록함으로써 한 달 앞서 자신의 목표를 달성했다. 결승선까지 쉬엄쉬엄 달리는 것과는 거리가 멀게, 열한 번째 달 수입은 9만 1,786달러로 열 번째 달 수입보다 오히려 더 높은 결과를 냈다. 놀랍게도 우리 둘 다 예상치 못했던 제휴 영업에서 6만 9,000달러의 수익이 있었다. 온라인 책 판매 수입과 함께 이 수입원은 빈이 세계를 여행하고, 그가 희생한 1년을 보상받는 시간을 보내는 와중에도 계속해서 탄탄한 수입이 있을 거라는 걸 의미했다. 워런 버핏이 한 유명한 말처럼 빈은 잠자는 동안에도 돈이 들어오고 있는 것이다. 그리고 미래에 끄떡없을 준비가 됐다.

제14장

더 나은 세상으로 향하면 된다

앞으로 반드시 실천해야 할
기업가의 ESG

FUTURE
PROOFING YOU

Twelve Truths for Creating Opportunity, Maximizing Wealth,
and Controlling Your Destiny in an Uncertain World

마지막 나무가 베였을 때, 마지막 강이 더럽혀졌을 때, 마지막 물고기가 잡혔을 때,
그제야 우리는 돈을 먹고 살 수 없다는 걸 깨달을 것인가.

시애틀의 스쿼미쉬와 두와미시 부족 추장

블랙프라이데이 VS
파타고니아의 핵심 가치

추수 감사절 다음 금요일인 블랙프라이데이는 미국 유통가의 전통적인 세일 시즌의 시작을 알리는 날로, 소매업자 연간 매출의 20%를 차지한다. 이 기간 선물을 구입하려는 미국인의 평균 지출은 약 1,050달러로, 너도나도 블랙프라이데이에 대폭 할인한 특가 제품들로 손님을 유혹하려는 경쟁이 치열하다. 하루 특가 제품을 위해 값비싼 광고를 하는 상점에는 줄을 서서 기다리거나 텐트까지 동원해 밤을 보내는 광분한 손님들로 붐빈다. 그날 하루에 발생하는 매출액 70억 달러에서 파이 한 조각이라도 챙기려는 소매업자들의 아우성 속, 2011년 〈뉴욕타임스〉에

실린 "이 재킷을 사지 마세요(Don't Buy This Jacket)" 전면 광고를 본 독자들이 받았을 충격을 상상해 봐라.

파타고니아(Patagonia)의 한 재킷 사진 아래에는 이렇게 적혀 있다.

"블랙프라이데이는 장부상의 적자가 흑자로 전환되는 날로 많은 회사가 돈을 벌 수 있는 날입니다. 그런데 블랙프라이데이와 블랙프라이데이가 반영하는 소비 문화는 오히려 반대로 모든 생물을 지탱하는 우리 생태계를 적자로 만들고 있습니다. 우리는 지금 우리의 하나뿐인 유일한 지구 1.5개의 자원을 사용하고 있습니다."

이어서 이 광고는 파타고니아가 사업을 오랫동안 계속하길 원하지만 우리 아이들에게 좀 더 살 만한 지구를 물려주는 것이 더 시급하다고 설명한다.

"저희는 지금 다른 기업들이 가고 있는 길과 반대의 길을 가려고 합니다. 이 재킷이든 다른 물건이든 사기 전에 한 번 더 생각하고, 적게 소비하길 부탁드립니다."

파타고니아와 그의 창업자인 억만장자 이본 쉬나드는 파타고니아 제품이 친환경 의류이고 재활용 소재로 만들어졌음에도 불구하고, 자신들이 만드는 각 제품은 제품 무게의 몇 배에 달하는 양의 온실가스를 배출하고, 적어도 다른 옷을 만드는 데 드는 절반에 해당하는 폐기물을 배출하며, 엄청난 양의 담수를 소비한다는 것을 깨달았다. 열렬한 환경 보호론자인 쉬나드는 소비자들에게 신중하게 생각한 후 소비할 것을 독려하지 않은 채 환경 변화를 위해 일한다는 것은 위선적이라고 말한 바 있다.

광고에 등장하는 파타고니아의 베스트셀러 중 하나인 R2 재킷을 생산하려면 135리터의 물이 필요한데, 이는 사람 45명이 하루 세 컵을 마실 수 있는 양이다. 이 재킷을 만드는 데는 20파운드의 이산화탄소와 재킷 무게의 3분의 2에 해당하는 폐기물이 배출된다.

파타고니아는 자사의 고객을 포함해 그날 광고를 본 〈뉴욕타임스〉의 독자에게 소비 지상주의 실제 비용에 대한 경각심을 높이는 '공동 자원 활용 운동'을 펼쳤다. 이 운동은 모든 소비자들에게 절약하고(Reduce), 수선하고(Repair), 재사용하고(Reuse), 재활용(Recycle)하며 재구상(Reimagine)하여 참여를 독려하는 내용으로 구성된다. 파타고니아는 오래 사용할 수 있는 품질 좋은 제품을 구매하면서 폐기물을 줄일 것을 장려한다. 또한 훼손되거나 오래되어 해진 옷을 수선할 것을 약속했다. 고객의 오래된 옷에 새 주인을 찾아 주고, 수명을 다한 옷을 재활용할 것도 약속했다. 그리고 고객들에게 낡은 옷들이 소각로와 매립지로 가지 않게 하도록 부탁했다.

파타고니아가 추구하는 5R 생태 운동의 마지막 재구상의 'R'은 모두가 인식의 전환을 통해 자연이 대체할 수 있는 만큼만 사용하는 세상을 재구상하려는 기업의 바람이 반영됐다.

'이 재킷을 사지 마세요' 캠페인은 대중의 뜨거운 관심을 일으킨 것 이상으로 지속 가능성이 회사의 핵심 가치라는 걸 잘 반영한 사례였다. 2002년 쉬나드는 '지구를 위한 1%(1% for the Planet)' 운동을 시작하고 연 매출의 1%를 환경 보호를 위해 기부하는 첫 기업이 됐다. 이본 쉬나드는 우리가 여태껏 알고 있던 자본주의는 몰락했으며, 자신이 가진 10억 달러의 부에도 불구하고 혼자서는 지구를 살릴 수 없다는 사실을 깨달았다. 지구 없이는 우리의 미래도 없다.

기업이 단기 이익에 집중할 때 초래하는 현상들

인간의 활동이 지구의 생명들을 죽이고 있다. 매일 수십 종의 동식물이 멸종되고 있다. 2050년이면 지구에 사는 모든 종의 3분의 1에서 2분의 1이 사라질 것이다. 기후 변화는 지구를 과열시키고, 지구의 6차 대멸종을 가져올 수도 있다. 세계기상기구에 따르면, 관측 사상 가장 더웠던 해 중 스무 번이 지난 22년 동안 있었다고 한다. 탄소 배출은 조금도 수그러들지 않고 오히려 매년 증가하고 있으며, 유엔 기후 변화 보고서는 이번 세기 문명의 비극적인 결말을 피하기 위해서는 세계 탄소 배출을 50% 줄여야 한다고 경고한다.

더 많은 지속 가능한 비즈니스 규범의 필요성을 인지하는 소비자들이 증가함에 따라 기업들은 사회적 책임을 수용하기 시작했다. 하지만 불행하게도, 소비자에게 자사가 우리 환경에 미치는 영향을 알리는 회사가 많아질수록 더 많은 기업이 사회적인 실패들을 이유로 비난을 받는다. '월가를 점령하라(Occupy Wall Street)'는 대중의 니즈와 이사회의 니즈

사이에 점점 벌어지는 간극에서 초래된 운동이었다. 문제의 뿌리는 기업과 그 기업의 경영진이 우리 지구를 파괴하려는 사악한 악당이라는 것이 아니라, 오늘날 기업과 개인이 가진 성공의 잣대라는 것이 시대에 뒤떨어져 있고 환경적 현실과 동떨어져 있다는 것이다. 지속 가능한 자본주의는 이에 대한 해결책으로, 스타트업부터 다국적기업에 이르기까지 모두 발 빠르게 이 사회적 필요에 대응하고 있다.

지속 가능한 자본주의는 자원 고갈, 환경에 미치는 영향 등 사회가 제품을 만드는 데 드는 실제 비용으로 이윤을 계산하는 새로운 패러다임이다. 현재의 자본주의는 옥시덴탈 케미컬 코퍼레이션(Occidental Chemical Corporation)으로 알려진 후커케미컬(Hooker Chemical) 같은 회사가 2만 1,800톤의 발암성 독소와 화학 물질을 뉴욕의 러브 커낼에 버리고 지역 주민들의 건강을 위험에 빠뜨리면, 이 참사를 수습하기 위해 미국 납세자들은 4억 달러를 낸다. 반면 지속 가능한 자본주의에서는 만들어질 때 생기는 폐기물 처리도 포함하여 제조되는 모든 것의 생명 주기가 제품의 실제 비용에 포함된다. 이는 대기업과 이제 막 시작한 지역 회사 모두에 해당하는데, 가령 플라스틱 용기와 빨대를 더 이상 사용하지 않는 동네 샌드위치 가게가 예가 될 수 있다.

오늘날 주주들은 현 상황에서 가장 수익성이 높을 것이라고 생각되는 기업에 자금을 이동시키다 보니, 해당 기업의 CEO들이 장기적인 사회적 목표보다는 단기간 분기별 이익을 최대화하도록 강요받게 된다. 이 이익 과열은 고객의 건강과 행복, 천연 자원의 고갈, 순간의 만족감이 모든 생명체에 끼치는 장기적인 경제적 영향들을 등한시한다. 그저 환경 문제가 아니더라도, 단기적인 이익에 초점을 맞추게 되면 근로자의 급여 또한 내려가고 그럼 사람들은 지속 불가능한 급여를 받고 일하려는 사람들이 있는 곳으로 직장을 옮기려 할 테다. 나아가서는 그 기업이 제품을 팔려는 대상인 고객들의 구매력이 떨어지게 된다. 무조건적인 비용 절감에 따른 이러한 악순환은 사람, 지역 사회, 환경에 지속 불가능하다. 무조건 이익만 좇는 이익은 사회에 이롭지 않다.

현대 자본주의가 붕괴한 것이 아니라면, 생활하기에 충분치 못한 급여를 받는 월마트의 저임금 직원들을 위해 납세자들이 푸드 스탬프와 메디케이드 같은 공적 부조로 62억달러 이상을 부담하는 상황을 어떻게 달리 설명할 수 있을까? 월마트는 납세자가 회사 노동자를 지원하는 점점 더 늘어나는 추세의 많은 예 중 하나에 불과하다. 〈포브스〉에 따르면 "미국의 패스트푸드 회사들은 소리 소문 없이 자사 인건비의 상당 부분을 납세자에게 아웃소싱하고 있다. 매년 70억 달러의 비용으로 공적 부조 수혜자인 365만 명의 저임금 노동자 절반 이상을 지원하는 셈이다."

전미 고용법 프로젝트의 한 보고서는 미국의 최대 패스트푸드 회사 10곳이 저임금 노동자를 위해 납세자들이 부담하는 비용의 거의 60%를 차지하며, 이는 38억 달러에 해당하는 걸로 추정한다. 아이오와주 전 상원 의원 톰 하킨은 "연방 부채를 걱정하는 사람이라면 이 보고서만 봐도 문제의 근원을 파악할 수 있다. 수십억 달러 회사들이 빈곤층을 피할 수 없는 월급을 직원들에게 주고는 나머지 일은 납세자들에게 떠넘긴다. 결국 이는 연간 2,500억 달러 상당의 공적 부조 형태로 노동자 계층에게 지원된다. 이 중 70억 달러가 고스란히 패스트푸드 노동자들에게 돌아가고 풀타임으로 일하는 절반 이상은 푸드 스탬프와 메디케이드에 의지해 겨우겨우 살아간다"라고 설명했다.

이러한 제도적 사회 문제는 최대 공백이자 문제로, 스마트한 기업가와 기업들이 해결할 수 있다. 기업들은 이목을 끄는 홍보에 집중하는 것을 넘어 환경에 적게 영향을 주는 현대의 사회적 책임 프로그램을 추구해야 한다.

다음 세대의 지속 가능한 기업은 그들의 비즈니스 실천을 공유 가치로 발전시켜야 한다. 공유 가치를 가진 회사는 정직한 이익을 창출할 필요성을 이해한다. 즉 사회를 축소하는 이익이 아니라 사회를 발전시키는 이익이다. 의식적인 소비를 지향하는 소비자들이 늘어나면서 더 많은 투자자가 전반적으로 사회를 희생시키지 않는 회사로 자신들의 자금을 이동시키고 있다. 자본주의의 형태가 변하면서 가치 창조의 정의는 단기간 이익 이상으로 더 확장돼야 한다.

부자는 모든 것을 등한시하고 돈만 좇는 사람이 아니다

패스트푸드업계의 거인 버거킹은 지속 가능한 비즈니스 실천을 수립한 기업의 대표적인 예다. 웃기게 들릴지 모르겠지만, 유엔식량농업기구는 전 세계 온실가스의 14.5%가 속이 더부룩한 소의 방귀에서 온다고 추정한다. 매년 24억 개의 햄버거를 만들어 내는 버거킹은 자신의 책임을 자각하고 100그램의 레몬그라스를 섞은 사료를 소에게 먹여 메탄가스를 33% 줄였다. 세계적으로 큰 영향을 미칠 수 있는 작은 실천인 셈이다.

소비자와 투자자 외에도 자신의 직장이 환경과 지역 사회에 미치는 사회적 영향에 대해 경각심을 갖는 고용인이 늘고 있다. 2019년 시행한 갤럽과 베이츠대학교의 한 여론 조사에 따르면, 4년제 대학 졸업생들의 95%가 '목적의식'을 갖는 것이 자신이 하는 일에서 중요하다고 생각하는 것으로 나타났다. 베이츠대학교 학장인 클레이턴 스펜서에 따르면 "이 '목적의식의 간극(purpose gap)'은 전 세대들에 비해 밀레니얼 세대들에게 인생의 목적의식이 중요한 자리를 차지함에 따라 젊은 노동력에서 많이 보이는 두드러진 문제다. 그들은 일을 하면서 다른 요소들보다도 목적의식을 찾으려 한다. 목적의식의 간극은 또한 고용주에게는 도전이기도 한데, 고용인이 추구하는 목적 및 참여와 한 조직이 추구하는 경제적 성과와 밀접한 관계가 있기 때문이다."

지속 가능한 자본주의는 마케팅이나 자선 활동을 통해서 실현하는 것이 아니라, 진정한 가치 창출이 무엇인지를 깊이 이해하는 것으로 시작된다. 다양한 신기술을 활용하여 실천하는 지속 가능한 자본주의는 사실상 모든 비즈니스 분야를 통한 혁신에 박차를 가할 수 있다. 기업이 진정한 이익을 최대화하고자 한다면 소비자는 사회 경제적 비용이 고려되기를 기대한다.

내가 회장 역을 맡고 있는 캔자스 소재의 스타트업 그린필드 로보틱스(Greenfield Robotics)는 공유 가치와 기술이 어떻게 환경을 개선하는 데 도움을 주면서도 시장의 니즈를 충족시키는지를 보여 주는 개인적인 예라 할 수 있다. 미국환경보건국에 따르면, 농업 부문이 온실가스 배출의 약 10%를 차지한다고 한다. 환경에 대한 농업 활동의 영향을 줄이기 위해 많은 농민은 현재 온실가스 배출을 줄이고, 물을 절약하며, 에이커당 작물 수확량을 늘릴 수 있는 재생 무경운 농업으로 전환하고 있다. 안타깝게도 농민들은 땅을 갈아엎지 않는 대신 제초를 위해 유독성 제초제에 의존할 수밖에 없는 상황이다.

그린필드 로보틱스의 목표는 소형의 자율 주행 로봇 무리를 사용해서 밀이나, 콩, 수수, 목화 같은 평원 작물을 손상시키지 않고 제초하는 것이다. 풀로 덮인 들판에 염소 떼를 풀어놓는 것과 흡사하게 그린필드 로보틱스의 로봇은 자신을 작물의 상하부로 안내하는 머신 비전을 이용해 잡초를 제거함으로써 농작물이 자랄 수 있게 한다.

서비스 로봇을 사용하면 제초제를 발포하는 것보다 저렴하다. 또한 인간과 화분 매개충, 야생 동물, 수중 생물에 위험한 디캄바와 라운드업의 핵심 성분인 글리포세이트 같은 유독 제초제 성분의 사용을 피할 수 있다. 200만 명이 넘는 농민이 연간 9억 1,500만 에이커를 경작하는 걸 고려해 볼 때, 그린필드 로보틱스가 만들어 낸 가치는 경제적인 이윤 그 이상의 의미를 지닌다. 우리 회사 그린필드 로보틱스의 모토는

'건강한 음식, 건강한 지구(Healthy Food, Healthy Planet)'다.

우리 삶에서 함께하는 식물들에 대한 경각심을 일깨우는 것 외에, 펫 푸드 비즈니스에 대한 고찰 또한 지속 가능한 성장을 위해 새로운 기회를 창출할 수 있다. 반려동물 푸드 산업의 글로벌 리더인 마스펫케어(Mars Petcare)는 '반려동물을 위한 더 나은 세상'을 목표로 삼는다. 이 회사는 비즈니스의 경계를 마트 매장의 펫푸드 코너에만 한정하지 않고, 건강한 반려동물을 기르는 것으로 시야를 넓혔다. 반려동물의 건강을 소중히 하는 이 기업의 이사회는 밴필드 동물병원(Banfield Pet Hospital)과 블루펄(BluePearl), VCA, 애니큐라(AniCura), 린네우스(Linnaeus) 동물병원을 인수하기에 이르렀다. '반려동물을 위한 더 나은 세상'을 목표로 하는 마스펫케어는 마스(Mars, Inc.) 내에서도 최대 규모로 급성장하는 브랜드가 됐다.

이와 유사한 접근 방식으로, 고객의 건강을 위한 앤드투앤드(end-to-end) 솔루션을 제공하고자 드러그스토어를 병원으로 전환하는 움직임도 있다. 약 1만 개의 소매점을 둔 CVS는 미닛클리닉스(MinuteClinics)를 통해 전문 간호사(Nurse Practitioner: 석사까지 마친 간호사로 줄여서 NP라 부른다-역주)와 준 의사(physician assistant)가 건강 검진, 건강 서비스 및 경증 건강 상태를 진단하고 치료하는 서비스를 제공한다. 향후 12만 2,000명에 달하는 수의 의사가 부족할 것이라고 예상되는 상황에서 미국은 진단 웨어러블 기기들을 통해 건강 관련 기기 및 서비스의 새로운 바람을 경험할 것이며, 이는 사용자의 삶을 개선시킬 뿐 아니다. 의료 비용은 줄이고 병원들은 덜 붐비게 하는 효과를 낼 것이다. 앞서 언급했던 핏빗이라는 제품을 생각해 봐라. 혈당 수치, 심박동수, 혈액 산소화 같은 수많은 신체 기능을 모니터링할 수 있다.

자원을 공유하는 것 그 이상을 실천하는 기업들

기업 가치와 지속 가능성, 기술이 혁신을 도모하는 다른 좋은 예로는 공유 경제가 있다. 우버와 에어비앤비는 공유 경제의 대표적 예다. 카 셰어링이 보편화되면서 자동차를 소유하는 사람들은 적어질 것이다. 에어비앤비는 잉여 공간을 더 효율적으로 활용할 수 있는 기회를 제공함으로써, 추가로 호텔을 지을 필요를 줄였다.

브루킹스 연구소에 따르면, 2014년에 140억 달러였던 공유 경제 규모가 2025년에는 3,350억 달러까지 성장할 것이라고 한다. 휴대폰과 머신러닝, 데이터 분석으로 P2P(peer-to-peer) 대출부터 크라우드 펀딩, 카우치 서핑, 카 셰어링, 코워킹, 물물 교환, 재능 나눔, 심지어 개 산책에 이르기까지 다양한 비즈니스 분야에서 공유 활동이 가능해졌다. 이 새 비즈니스들의 공통점은 기술을 사용해 인간이 환경에 미치는 영향을 줄이거나 재사용한다는 것이다.

로버는 반려동물 주인들과 펫시터, 펫워커, 데이 케어 인력을 연결해 준다. 이와 유사하게 시터시티(Sittercity)는 동물이 아니라 아이들의 보육 서비스를 체공한다. 후기와 신원 확인으로 시터시티를 이용하는 700만 명 이상의 부모들은 안심하고 아이들을 맡길 수 있다.

저스트파크(JustPark)는 혁신적인 주차 공간 공유 회사로, 주거지에서 사용하지 않는 주차 공간을 소유한 사람들과 혼잡한 도시에서 한정적 이거나 비용이 높은 주차장에 지친 운전자들을 연결해 준다. 세입자들 은 외출중이거나 직장에 있을 때 200만 명 이상의 앱 사용자들로부터 부수입을 얻는다.

이제 더 이상 무거운 가구를 옮기거나 거실 페인트칠을 위해 이케아 햄네스 서랍장 조립을 위한 40단계가 넘는 복잡한 설명서를 해독해 줄 친구에게 도움을 요청하지 않아도 된다. 태스크래빗(TaskRabbit)을 이용 하면 지역에 있는 숙련된 인력을 찾아 준다. 긱 경제라 불리는 새로운 고용 형태로, 사람들은 기술을 활용해 파트타임이나 풀타임 소득을 창 출할 수 있다.

코로나19 팬데믹 동안 음식 배달 서비스만큼 더 중요해진 공유 경제 의 예는 없다. 2020년 미국에서 4,000만 명 이상이 도어대시(DoorDash), 그럽허브(Grubhub), 우버이츠(UberEats)-포스트메이트(Postmates), 캐비아 (Caviar)를 사용했다. 전 세계적으로는 딜리버루(Deliveroo), 딜리버리히어 로(Delivery Hero), 테이크어웨이(Takeaway), 디디(DiDi), 라피(Rappi)가 격리 중 인 수백만 명이 넘는 사람의 식사를 책임졌다. 이 같은 음식 배달 서비 스가 중요한 비즈니스로 부상하면서 '고스트 키친'이라는 혁신적인 지속 가능한 공유 비즈니스를 창출해 내기에 이르렀다.

고스트 키친은 오로지 배달 전용 음식 준비를 위해 존재하는 공간으로, 음식 배달원이 수많은 프랜차이즈 식당들을 돌기 위해 기름을 낭비하지 않아도 된다. 저렴한 임대료로 운영되고 한 건물에 많은 식당 브랜드를 수용할 수도 있다. 이 콘셉트는 너무 유명해져서 오프라인 소매점이 없는 브랜드들의 탄생을 이끌었다. 캘리플라워 피자(Califlower Pizza), 진저 볼즈(Ginger Bowls), 크리스피 라이스(Krispy Rice), 플랜트 네이션(Plant Nation), F#CK 글루텐(F#CK Gluten) 같은 가상 식당 브랜드들이 대표적인 예다.

이처럼 상업용 공유 주방을 활용하고, 오프라인 소매점을 여는 데 수십만 달러를 투자할 필요도 없는 가상 브랜드는 끊임없이 진화하는 소비자의 취향과 요구를 맞추고, 실제 식당을 열기 전에 새 요리 콘셉트를 테스트하기에 저렴한 방법이다. 현재 4,500개 이상의 가상 브랜드가 운영 중이고, 8,630억 달러의 미국 요식업계를 재편성하고 있다. 배달 서비스와 고스트 키친의 상생 관계를 인지한 우버의 공동 창립자 트래비스 캘러닉은 더 많은 고스트 키친의 성장을 위해 스타트업 클라우드 키친스(CloudKitchens)를 론칭했다.

공유 경제는 단지 자원을 공유하는 것 그 이상이다. 가치와 커뮤니티를 공유하는 것이다. 카미유 루마니와 장 미셸 프티는 바로 이 철학을 갖고 잇위드(Eatwith)를 창업했다. 현지 요리를 소개하고 쿠킹 클래스, 푸드 투어를 주관하는 현지인과 현지 여행객들을 연결해 주는 잇위드는 미식 체험을 소재로 커뮤니티를 형성한다. 순식간에 130개 이상의 국가로 퍼져 나간 잇위드는 두 공동 창업자가 해외여행을 하던 중 정작 현지인을 만나거나 로컬 문화를 체험해 볼 기회가 없다는 것에 불만을 가진 것을 계기로 탄생했다.

루마니는 "우리는 여행하고 있는 장소와 문화에 동떨어져 있다는 느낌을 받았고, 그래서 맛있는 음식을 매개로 친밀한 분위기에서 여행객과 현지인들이 함께 시간을 보낼 수 있는 플랫폼을 만들고 싶었다. 무엇보다도 잇위드는 여성들에게 좋은 기회가 될 수 있다. 왜냐하면 자신이 누구인지 자신들의 이야기를 하고, 무엇을 이루고 싶은지 말할 수 있으며, 그들의 문화와 전통, 역량, 창의성에 대해 이야기할 수 있는 기회이기 때문이다"라고 설명한다.

개인의 목표, 회사의 목표, 사회의 목표를 함께 이루려면

세계 인구 80억 명 시대를 눈앞에 두고 있는 상황에서 모든 비즈니스는 그 어느 때보다도 자원을 공유하고, 커뮤니티 전체에 혜택을 주고, 이로운 지속 가능성을 구축하는 데 초점을 맞춰야 할 때다. 목표 의식으로 충만한 삶을 살기 원한다면 지구를 구하는 일에서 당신의 커리어를 찾는 것보다 더 좋은 목표가 있을까?

지속 가능한 비즈니스를 시작하거나 경영을 할 때 당신의 개인적 목표를 더 넓게는 회사의 목표, 사회의 목표와 궤를 같이하기 위해서 다음 네 가지 질문을 해야 한다.

1) 당신 기업의 신념은 무엇인가?

"사악해지지 말자(Don't be evil)."

초기 때부터 구글의 비공식 모토였다. 간단한 이 한 문장이 말하듯이 구글은 컴퓨터와 소프트웨어가 우리 삶에 끼치는 막강한 힘을 인정한다. 이를 기반으로 구글 직원들은 편파적이지 않은 정보를 제공하는 데 집중한다. 기업이 핵심 신념에서 멀어지면 직원과 고객은 금세 알아차린다.

2020년, 페이스북의 일관성 없는 정책이 불만을 품은 직원과 사용자들 사이에서 혐오 발언에 대해 대두됐을 때, 광고주들은 '이익을 좇는 증오 확산을 중단하라(Stop Hate for Profit)' 캠페인으로 대응했다. 코카콜라, 디아지오(Diageo), 혼다, 리바이스, 스타벅스, 유니레버, 버라이즌(Verizon), 파타고니아 등 1,000명 이상의 광고주는 소셜 미디어 플랫폼 소비를 억제하는 보이콧에 나섰으며, 그 결과 페이스북 주가는 하루만에 8.3%가 급락하고 시가 총액은 560억 달러가 증발했다. 페이스북은 그 일을 계기로 회사의 평판과 수익성의 핵심은 가치라는 것을 톡톡히 배웠다.

파타고니아의 '공동 자원 활용 운동'이 보여 주듯이, 당신이 명확한 신념을 갖고 회사를 이끌면 고객 충성도를 얻고, 뜻이 맞는 인재를 고용하는 데 도움을 줄 뿐 아니라, 회사가 단기성 수익과 장기성 지속 가능성의 조화를 맞추는 장기적인 의사 결정을 하게 된다.

2) 당신의 제안하는 가치는 무엇인가?

너무 많은 스타트업에게 이 질문은 "고객에게 어떤 재정적 가치를 제공하는가?"로 단순화돼 있었다. 가장 싼 제품이나 서비스가 폭 넓은 커뮤니티에 미치는 당신의 비즈니스의 실제 비용을 반드시 반영하지는 않는다. 당신 회사가 창출하는 일자리가 직원들에게 생활 임금을 제공하지 않는다면 이는 커뮤니티에 어떤 영향을 미칠까? 생활 임금보다 낮은 임금이 빈곤과 범죄, 노숙에 어떤 영향을 미칠까?

그래비티 페이먼츠(Gravity Payments)의 창립자인 내 친구 댄 프라이스가 회사 전 직원의 최저 연봉을 7만 달러로 맞추겠다고 발표했을 때, 전 세계에서는 이 소식이 이슈가 됐다. 시애틀의 높은 생활비와 많은 직원이 학자금 대출과 다른 부채로 힘들어하고 있다는 사실을 잘 알고 있던 프라이스는 개인적 재정 문제는 직원들의 생산성에 나쁜 영향을 끼칠 것이고, 회사가 추구하는 서비스의 수준을 제공하지 못할 것이라는 결론을 내렸다. 프라이스는 "공감하는 능력은 리더로서 내가 가진 최고의 강점 중 하나다"라고 말했다.

자신의 약속을 지키기 위해서 프라이스는 110만 달러였던 자신의 연봉을 7만 달러로 낮췄다. 비즈니스 세계에서는 대부분이 프라이스가 미쳤다고 생각했다. 러시 림보는 〈폭스 뉴스〉에서 "사회주의는 작동하지 않는다는 것을 잘 보여 주는 MBA 프로그램의 사례 연구로 쓰일 수 있길 바란다. 왜냐하면 그의 계획은 실패할 것이기 때문이다"라고 확신했다.

하지만 강력한 가치 제안을 갖고 있던 이 기업은 놀라운 결과를 만들어 냈다. 높은 급여 인상에도 불구하고, 직원들의 생산성이 30%~40% 상승하면서 회사 실적은 상승했다. 직원 유지율 또한 91%까지 상승했으며, 직원들의 가치를 알아주는 회사에서 일을 하고 싶어 모여드는 사람들 때문에 새로운 인재 영입에도 전혀 어려움이 없다.

3) 당신은 성공을 어떻게 측정하는가?

오늘날 일어나는 세상 대부분 문제의 주범은 사람들이 재정적 이윤에만 집중하기 때문이다. 자원을 훼손시키는 세상에서 끝없는 성장을 추구하는 것은 경제적으로 실현 가능성이 없다. 손익 계산서의 맨 아래에 명시되는 경제적 순이익을 추구하는 회사는 정말로 밑바닥까지 떨어지고 있다. 경영 컨설턴트 피터 드러커는 "측정하지 못한다면 개선할 수도 없다"라고 날카롭게 지적했다. 종합적인 관점으로 당신의 비즈니스를 볼 땐 비판적인 시각으로 당신의 기업이 지구와 인간에게 주는 모든 영향, 즉 폐기물과 원자재부터 에너지 사용과 온실가스 배출까지를 고려해라. 만약 회사의 탄소 발자국 감축이 직원의 보너스를 결정짓는 한 요소라면 직원들은 거기에 초점을 맞춰 일할 것이다.

구글에서 검색을 할 때마다 서버의 어딘가에서는 전력이 사용된다. 구글은 자사 데이터 센터의 에너지 소비 측정을 우선 과제로 삼은 후 에너지 소비 수치를 업계 평균의 절반으로 감축할 수 있었다. 지속적인 측정과 개선된 효율성의 결과로 구글은 약 10년 넘게 탄소 중립을 실현했다. 구글은 또한 폐기물 감축을 위해 순환 경제 원칙을 서버 관리에 적용했다. 구글은 자사의 공급 체인에서 납품업체들과 협업하면서 자사 센터에 있는 오래된 하드웨어를 재사용하고 개조하며 다시 제작한다. 제로 웨이스트라는 장기적 목표를 세운 구글 경영진은 지속 가능성에 대한 기업의 노력으로 평가된다.

4) 당신의 지속 가능성 목표를 업계에서 어떻게 비교하는가?

회사 내부적으로 목표를 설정하는 것은 좋은 생각이다. 하지만 당신 회사는 외부와 단절되어 혼자 운영되는 것이 아니다. 점점 더 많은 기업들이 연간 지속 가능성 보고서를 발표함에 따라 고객과 공급처, 투자자, 직원들은 지속 가능성 분야에서 당신 기업의 성적을 궁금해할 것이다. 제로 웨이스트와 제로 탄소 발자국 실현이라는 목표는 초기에는 실현 가능하다기보다는 열망이 담긴 목표다. 그렇기 때문에 동종 업계 리더가 누구인지, 그들이 성과를 달성하기 위해 어떤 방법을 사용하는지를 이해한다면 당신의 목표를 더 빨리 달성할 수 있을 것이다.

월마트 경영진은 인건비 다음으로 가장 큰 회사 지출이 전기세라는 걸 깨달았다. 이윤을 높이기 위한 노력으로 월마트는 평방피트당 총 에너지 집약도를 측정(kWh/sq. ft.)해서 2023년까지 온실가스 배출의 20%를 감축하기로 목표를 세웠다. 이 목표를 달성함으로써 자사가 차지할 경쟁 우위가 아닌 지구에게 돌아갈 혜택을 우선적으로 생각한 월마트는 전 산업을 위한 해결책을 모색하려는 목적으로 GM과 미국 에너지부를 비롯해 다수의 다른 공급업체들과 파트너 관계를 맺었다. 1만 1,000개의 지점을 보유한 한 소매업자가 이 정도 규모로 공개적 약속을 하면 스타트업들이 새로운 에너지 효율 솔루션 개척을 위해 투자하도록 유도한다. 왜냐하면 어마어마한 시장 가능성이 있기 때문이다.

이 책을 집필하는 2021년 월마트는 연간 1억 달러의 에너지 절약을
위해 6,000개 이상의 지점에 150만 개의 LED 조명을 설치했다. 월마트
의 에너지 담당 임원 마크 반데르헬름은 "비즈니스 전체의 LED 전환으
로 얻을 수 있는 파급 효과는 엄청나다. 운영비에서 가장 지출이 큰 비
용 중 하나인 전기세를 줄이면, 미래 혁신을 지원하고 우리의 모토인
'매일 염가 판매(Every Day Low Prices)'를 지킬 수 있을 거라 믿는다"라고 설
명했다.

한 업계 리더가 지속 가능성을 최우선시하면 시장 전체가 대응할 수
밖에 없다. 에너지 효율 분야에서 월마트의 성공은 라이벌 기업인 타
겟(Target)의 에너지 소비라는 타깃을 정조준했다. '그린 경쟁'에서 우위
를 점하기 위해, 타겟은 4분의 1에 해당하는 지점에 태양광 지붕 패널
을 설치했다. 미국태양에너지산업협회에 따르면, 전체 매장의 25%를
100% 재생에너지로 운영하고 있는 타겟은 현장 태양광 발전 용량 부문
에서 최근 3년 연속 랭킹 1위를 차지한 걸로 나타났다.

프록터 앤드 갬블은 포장 제품 산업의 지속 가능성 실천을 꾀하고자
'앰비션 2030(Ambition 2030)' 목표를 발표한 바 있다. 이 목표는 자사의 탄
소 발자국 50% 감소와 100% 재생 전력 구매, 포장재가 바다에서 생을
마감하지 않도록 하기 위해서 플라스틱 사용 감축을 위한 순환 경제 솔
루션 실현을 위한 노력을 약속한다.

비즈니스 세계에서 혁신을 촉진하는 경쟁이라는 요소는 사실성 거의 모든 산업에 걸쳐 지속 가능성을 견인하는 데 같은 효과를 내기도 한다. 나이키와 아디다스는 폐기물 감축과 탄소 발자국 최소화, 친환경 공급 체인 형성을 목적으로 경쟁하고 있다. 유니레버와 네슬레는 제품 수명 주기를 늘리고 수자원 관리를 효율적으로 개선하는가 하면, 제품 생산 과정에서 유기농 팜유의 사용을 늘리고 있다. 수자원 사용에 대한 국제적 우려가 커지는 상황에서 펩시와 코카콜라는 수자원 관리에 초점을 맞추고 지하수 보충에 대한 목표를 설정했다.

지속 가능한 자본주의를 프레임워크로 마련함으로써 초소규모 스타트업도 에너지 사용과 폐기물을 줄이면서 궁극적으로 수익성을 추구할 수 있다. 목적 지향 회사들은 직원들의 사기를 진작하고 생산성과 유지율을 높였다. 마지막으로 지속 가능성에 초점을 맞춘 회사들은 방심하는 경쟁사들의 허점을 찌를 수 있는 불가피한 새로운 환경 규제들 앞에서 현재 앞서가고 있다. 정부 규제 면에서 선두를 지키고 있는 이 회사들은 또한 책임 있는 공급 체인들이 향후 회사의 니즈를 확실히 충족시키도록 할 것이다.

가장 빨리, 가장 젊을 때 인생을 바꿔라

12개월 차 누적 매출: 106만 9,531달러

쉬지도 않고 밤낮으로 일하는 것은 지속 가능하지 않다. 몹시 고된 12개월을 보낸 빈에게는 정말 휴식이 필요했다. 11개월 만에 100만 달러 목표를 달성한 빈은 새로운 비즈니스를 위한 정신없는 생활은 멈추고, 누릴 만한 자격이 충분한 세계 여행을 계획하며 시간을 보냈다.

그는 슬로베니아, 덴버, 이탈리아에서 있을 연설 일정을 잡았다. 기존 고객들과 진행 중인 프로젝트를 완료했으며, 12개월 만에 처음으로 옷을 사러 쇼핑을 했다.

마지막 달 수입은 3만 5,729달러로 연 총수입 106만 9,531달러로 집계됐다. 이로써 우리의 자수성가 백만장자 프로젝트는 끝이 났다.

제15장

착하게
살아도
된다

부자가 말하는
소셜 임팩트

FUTURE
PROOFING YOU

Twelve Truths for Creating Opportunity, Maximizing Wealth,
and Controlling Your Destiny in an Uncertain World

자연의 섭리상 누군가에게 신세를 지면
호의를 베푼 그 사람에게 보답할 수 있는 경우는 없거나 아주 드물다.
하지만 우리가 받은 호의는 누군가에게 반드시 그에 상응하는 보답을 해야 한다.

랄프 왈도 에머슨(미국의 사상가 겸 시인)

2만 3,000명의 가족을 만든
선행의 인생

찰스 멀리는 내가 만난 사람들 중 가장 뛰어난 사람이다. 멀리는 케냐에 있는 작은 농촌 마을의 전형적인 가정에서 태어났다. 어느 날 아침, 겨우 여섯 살이던 그가 일어나 보니 밤중에 자신만 혼자 오두막집에 버려둔 채 온 가족이 떠나고 없었다. 먹을 것도 없이 혼자 남겨진 멀리는 43마일을 걸어서 일거리를 찾아 나이로비까지 걸어갔다. 나이로비 길거리에는 고아가 많았지만, 멀리는 운이 좋게도 끼니를 해결하고 집안 허드렛일을 할 수 있는 곳을 찾았다. 안 해 본 일 없이 일한 멀리는 22세가 됐을 때 그동안 모은 돈으로 낡은 밴 한 대를 샀다. 차 한 대로 그는 엘도레트와 냐루 간 노동자들을 운송하는 사업을 시작했다. 운송 사업이 번창하면서 그는 수익을 더 많은 차량에 계속 재투자하면서 부자가 됐다.

여덟 명의 자녀와 함께 행복한 결혼 생활을 하던 멀리는 어느 날 저녁 운전을 하던 중 길가에서 한 고아 소년을 봤다. 예전 자신의 모습을 한 소년이었다. 자신을 꼭 닮은 그 소년의 모습에 감동한 멀리는 그 소년과 친구 두 명을 집으로 데려갔다. 놀란 아내에게 멀리는 세 명의 아이들이 생겼다며 그들을 소개했다. 따뜻하고 너그러운 마음을 가진 멀리가 더 대단한 건 그의 이런 선행이 거기서 멈추지 않았다는 것이다. 멀리는 가진 모든 비즈니스와 모아 둔 돈을 모두 털어 아내 에스더와 함께 2만 3,000명이 넘는 버려진 아이들을 입양해서 키웠다.

이를 위해 그들은 시골로 이사를 가서 숙소를 짓고 자급자족 생활을 했다. 그들의 작은 농장을 지탱해 줄 비가 충분하게 내리지 않을 때는 물을 얻기 위해 우물을 파야 했다. 현재 세계에서 가장 큰 가족으로 알려진 멀리 가족의 아이들은 자라서 의사, 교사, 엔지니어, 비즈니스 리더들로 성장했다.

멀리를 만났던 나는 그가 얼마나 따뜻하고 겸손한 사람인지에 깊은 감동을 받았다. 그는 자신의 관대한 영웅적인 행동에 대해서는 손사래를 치며, 그저 아이들이 잘 커 준 것에 대해 신에게 감사해한다. 선행을 베푸는 누군가의 성공적인 인생에 대한 최고의 예로 이보다 더 좋은 예는 없을 것이다.

풍족해진 만큼
세상과 나누는 부자가 될 것

감사함을 실천하는 것이 성장 마인드셋을 계발하는 데 도움을 주는 것처럼 선행을 베풀기 위한 당신의 노력은 영혼을 풍요롭게 한다. 선행을 베풀기 위해서 대단한 것이 필요하지는 않다. 단지 하루하루를 소중히 여기는 것에 다시 집중하는 것으로 충분하다.

지미 카터 전 대통령은 95세 나이에도 여전히 일요일 성경 교실에 참여하고, 해비타트의 주택 마련을 위해 망치질을 한다. 백악관을 떠난 이후로 지미 카터는 자원봉사자들과 함께 빈곤층을 위해 150개가 넘는 집을 지었다.

슈퍼스타 로커인 존 본 조비는 재정 상황에 상관없이 모든 사람이 따뜻하고 영양가 있는 음식을 먹을 수 있도록 자선 식당 'JBJ 소울 키친(JBJ Soul Kitchen)'을 오픈했다. 뉴저지주에 있는 이 식당의 메뉴는 별도로 값이 정해져 있지 않다. 대신 손님들이 기부를 하거나 식당에서 자원봉사를 할 수 있다. 요리를 하거나, 서빙을 하거나 설거지를 하면 일하는 매 시간당 세 가지 코스로 된 요리를 먹을 수 있다. 본 조비는 말했다.

"미국에는 여섯 명 중 한 명이 배고픈 채로 잠자리에 들고, 다섯 가정 중 한 가정이 빈곤선 이하의 생활을 하고 있다. 이 식당이 의미 있는 건 사람들에게 자존감을 심어 준다는 데 있다. 어떤 자격을 갖고 이 식당을 찾는 사람은 없다. 손님들이 우리 식당에 와서 봉사를 하는 이유는 우리가 그들의 도움을 필요로 하기 때문이다."

본 조비처럼 식당을 소유하지 않더라도 당신이 식당에서 밥을 먹을 때마다 선행을 베풀 방법은 있다. 우리 집은 로스앤젤레스에서 산불 피해를 자주 입는 곳이다. 다행히 우리는 여태까지 집을 잃는 피해를 보지는 않았지만, 지역 소방관들은 자신의 목숨을 담보로 극심한 산불과 싸운다. 소방서에서 겨우 한 블록 떨어진 곳에는 우리가 다니는 동네 식당이 있다. 그곳에서 식사를 할 때마다 소방관이 있으면 우리가 식사 값을 대신 지불한다. 소방관들이 식사비를 내지 못하는 경우가 많은데, 계산대에서 다른 손님이 먼저 선수를 치고 결제하기 때문이다.

디트로이트에 있는 시스터 파이(Sister Pie)의 주인 리사 루드윈스키는 손님들에게 '파이 잇 포워드(pie-it-forward)'의 동참을 독려한다. 가게 벽에는 선불로 지급된 파이를 살 수 있는 쿠폰이 붙어 있어서 아무나 그 쿠폰을 이용해 무료 파이를 먹는 것이다. 어느 누구도 뭐라 하지 않는다.

내가 아는 최고의 예는 뒤에 오는 손님의 커피값을 먼저 온 손님이 내는 '페이 잇 포워드(pay-it-forward)' 문화로, 플로리다주 세인트피터즈버그에 있는 스타벅스가 최고 기록을 세운 바 있다. 2014년 한 여성의 작은 친절에서 시작된 이 운동은 377명의 사람들이 낯선 이에게 커피를 사는 릴레이로 이어졌다. 무려 11시간 동안이나 지속된 이 작은 친절 릴레이는 전 세계에 있는 수천 개 이상 지점으로 확산됐다.

20대에 첫 소프트웨어 회사 운영으로 힘들 때 나는 자선 단체에 기부할 돈은 없었지만 시간은 있었다. 일이 많지 않아 남는 시간이 더 많았던 그 시절에 우리는 한 무료 자선 프로젝트를 구상했다. 우리 전체 팀

1년 안에 부자 되는 법

이 가진 기술을 이용해서 학습 장애 아동을 위한 최초의 소프트웨어를 만드는 것부터 박물관에 사용될 인터랙티브 전시품을 디자인하는 등 다양한 작업을 했다. 수십 년이 지난 지금 그때 함께 일했던 동료들을 만나면 우리가 만들었던 베스트셀링 게임에 대한 얘기를 하는 대신 우리 모두가 힘을 보태 만들어 낸 노력이 일군 영향을 회상하곤 한다.

빈을 멘토링하는 이번 실험은 내 인생에서 가장 보람 있는 경험 중 하나이자, 출발점에 상관없이 인간이라면 누구나 성취할 수 있는 힘을 갖고 있다는 걸 입증한 계기였다. 타인을 도우면서 얻는 진정한 보람을 넘어, 우리 사회는 더 많은 멘토와 기업가들이 필요하다.

전 세계적으로 중산층은 증가하지 않고 오히려 축소되고 있다. 우리 사회가 점점 더 분열되고, 가진 자와 갖지 못한 자들 간의 간극이 깊어지면서 20세기에 평등과 자유가 이룬 성과의 많은 부분은 훼손됐다. 나는 나의 명성을 걸고 이 실험을 세상과 공유하려 한다. 나 자신의 이익이나 권력 강화를 위해서가 아니라 이 책이 독자들의 마음에 불을 지필 수 있으면 하는 간절한 바람이 있기 때문이다. 우리는 모두 관여하고, 다른 사람들이 그들의 꿈을 이룰 수 있도록 도와주고, 인류가 직면한 수많은 문제들을 해결할 필요가 있다. 12개 진실을 공유하고, 성장 마인드가 동행한 1년이란 시간이 한 사람에게 미치는 영향을 보여 주면서 나는 모든 독자가 미래에 끄떡없을 커리어를 만들 뿐 아니라 배운 것을 다른 사람들과 나누기를 희망한다.

책을 쓰고, 강연을 하고, 주요 기업들 컨설팅을 하면서 쌓은 경험은 전 세계에 퍼져 있는 당신처럼 멋진 일을 하는 사람들의 업적을 집중 조명할 수 있는 기회를 마련해 주었다. 당신의 이야기를 다른 사람들과 나눌 수 있도록 내게 이메일(jayalansamit@gmail.com)을 보내 주면 감사하겠다. 서로를 도와야만 비로소 우리는 미래에 끄떡없을 세상을 만들 수 있다.

빈 클래시가 없었다면 이 책은 불가능했을 것이다. 그의 여정은 곧 함께하는 우리의 여정이 됐다. 그의 끈기와 독창성은 이 책에 고스란히 담겨져 있긴 하나, 한 인간으로써의 그의 성격을 알아차리기는 쉬운 일이 아니다. 빈은 세상을 좀 더 살기 좋은 곳으로 만든다는 임무를 지닌 한 남성이며, 나는 그가 자신의 목표를 달성할 것을 믿어 의심치 않는다. 또한 우리가 함께 한 1년간의 여정 동안 내게 숨김없이 마음을 열어 줬으며, 꼼꼼하게 여정을 기록해 준 빈에게 감사의 말을 전한다.

자수성가 백만장자 프로젝트가 끝나고 몇 개월 후 나는 빈에게 첫 100만 달러를 번 경험에 대해 몇 자 적어 달라고 요청했다. 그가 쓴 글은 다음과 같다.

1년 안에 부자 되는 법

1년 안에 부자가 될
우리 모두의 이야기

불가능하다고 생각한 적이 있다. 하지만 실패해 봐야 제이한테 배울 것이 있을 테니 원원이라고 생각했다. 하지만 동시에 미국이라는 나라에서 내 노력 부족으로 제대로 하지 않아서 실패한 사람이 되고 싶지는 않다는 마음도 있었다. 이 글을 쓰기를 잘했다. 누군가가 내가 지금 쓰는 이 글을 볼 것이고 그들도 할 수 있다는 생각을 할 것이기 때문이다.

TV에 나오는 최고 위치의 비즈니스 권위자 중 많은 이는 사업을 시작할 때 대대적으로 부모의 도움을 받거나, 최고 대학을 졸업하거나, 훌륭한 인맥이 있다. 우리 부모님은 가진 게 별로 없으셨고, 우리는 저소득자를 위한 임대 주택 단지에 살았다. 나는 기업가적 여정을 시작하기 직전까지도 사회 보장 연금 수령자였다. 그리고 아는 사람 하나 없는 미국에 왔을 때 나는 제로부터 시작하는 것과 마찬가지였다. 하지만 나는 세상에 보여 줄 무언가가 내 속에 있다는 걸 알았다.

　핵심은 당신이 경험이 있는 멘토나 코치와 함께한다면, 그들의 의견에 동의하지 않더라도 동의하고 그들이 말하는 대로 해야 한다는 것이다. 그들이 이미 다 겪어 본 것이고, 결국 내게 좋은 결과로 작용한다. 제이의 충고를 따르지 않은 적이 몇 번 있는데 그때 나는 절대 잊을 수 없을 고통스러운 교훈을 얻었고, 다시는 되풀이되지 않기를 바란다.

　내가 느낀 중요한 것 중 하나는 내가 이룬 성과가 주는 자유로움이었다. 공과금을 내고 생존하기에 충분한 돈을 벌어야 한다는 압박이 있으면, 당신이 가진 시간에서 자유롭기 힘들고 새로운 기회를 살펴볼 엄두도 못 낸다. 이 도전을 완수하고 난 후 나는 좀 더 선별적으로 프로젝트를 선택할 수 있게 됐다. 돈을 벌기 위해서가 아니라 내게 진정으로 성취감을 주는 일을 하게 된 것이다. 무조건 예스를 외치는 예스맨이었던 나는 어려운 고객들을 상대하느라 엄청난 스트레스를 받은 적이 있다

　'미래에 끄떡없다'는 의미는 인생에서 어떠한 역경을 만나더라도 당신이 그것을 헤쳐 나갈 수 있는 기술을 갖고 있다고 확신하는 것이다. 성장 마인드셋 덕분에 나는 나와는 무관했던 한 세상에서 경쟁할 수 있다는 확신을 가질 수 있었다. 풍족하지 못한 환경에서 자란 것, 명문대 출신이 아닌 것, 대기업에서 일해 본 적도, 이렇다 할 인맥도 없었던 이러한 나의 배경은 내가 인터넷을 동력으로 사용하고 나 자신을 믿는 순간 아무런 상관이 없게 됐다. 예전 같으면 회사를 차리거나 당신에게 도움을 줄 인맥을 형성하기 위해서는 돈이 필요했을 것이다. 하지만 지

　　　　　　　　　　　　　　　　　　1년 안에 부자 되는 법

금은 인터넷 접속과 내가 사용한 전략만 있으면 된다.

당신이 발전하면서 언제나 장애물과 문제점이 있을 것이다. 핵심은 그것을 기회로 보라는 것이다. 사회 보장 연금을 받으며 생활할 때 나는 온라인 잡지를 론칭한 적이 있다. 사이트를 홍보할 돈이 없었던 나는 바이럴 콘텐츠 만드는 법을 배워야 했고, 내가 직접 기사를 쓰지 않으려면 배운 것을 다른 사람들에게 가르쳐야 했다. 그리고 다른 웹 사이트들을 사용해서 어떻게 입소문을 내도록 무료로 만드는지 배워야 했다. 그 결과 2주 방문자 수 2만 5,000명 달성을 시작으로, 6개월 후에는 매달 방문자 30만 명, 1년 후에는 방문자가 백만 명에 달했으며 25만 달러의 투자를 유치했다. PR과 같은 전통적인 홍보 방식을 사용했다면 천문학적인 비용의 돈이 들었을 것이다.

제이와 함께 한 1년이라는 기간 동안 어려운 순간들이 있었다. 하지만 나는 프로세스를 믿고 따르며, 다른 시각으로 세상을 보면서 방법을 찾았다. 나는 이런 난관을 더 이상 실패로 보지 않고 오히려 배우는 과정이라 여긴다. 지나온 한 해 한 해를 돌아보면 실패한 기억은 없다. 오직 성공만 기억난다. 시간이 지나면서 배우는 과정은 쌓이고 쌓여서 더 큰 승리로 돌아온다.

내 삶에 많은 변화가 있었다. 취업을 위해 온라인에 지원서를 접수하고 몇 주가 지나도록 답변을 기다리던 날들을 기억한다. 이 기업가 여정을 시작한 후로는, 그리고 부자가 된 후로는 다시는 일을 못할 것이라는 것이 두렵지 않다. 다른 사람을 위해 일할 필요가 없다. 내가 얻은 기술을 이용해 나 자신만의 기회를 만들 수 있기 때문이다. 이 경험을 통해 나는 세상이란 곳은 고도의 집중력을 발휘하기만 하면 어디에서든 기회를 발견할 수 있는 곳이라는 걸 깨달았다. 이 도전을 완수한 후 나는 몇 년 만에 처음으로 종적을 감추고 떠날 수 있었다. 내가 이뤄온 성과에 따라 기회는 주어질 거라는 확신을 가진 채 말이다. 그리고 그 기회가 실제로 찾아왔고, 그 어느 때보다도 좋은 조건의 기회였다. 자유를 찾은 기분이었다.

나는 제이처럼, 선행을 베풀기 위해 다른 회사와 기업가들을 돕고자 한다. 무대에서 강연을 하는 것은 전 세계 사람들에게 영감과 가르침을 줄 수 있는 좋은 방법이다. 기업에 어떻게 미래에 끄떡없는 사람이 될 수 있는지에 대해 조언하는 것도 마찬가지다. 나는 이 책에서 언급한 프로젝트를 마친 후 세계 최대 기업 중 한 곳과 프로젝트를 수행해서 일곱 자리 이상의 매출을 달성했고, 세계 최고의 뮤직 아티스트들과 함께 콘텐츠와 마케팅 캠페인 프로젝트를 수행했다. 다른 프로젝트도 여럿 진행 중이다.

내 임무는 가능한 한 많은 사람을 최근에 세상에서 일어난 모든 사건들부터 미래에 끄떡없게 만드는 것이다. 내가 제이와 함께 갔던 길을 가고 싶어 하는 누군가가 있다고 생각하니 기분이 좋다. 이제는 내가 그들과 그들의 회사가 가는 여정에 함께할 수 있다.